中华译学馆立馆宗旨

以中华为根 译与学并重

弘扬优秀文化 促进中外交流

拓展精神疆域 驱动思想创新

丁酉年冬月 许钧撰 罗卫东书

中華譯學館·中华翻译研究文库

许　钧◎总主编

# 批评与阐释

## 许钧翻译与研究评论集

许　多◎主编

ZHEJIANG UNIVERSITY PRESS
浙江大学出版社

# 总　序

改革开放前后的一个时期，中国译界学人对翻译的思考大多基于对中国历史上出现的数次翻译高潮的考量与探讨。简言之，主要是对佛学译介、西学东渐与文学译介的主体、活动及结果的探索。

20 世纪 80 年代兴起的文化转向，让我们不断拓展视野，对影响译介活动的诸要素及翻译之为有了更加深入的认识。考察一国以往翻译之活动，必与该国的文化语境、民族兴亡和社会发展等诸维度相联系。三十多年来，国内译学界对清末民初的西学东渐与“五四”前后的文学译介的研究已取得相当丰硕的成果。但进入 21 世纪以来，随着中国国力的增强，中国的影响力不断扩大，中西古今关系发生了变化，其态势从总体上看，可以说与“五四”前后的情形完全相反：中西古今关系之变化在一定意义上，可以说是根本性的变化。在民族复兴的语境中，新世纪的中西关系，出现了以“中国文化走向世界”诉求中的文化自觉与文化输出为特征的新态势；而古今之变，则在民族复兴的语境中对中华民族的五千年文化传统与精华有了新的认识，完全不同于“五四”前后与“旧世界”和文化传统的彻底决裂与革命。于是，就我们译学界而言，对翻译的思考语境发生了根本性的变化，我们对翻译思考的路径和维度也不可能不发生变化。

变化之一，涉及中西，便是由西学东渐转向中国文化“走出去”，呈东学西传之趋势。变化之二，涉及古今，便是从与“旧世界”的根本决裂转向对中国传统文化、中华民族价值观的重新认识与发扬。这两个根本性的转变给译学界提出了新的大问题：翻译在此转变中应承担怎样的责任？翻译在此转变中如何定位？翻译研究者应持有怎样的翻译观念？以研究“外译中”翻译历史与活动为基础的中国译学研究是否要与时俱进，把目光投向“中译外”的活动？中国文化“走出去”，中国要向世界展示的是什么样的“中国文化”？当中国一改“五四”前后的“革命”与“决裂”态势，将中国传统文化推向世界，在世界各地创建孔子学院、推广中国文化之时，“翻译什么”与“如何翻译”这双重之问也是我们译学界必须思考与回答的。

综观中华文化发展史，翻译发挥了不可忽视的作用，一如季羡林先生所言，“中华文化之所以能永葆青春”，“翻译之为用大矣哉”。翻译的社会价值、文化价值、语言价值、创造价值和历史价值在中国文化的形成与发展中表现尤为突出。从文化角度来考察翻译，我们可以看到，翻译活动在人类历史上一直存在，其形式与内涵在不断丰富，且与社会、经济、文化发展相联系，这种联系不是被动的联系，而是一种互动的关系、一种建构性的力量。因此，从这个意义上来说，翻译是推动世界文化发展的一种重大力量，我们应站在跨文化交流的高度对翻译活动进行思考，以维护文化多样性为目标来考察翻译活动的丰富性、复杂性与创造性。

基于这样的认识，也基于对翻译的重新定位和思考，浙江大学于2018年正式设立了“浙江大学中华译学馆”，旨在“传承文化之脉，发挥翻译之用，促进中外交流，拓展思想疆域，驱动思想创新”。中华译学馆的任务主要体现在三个层面：在译的层面，推出包括文学、历史、哲学、社会科学的系列译丛，“译入”与“译出”互动，积极参与国家战略性的出版工程；在学的层面，就翻译活动所涉及的重大问题展开思考与探索，出版系列翻译研究丛书，举办翻译学术会议；在中外文化交流层面，举办具有社会影响力的翻译家论坛，思想家、作家与翻译家对话等，以翻译与文学为核心开展系列活动。正是在这样的发展思路下，我们与浙江大学出版社合作，集合全国译学界的力量，推出具有学术性与开拓性的“中华翻译研究文库”。

积累与创新是学问之道，也将是本文库坚持的发展路径。本文库为开放性文库，不拘形式，以思想性与学术性为其衡量标准。我们对专著和论文(集)的遴选原则主要有四：一是研究的独创性，要有新意和价值，对整体翻译研究或翻译研究的某个领域有深入的思考，有自己的学术洞见；二是研究的系统性，围绕某一研究话题或领域，有强烈的问题意识、合理的研究方法、有说服力的研究结论以及较大的后续研究空间；三是研究的社会性，鼓励密切关注社会现实的选题与研究，如中国文学与文化“走出去”研究、语言服务行业与译者的职业发展研究、中国典籍对外译介与影响研究、翻译教育改革研究等；四是研究的(跨)学科性,鼓励深入系统地探索翻译学领域的任一分支领域,如元翻译理论研究、翻译史研究、翻译批评研究、翻译教学研究、翻译技术研究等,同时鼓励从跨学科视角探索翻译的规律与奥秘。

青年学者是学科发展的希望,我们特别欢迎青年翻译学者向本文库积极投稿,我们将及时遴选有价值的著作予以出版,集中展现青年学者的学术面貌。在青年学者和资深学者的共同支持下,我们有信心把"中华翻译研究文库"打造成翻译研究领域的精品丛书。

许　钧

2018 年春

# 学术贵在传承、积累与创造

## ——代序

2018年11月10日，中华译学馆在浙江大学正式成立，在学界引起了广泛的反响。成立仪式上有中华译学馆的成果发布，其中的《改革开放以来中国翻译研究概论(1978—2018)》和“中华译学馆 · 中华翻译研究文库”第一辑引起了我的特别关注。前者“第一次系统地对改革开放40年中国的翻译事业和翻译研究状况做了细致权威的梳理，勾勒出了中国翻译研究的发展轨迹，展示了翻译事业的发展和变革，既是对40年中国翻译研究探索、创新历程的一个总结，也是对未来建设的指引”①。后者是注重学术性与开拓性的翻译研究文库，主编为许钧教授，在他看来，“积累与创新”为学问之道，该文库系“开放性文库，不拘形式，以思想性与学术性为其衡量标准”②。

“中华译学馆 · 中华翻译研究文库”第一辑中有一部书，书名叫《译道与文心——论译品文录》，该书收录的是许钧教授的文章，他在“自序”中说：“这部小书，有个明显的特点，那就是所收录的文字，在某种意义上说，都与书有关，是自己写书、译书、编书、读书留下的一些记录。我一直认为，读书与思考，是互为促进的。这部小书所记录的文字，留下的是我读书与思考的印迹。读书要有思考，有思考才会有质疑，有探索

---

① 黄友义.从翻译世界到翻译中国.光明日报，2018-12-09(5).

② 许钧.译道与文心——论译品文录.杭州：浙江大学出版社，2018：总序3.

才有可能有所发现,才能提出自己的看法或新见。在思考中,我力求思想是开放的,目光是探寻的,胸怀是开阔的。独立与自由,也许就体现在其中。”①

许钧教授重视学术传承、积累、交流与创造,这体现在他对翻译数十年不懈的思考与持续的探索中。如他自己所言,他在学术探索的道路上,一直强调思想的开放性,善于学习与借鉴,不断拓展视野。

许钧教授认为,学术如果没有传承与借鉴,就不可能有发展。就中国的翻译研究而言,他一方面鼓励学习、借鉴西方的现代翻译理论,从西方的现代翻译探索的优秀成果中吸收有关理论建构与方法论方面的长处;但另一方面,他提出要注重对中国传统翻译思想进行系统挖掘与研究,形成自己的话语体系。在一次学术访谈中,他明确地表达了自己的观点,认为:“在特殊的历史时期,我们进行理论补课,系统地引进和学习西方译论、译著,虚心向西方学习,具有历史合理性。如今我们还需要这种国际视野,还需要向他们学习,尽量在理论上与之保持同步。但如果我们不进行理论创新,没有自己的理论观点与话语体系,永远跟着西方走,是永远不能和西方译界进行平等对话的。”②正是基于这样的认识,许钧教授鼓励中国学界对中国传统翻译思想进行系统的整理和现代阐释。他特别重视中国翻译家丰富的翻译实践与独到的翻译思考,《文学翻译的理论与实践——翻译对话录》忠实地记录了他与季羡林、萧乾、叶君健、陈原、草婴、方平等20位著名翻译家的对话。在对话交流的基础上,许钧教授对翻译家“留下的宝贵的翻译经验进行分类、整理、归纳、分析和研究”,“对文学翻译的一些具有共性的基本问题进行历时和共时的分析比较,进而上升到理性的思考,做出合理的、科学的描述和阐释,对我们认识文学翻译的

---

① 许钧.译道与文心——论译品文录.杭州:浙江大学出版社,2018:自序5-6.

② 许钧.翻译与翻译研究——许钧教授访谈录.杭州:浙江大学出版社,2018:133-134.

本质，把握、处理好翻译中面临的各种关系，采取各种可资借鉴的手段，实事求是地研究和解决好翻译中的基本问题，具有重要的实践指导价值，同时对中国文学翻译理论的系统、科学研究，可以提供比较可靠的依据，具有重要的理论价值”。① 这部对话录的“代引言”的标题十分醒目，那就是“传统与创新”。学术创新，需要有对传统资源的挖掘、继承与开拓。“可以说，对谈与梳理的过程，也是一个从经验体会向理论思考发展，传统的翻译思考不断得到丰富与创新的理论升华过程。”②实际上，许钧教授没有止于对翻译家丰富的翻译经验的整理，而是在此基础上继续拓展，对翻译家独到的翻译思考进行深入的阐释，在理论的升华中达到创新性的发展。他与刘和平合作，在国际著名翻译学术期刊 *META* 的 2005 年第 4 期上发表了《文学翻译的经验与理论升华》一文，从中我们可以得到有益的启示。

对于许钧教授而言，学术创新是一个不断积累的过程。他特别善于从翻译实践中吸取有益的经验，借助哲学、文艺学、语言学等学科的理论成果，对涉及翻译的基本问题进行思考，对翻译中的重重障碍进行分析，对翻译的理论问题进行探索。《文学翻译批评研究》是许钧教授的第一部著作，其探索性为学界所称道。刘云虹教授指出：“《文学翻译批评研究》正是国内第一部关于文学翻译批评的理论著作，被国内译学界普遍视为我国翻译批评研究的‘开山之作’。王克非、穆雷、李焰明、刘锋等不少学者都发表了评论文章，对该书在文学翻译批评途径与方法上的探索与开拓给予了高度评价，认为它为我国文学翻译批评理论体系的构建奠定了

① 许钧，等．文学翻译的理论与实践——翻译对话录．增订本．南京：译林出版社，2010：代引言 1．

② 许钧，等．文学翻译的理论与实践——翻译对话录．增订本．南京：译林出版社，2010：代引言 2．

基础。”[①]即使从国际上来看，许钧教授也是译学界最早对于翻译批评进行深入思考的学者之一。

《文学翻译批评研究》的探索性成果，在理论上有重要突破，在实践上更是具有指导的价值。学界普遍认为，许钧教授在其翻译研究中有着明确的追求，坚持一贯的立场，那就是理论与实践互动，“立足实践、探索理论，从翻译和批评实践出发，进而以实践中的经验总结与理论思考为基础，对文学翻译批评的原则、路径、方法等提出建设性的观点和意见，这正是《文学翻译批评研究》一书呈现出的鲜明特色”[②]。正是其理论探索的前瞻性，赋予了他在翻译研究领域的引领性。而他对于翻译实践的密切关注与积极介入，构成了其在场的姿态，也给他提供了发现问题、思考问题的机会，为其理论探索注入了鲜活的力量。20 多年前他发起的那场有关《红与黑》汉译的大讨论，可以说是一个有关理论与实践互动的重要范例。在《翻译论》一书中，许钧教授从七个方面就这场大讨论的意义与价值做了思考与探讨，其中涉及的许多问题，值得译学界继续思考与探索。

作为翻译的探索者，许钧教授一直“在路上”。学术创新之于他，是实实在在的耕耘，是每日坚持不懈的读书、思考与探索。《论翻译的层次》《论文学翻译再创造的度》《论翻译活动的三个层面》《试论译作与原作的关系》《论翻译之选择》等一系列重要学术论文，充分体现了许钧教授不断启程、敢于超越的探索精神。而《翻译论》《20 世纪法国文学在中国的译介与接受》《翻译学概论》《历史的奇遇——文学翻译论》《傅雷翻译研究》等在译学界产生了广泛影响的著作，更是凝聚了许钧教授 30 多年来对翻译进行系统的理论思考与积极的理论构建的心血。

---

① 刘云虹. 在场与互动——试析许钧关于翻译批评的思考与实践. 外国语，2015(2)：99.

② 刘云虹. 在场与互动——试析许钧关于翻译批评的思考与实践. 外国语，2015(2)：102.

对于许钧教授的翻译与翻译研究之路，中国的译学界和外国文学界予以了持续的关注，30 余年来，学界的前辈和同仁就许钧教授的翻译实践与翻译理论探索发表了很多具有启迪性的评论，有批评，有阐释，有探讨，有切磋。为了全面地再现许钧教授的翻译与翻译研究历程，突出其学术创新之路，我们从中选择了一些具有代表性的批评文章，结集出版。作为翻译界的后学，在阅读这些文章时，我仿佛受到了一种精神上的洗礼。我发现这些批评的文字，饱含着深厚的友情，更是蕴含着学术的求真精神。王克非先生对许钧教授《文学翻译批评研究》的评论——《关于翻译批评的思考——兼谈〈文学翻译批评研究〉》，发表于《外语教学与研究》1994 年第 3 期，是目前我们见到的中国译学界对许钧教授最早的学术评价之一。王克非先生的文章对于许钧教授的文学翻译批评思考持肯定的态度，对许钧教授的翻译理论探索有着深刻的理解，对其价值更是有着独特的阐释与发掘，而对书中存在的问题也是不留情面地予以指出。读了这篇文章，我终于明白了为什么王克非教授与许钧教授的关系如此密切：对学术之真的共同追求是他们数十年来友情不断加深的坚实基础。王殿忠教授是许钧教授的老师，在其评论许钧教授著作的文字中，可以看到老师对学生的偏爱与赞许，但更可以体会到学界前辈对后辈的鼓励和期许。翻译界前辈方平、杨武能、李文俊、郭宏安对许钧教授在文学翻译理论探索中所做的工作予以了积极的评价，《历史将给予充分的肯定——评〈文字・文学・文化——《红与黑》汉译研究〉》《智者与智者的对话——许钧等著〈文学翻译的理论与实践——翻译对话录〉漫评》《先知们的话语》《迈向翻译学的重要一步——读许钧等著的〈文学翻译的理论与实践——翻译对话录〉》等文章的篇名，直接指明了许钧教授有关文学翻译的研究成果的重要价值。而学界与业界同行谭载喜、吕俊、王东风、穆雷、黄友义的批评文章，为我们深入理解许钧教授的翻译观，客观评价许钧翻译研究的价值及其对中国翻译学科建设的贡献，提供了不同的角度与思路。在对许钧教授的翻译实践与翻译理论的评论中，我特别注意到了许钧教授的弟子的文章。细读之下,我感受到了文章背后的力量,那是学术之脉的传承,更是求真精神的弘扬。在他们的批评文字中,我更领悟到了学术传承与创新的意义所在。

在这部集子中,为了让读者朋友更加全面地领悟到许钧教授的精神品格,领略其人格魅力,我们还收录了若干篇学界与媒体对许钧教授的报道性文章与人物特写,其中《中国教育报》对许钧教授的长篇报道《许钧:行走天下的孤独译者》值得特别关注。

最后需要做两点说明:一是学界和媒体对许钧教授的评论文章众多,国际重要学术刊物 *META* 与 *BABEL* 也发表过重要书评,限于篇幅,本书难以全部收录;二是由于所收集的评论文章见于不同的时间,载于不同的刊物与报纸,为了保持历史的原貌,我们对文内具体体例,文献、注释等的体例格式没有强求统一,敬请读者朋友谅解。

许　多

2019 年 2 月 12 日于南京朗诗钟山绿郡

# 目　录

## 上　编　著译评析

## 下　编　学人品鉴

# 上　编

# 著译评析

# 关于翻译批评的思考

## ——兼谈《文学翻译批评研究》

王克非

## 一

大凡一件事有人开始做,就有人开始评。有文学创作发生,于是有文学批评;有翻译活动发生,翻译批评随之而来。汉末开始佛经翻译,便有三国时的支谦提出翻译要“因循本旨,不加文饰”,东晋人道安提出“五失本,三不易”等翻译主张。在近代西学翻译活动中,围绕严复的翻译而出现的评论就更多了。还有鲁迅与瞿秋白关于翻译的通信,近人茅盾、王宗炎等对译品的分析,近年在《读书》《中国翻译》《外语教学与研究》等刊物上关于翻译的种种讨论,都是在进行翻译批评,同时也是对翻译批评本身的探讨。翻译批评反映了人们进一步认识翻译和提高翻译水平的努力,它的作用逐渐受到重视。贺麟在谈及几十年前中国翻译界“芜滥沉寂”时认为,缺乏好的翻译批评是造成那种境况的原因之一。王佐良在《新时期的翻译观》①一文中将翻译研究分为三大类,即翻译理论探讨、译文品评、译史研究,其中译文品评即是翻译批评的内容。

---

① 王佐良.新时期的翻译观//王佐良.翻译:思考与试笔.北京:外语教学与研究出版社,1989:2-6.

但是以往对于翻译批评本身的认识和探讨却不够,对于如何恰当地、准确地进行翻译批评,或者说,对于翻译批评应用的方法和范围,还未开展充分的研究。南京大学的年轻教授许钧以其论文集《文学翻译批评研究》,“在探索合理、科学、公允地评价文学翻译的基本途径与方法”上,走出了很有意义的一步。书中讨论的种种问题,一方面加深了我们的认识,另一方面促进了我们对翻译批评的思考。

## 二

一个文学批评家,可以潜心于理论和作品的研究,不一定从事文学创作。而一个翻译批评者,恐怕就需要理论和翻译实践兼得。许钧是这样的两面兼得的批评者。他有 20 年的口笔译实践经验,有 500 万字的译作,这是他进行翻译批评的本钱。对于翻译问题,他多年来一直注意理论上的研修,打下了翻译批评的理论基础。这样,他对翻译批评的论述就是有意义的,值得思索的。

全书共 13 篇。前 4 篇是对文学翻译批评的基本问题的理论探讨;后 9 篇则是结合具体译品(尤其是最后 5 篇结合名著《追忆似水年华》的翻译),凭借前述翻译批评方法开展翻译批评。这样的安排,论之有据,言之有物。

作者正确地表明自己不是要构建一门文学翻译批评学科理论体系(我对是否有这一学科和理论体系深为怀疑),不故弄玄虚的,而是做实在的翻译批评研究。书中对于翻译批评的本质和方法、翻译作品的风格处理、文学翻译的度等问题的论述,以及作者对自己译品的分析,都体现出实在的翻译批评研究。

什么是文学翻译批评?这可以从它所处的关系去理解:它以文学翻译作品为对象,而借助于翻译理论的指导。许钧认为,“文学翻译批评不同于文学批评,但两者之间又存在着一定的共性”①。他由两者的异同去认识文学翻译批评的本质。依据文学批评家叶维廉的观点,文学作品的产生有五个因素:(1)作者;(2)作者所观、感的世界(物象、人、事件);(3)作品;(4)承受作品的读者;(5)语言(包括文化历史因素)。借鉴这个分析,许钧推论,一个文学译作的产生有类似的五方面因素。

一是译者,他是翻译活动的主体;二是译者对作者所观、感的世界的观、感;三是译作;四是承受译著的读者;五是语言(同样包括文化历史因素)。从上面五个相关的方面进行比较,我们可以发现翻译与创造(作)的根本区别在于第二个方面,那就是作者是通过文化、历史和语言等因素去观察、感受世界,作品中体现了他对世界的选择和认识(作品的思想内容)、对世界所持有的观点(作品的思想倾向);同时,作者还要用文字将他对世界的观、感的体验与经历表达出来……而读者也无形地制约着作者……文学翻译作品的五个方面中,译者所面对的是个语言化了的作者所观、感的世界……同时,面对的读者变了,采用的语言符号体系也改变了。因此,从大的方面讲,原作与译作之间的可比较因素主要集中在以下几个方面:(1)译者在具体作品中所观、感的世界与作者意欲表现的世界是否吻合(包括思想内容、思想倾向、思维程式)?(2)译者所使用的翻译方法和手段与作者的具体创作方法和技巧(包括艺术安排、技巧、语言手段)是否统一?(3)译作对读者的意图、目的与效果与原作对读者的意图、目的与效果是否一致(包括对读者审美的期待及读者的反应)?②

从文学翻译与文学创作的关系、译作与原作的关系来考察文学翻译批评问题,富有启发意义,道理讲得也更清楚。我们可以简明地本着“信达雅”的标准展开翻译批评,但上面这段论述有助于我们明了具体从哪些方面入手进行翻译批评,比如上述三个主要的可比较因素(不过我个人对某些说法,如翻译方法和手段与创作方法和技巧的一致、译作和原作的读

---

① 许钧.文学翻译批评研究.南京:译林出版社,1992:194.

② 许钧.文学翻译批评研究.南京:译林出版社,1992:194-195.

者的意图等持保留态度)。把翻译批评仅仅集中于译作本身——这是我们常能见到的——还不够,还只是单层次的。只有兼及多方面因素及其关系,翻译批评才可能更具说服力,才更易解释译风、译德、译效等问题。

有一点需要补充解释的是,文学翻译批评同文学批评还是有很大差别的。文学艺术以其塑造的文学形象反映主、客观世界,表现出作者的情感和认识(即对世界所观所感),是属于社会意识形态范畴的。文学批评就是批评者以其关于文学的本质、特征、社会作用等的认识,对作者、作品(包括思想内容和艺术手法等)以及文学思潮、社会效果等进行探讨,这是本体的、第一性的批评。翻译基本上是两种(或多种)语言转换的一种艺术或技能,思想、形象、风格、手法等均是原著的,翻译批评则主要是就语言转换后的译品与原著在思想、形象、风格、手法诸方面的差距大小以及造成差距的原因加以探讨,这种批评是非本体的、第二性的。

因此,翻译批评的旨归在于研究译品、褒优斥劣、探讨译法、提高翻译质量,这与文学批评也是不一样的。

## 三

许钧对于文学翻译批评的原则、层次和方法等也有深入的思考。他认为将译文同原文对照进行评论或凭印象评说有种种弊病,对批评的原则提出了四条意见。① 论及批评层面和角度时,他提出应注意动态地看待译作语言符号系统、注重内容的比较、选取译作与原作间的比较重点和承认译作的限度等四方面问题。② 书中又归纳了六种基本的批评方法:(1)逻辑验证的方法;(2)定量定性分析的方法;(3)语义分析的方法;(4)抽样分析的方法;(5)不同翻译版本的比较;(6)佳译赏析的方法。③ 这自

① 许钧.文学翻译批评研究.南京:译林出版社,1992:33-40.

② 许钧.文学翻译批评研究.南京:译林出版社,1992:48-50.

③ 许钧.文学翻译批评研究.南京:译林出版社,1992:52-55.

然比对照式的和凭印象式的评说方法进了一大步。

谈到翻译批评的层面和方法，我们不妨再考虑一下翻译批评的侧重点。

英国翻译理论研究者纽马克在《翻译教程》(*A Textbook of Translation*)[①]一书中辟有专章讨论翻译批评。纽马克认为翻译批评应注意五个方面：(1)分析原文——分析作者的意图和语言特点，据此可在译文中采用相应文体和译法；(2)分析译文——重点是分析译者对原作的理解、译法如何，但也应注意影响译者的翻译的其他因素；(3)比较原文和译文——以语言比较为主，抽取有代表意义的部分进行比较；(4)评价译文质量；(5)关注译本在目的语文化氛围中的价值。

不过我们注意到，第三和第四这两方面也可以并入第二方面，而第五方面基本上是个翻译文化史上的问题。因此，简洁地说，翻译批评主要侧重第一和第二这两方面，而前者涉及的是理解，后者涉及的主要是表达。转了一圈，翻译批评又回到了翻译的两个主要问题，即理解和表达上。翻译的要害(理解——包括对原作的思想、文化、语言等，表达——在准确理解的基础上运用好译文语言)就是翻译批评的侧重点，至于对译本的评价、对译者的工作态度和水平的评价，都包含于其中。

## 四

能否再现原作风格一直是翻译的难题，也是翻译批评关注的重点。这方面最有名的例子是阿诺德对荷马史诗的译文所提出的批评。阿诺德认为“在节奏上荷马是轻快的；在文字风格上荷马是清晰的；在意义上荷马总是单纯的；在做法上荷马是庄严的”[②]，可是考珀、蒲柏的译文在风格的处理上都是失败的。英国另一批评家扬认为，“庄严壮丽是(荷马)英雄

---

① Newmark, P. *A Textbook of Translation*. New York: Prentice Hall, 1988.

② 许钧.文学翻译批评研究.南京：译林出版社，1992：78.

诗歌的高贵本质所不可缺的”，蒲柏及其以前的译者均未能保持住这个风格，因而影响了阿喀琉斯英勇形象的再现。① 可以说，译作成功与否同能否再现原作的风格有很大关系。

许钧以傅雷为例对风格所做的评析是有说服力的。一部作品的风格有两方面影响因素，一是作者和作品中表现的思想、气质等，一是作品的语言、体裁以及社会文化影响等。而在翻译中再现原作风格时，又不免受到译者的思想认识、气质和语言习惯等因素影响，所以风格的再现虽然重要，却难以完整无损。翻译艺术大师傅雷的译品为人称道，但也不免在风格上有失，许钧举的几例能说明问题。如傅雷喜用“倘若”一词，有时与作品中人物身份、受教育水平不符，就是译者遣词造句习惯影响到原文语言风格的再现。又如在翻译梅里美、巴尔扎克、莫罗阿等人的作品时，由于傅译语言习惯，各具风格的三位法国作家在译文中却走到相似的风格上去了。

可见，文学翻译有个“度”的问题。这个“度”，一是说明翻译有限度，有局限性，批评家不可苛责；二是说明翻译还是有可度量的标准的。不及这个度，可能是硬译死译；太过，犹不及，有滥译之嫌。许钧《论文学翻译再创造的度》也是值得读读的文章。

许钧还是一位细心的译者。他参与巨著《追忆似水年华》的翻译，积累了不少批评的素材，《文学翻译批评研究》中后 5 篇论文就是讨论他自己在这一翻译实践中对句式的处理、风格的再现，以及整体的评价。这也反映出作者勇于剖析自己的探索精神。文中不乏给人启发的译例，不过有些译法，我们有不同意见，借此提出一例以就教于作者。

在第 112 至 113 页上，有段法文的直译是“在古教堂附近，几乎与古教堂一样古老、可敬、长满青苔的鸨母站在声名狼藉的(妓)院门前……”。译者认为以教堂的古老、可敬、长满青苔来形容鸨母不妥，且形象模糊，难以引起读者共鸣。于是做一番变通，以教堂的古老比鸨母的人老，以古教

① 参见：伍蠡甫. 西方文论选(上卷). 上海：上海译文出版社，1979：499.

堂门面长满青苔喻鸨母脸皮厚，而“令人肃然起敬”，则是一种反讽。修订译文为“在古教堂附近，鸨母老脸皮厚，却又令人肃然起敬，可与古教堂长满青苔的门面相比，只见她站在声名狼藉的(妓)院门前……”。可是后译似乎还不及前译。句子不大通顺，“鸨母……，只见她……”这之间连接不起来。“老脸皮厚”和“与古教堂一样古老”差别很大，贬义过显，后面又跟着“肃然起敬”“可与……相比”，意义衔接不好，反倒形象模糊，句子也拖拉，所以还不如稍有些欧化的直译。直译若做修改，可试改为“在古教堂附近，一个像这座布满青苔的、古老肃穆的教堂似的鸨母，正站在……”。

另外，书中有些文字错误以后应避免。如有几处将李健吾误写成李键吾，将曹禺误写成曹寓(也许这是按拼音法进行录入造成的)。人名的书写应慎重。

## 五

无论原作、译作，都离不开语言这个载体，思想、情感、形象都是通过语言呈现的，因此在翻译和翻译批评研究中，排在第一位的重点是语言。但是，言可表意，却不可尽意，文可载道，却不能尽道。用本族语表达所思所感尚且如此，经过翻译而以另一种语言表达就更有局限了。这是一个有哲学意味的话题。贺麟说：“意属形而上，言属形而下，前者为一，后者为多。二者颇似哲学中谈论的体与用、道与器的关系。”①就是说，同一意思可有多种传达。这是翻译之所以成立的哲学基础。同时，不同的传达对于意思总有微妙的差异，这又是翻译的困难与技巧之所在。

罗素在《人类的知识》中说，知识有社会的，也有个人的。同理，语言基本上是社会性的，但也有个性化的。我们把语言放到世界范围看，可知语言中还有民族文化的历史的沉淀。

金岳霖对此的思索是：语词中意念上的意义越清楚，情感上的寄托越

① 贺麟.序//张岂之，周祖达.译名论集.西安：西北大学出版社，1990：序3.

少;意念上的意义越不清楚,情感上的寄托越容易丰富。① 前者是“意”,相当于社会性的;后者是“味”,相当于个性的、民族性的。“意”因为是社会性的,在翻译中易找到对应语词。“味”因为是个性的、民族性的,富于情感力量与色彩,在翻译中不易找到对应者。至于“意境”,即作者主观情感与一定客观事物交融而得的境界,常常具有特定性,“味”更足,尤难移译。

因此,对于不同作品,翻译时可有不同的考虑、不同的取舍、不同的要求,翻译批评也应充分认识到这一点。

纽马克注意到这个问题,他提出一切翻译在某种程度上说,可以是科学的/技巧的/艺术的/情趣的问题。② 这四个特点,决定了在进行译文分析批评时的四个视角。这看来是有意义的。对于理论性的、叙述性的科学著作,我们多用前两个视角。对于文学作品,后两个视角更为主要。

## 六

最后应当提出的一点是,翻译批评还应有翻译文化史的意识。翻译毕竟是跨文化的沟通与交流。歌德就特别指出应从世界各民族文化及其交流的大背景中考察翻译及其方法。他认为有三种翻译:(1)以了解外界为目的的翻译;(2)试图吸收世界文化精神的翻译;(3)注重译文与原文一致的翻译。③ 从翻译文化史看,起到重大的文化作用的译本,不一定是翻译精品。翻译常常是一种再创造,创造出掺杂有误解、删改、发挥的情况的种种所谓不准确译本,导致作品在不同文化中有不同的接受情况,创生出不同的而依然很有意义的效果。

(原载《外语教学与研究》1994 年第 3 期)

---

① 参见:金岳霖.知识论.北京:商务印书馆,1984.

② Newmark, P. *A Textbook of Translation*. New York: Prentice Hall, 1988: 189.

③ 许钧.文学翻译与世界文学——歌德对翻译的思考及论述.中国翻译,1991(4):22-25.

# 翻译理论研究中创造性的拓展

## ——评许钧的《文学翻译批评研究》

王殿忠

许钧的这本论集《文学翻译批评研究》①，我通读过一遍，随后便放在案头，有时间便拿起来翻看。信手翻来，随时都能发现他那种不甘步人后尘、不落前人窠臼、勇于开拓的崭新观点；随时都能体会到他在文学翻译批评研究领域中，潜心钻研、勤奋探索的精神。我对许钧的翻译和翻译理论研究的情况都比较熟悉，这次经过系统地阅读这本论集，惊奇地发现，近几年他除了在翻译实践上取得了丰硕的成果外，在理论研究这一领域中，又有了长足的进步，有了新的发展。

许钧的研究文章有一最大的特点，那便是处处都使人明显地感到，他的理论、他的观点都建立在雄厚的翻译实践基础之上，这是他长期从事大量文学翻译实践的结果。可以看出，他的理论是经过了多次反复实践，逐渐在头脑中形成观点，再经过思考，逐步升华，直到最后，一吐为快，乃成文章。因此，读他的文章便感到言之有物，有的放矢，从而对翻译实践有着极强的指导意义。他写论文并不是先在头脑中想出一条原则，然后敷衍成文，便称理论。如今译界似乎有一种偏向：从事理论研究的，强调理论的重要，从事翻译实践的，又似乎专在“我行我素”，对理论研究的成果不甚理会，最多想一想严复的“信达雅”。这种现象，与时至今日译界的翻

① 许钧.文学翻译批评研究.南京：译林出版社，1992.

译理论或多或少偏离实践,对实践缺乏指导意义不无关系。

这使我近来常常想起两位古人,即战国的赵奢、赵括父子。赵奢是战国名将兼军事理论家,善带兵打仗,其子赵括无带兵经验,却对军事理论谈得头头是道,很使一些人折服,这使其父感到十分担心。后来赵孝成王用赵括为将,取代廉颇,在与秦军的一次作战中,赵军 40 万兵马全部被俘坑杀,赵括自己也中箭身亡。

文学翻译批评也同文学翻译理论一样,应以翻译实践为基础,即翻译理论家应有足够的翻译实践活动为后盾。许渊冲先生说:"没有两本译著做基础,便当不好翻译课教员。"这话从原则上讲是对的。这也同一个军事理论家一样,他必须有带兵打仗的经验,他的理论才能脚踏实地,有指导意义。幸喜理论和实践各走一端的现象已有了极大的改善,两者正在逐步靠拢,这是理论研究逐步提高、翻译实践逐步深化的结果。因为实践脱离理论指导则易浅,而理论脱离实践的基础则易悖,两者都不可取。

许钧的这本论集《文学翻译批评研究》便没有这种流弊。几年来,他在文学翻译和文学翻译理论研究这块园地上辛勤耕耘,出版译著 20 本,约 500 万字,在国内外学术刊物上发表论文 40 篇,堪称硕果累累,这也是成就他的一个最根本的条件。

收入本论集的文章共 13 篇,其中作为许钧翻译批评理论基础的,也是贯穿全书一条主线的文章凡 4 篇,即本论集的前 4 篇。这 4 篇文章分别提出了翻译的层次、文学翻译再创造的度,以及文学翻译批评的原则和方法。这些观点可以说是作者多年来翻译实践的一个理论总结和概括,也是他翻译实践的理论升华,在许钧诸多的理论文章中有代表性,其中不乏创造性的灼见。比如他的《翻译层次论》,从思维对客体的反映及其和语义的关系,从语言的职能及语言环境对语义的影响等方面分析提出了翻译的基础层次,或可称之为思维层次和语义层次,这已经是对翻译实践的一个深化或谓之深层解剖了。他在这一基础上又提出了一个更高的层次即美学层次。他的这一层次分析,无疑把翻译实践推向了一个更高的阶段,概括了翻译实践的全部活动:思维活动、技术活动和审美活动。这对翻译批评的研究应该说是一项新的贡献。当然,把思维活动当成基础层次的主要内容尚值得商榷,因为全部翻译活动的每一个层次都可称之为思维活动的结果。有不同的意见或看法是正常的,这并不影响一种理论的创新性,更何况,对一种理论进行各方面的讨论乃至争论可以活跃学术研究气氛,推动理论的深化。一种理论乃至伴随着这种理论产生的原则和方法的意义,不在于读者是否完全赞同,而在于通过它可以引起读者的深思,或引起共鸣,或由此而生发出另外的见解和观点。不可否认,这些见解和观点是通过对该理论的研究和思考而被激发出来的、比自己原来的见解更深刻更全面的观念。这就够了,一个新的观点,其价值在于创新,却不见得必须完美无缺,这正如今日的火车和飞机,远比初创时要先进得多,然而今日的火车和飞机却不是发明。

本论集以后的9篇,则是他遵循上述的原则和方法而写出的具体批评文章,而尤以《追忆似水年华》为主要批评对象(许钧是该书的译者之一)。在这些文章中也随时能发现他勤于思考、潜心钻研,通过旁征博引而得出的令人振奋的新思想。

一种理论,必然有其内在的学术价值,只有认识了它的价值,才能使读者自觉地从中得到启迪,受到教益。所谓"教益",不仅指学到了什么,更重要的是看它是否激起了读者的思考,是否撞击出读者心灵的火花,从而深化了读者原有的观点。那么,本论集的价值在哪里呢?我认为至少有以下三个方面。

第一,构建了一个基本的,尽管还不算全面的文学翻译批评的理论体系。迄今为止,我国的文学翻译理论尚处于一个正在成长的阶段。有的理论家甚至不把文学翻译批评看成一种理论。这一现象的产生,是与我们的文学翻译批评尚处于幼稚阶段,没有自己的理论体系有关的。正如本论集作者所指出的,翻译批评的理论研究"似乎还是个空白,这一空白的存在,有着多方面原因,其中主要一条就是认识不统一,如在有的翻译理论专家构建的翻译学的框架中,翻译批评被完全排斥在外。因此对于翻译批评研究的范畴、文学翻译批评的原则和方法,人们在认识上至今还比较模糊，难以形成比较统一、系统的看法。在这一意义上说，我所做的纯粹是一种尝试性和探索性的工作，没有构建一门文学翻译批评学科理论体系的奢望，只是想结合自己的一些文学翻译和批评的实践以及理论上的某些思考，提出一些与文学翻译批评相关的重要问题，引起人们的关注，进而对文学翻译批评进行理论的探讨”①。在这里，许钧说，翻译批评完全被排斥在理论之外，是因为人们认识的不统一。这当然是一个原因，但我认为最主要的，还是在翻译批评理论方面，尚未形成一个较全面的，哪怕是最基本的理论体系，因而在文学翻译批评领域内便形成了非系统的、条块分散的各自耕耘的状况。本论集不但在理论上提出了一套比较客观和相对全面的文学翻译批评的原则和方法，且作者在载入本论集的一些文章中身体力行，用这套原则和方法进行了很有说服力的批评工作，也可以说是以实践来检验这些理论的体现。因此他说自己不敢“奢望”的东西，在事实上已经出现了。

第二，把我国翻译界在文学翻译批评领域内现阶段的理论水平提到了一个新的高度。如上所述，我们的文学翻译批评尚处于成长阶段，正如作者指出的，“我国的文学翻译批评还没有建立一条相对完善且行之有效的理论”②。在诸多的文学翻译批评中，仁者见仁，智者见智，各自为政，“政出多门”，没有一个相对统一的理论体系。这是发展中的事物必经之途，到一定的时候，就一定会产生一个质的飞跃，有一个突破，有一个或大或小的升华。本论集便是这种升华的结果。它不但在文学翻译批评的原则和方法上提出了足资参考的依据，而且在具体的翻译批评的实践上也有了一个飞跃。如作者在提到翻译批评时，首先对翻译批评的两种倾向进行了分析，指出一是“过死”，二是“太活”。“前者只处于翻译批评的基本层次，也可以说是最低层次，无须理论的指导，只要对照原文与译文，挑出其中的错误(往往是逻辑意义层次的错误)，也就罢了；后者则超越这一

① 许钧.文学翻译批评研究.南京：译林出版社，1992：193-194.

② 许钧.文学翻译批评研究.南京：译林出版社，1992：37.

最基本的层次,纯粹是感想式的,一册译文在手,不及细读,凭着自己的主观印象,以及自己的好恶,对译文做出结论式的评价。"①针对这种现象,作者提出了要进行"比较",即原作与译文的比较,而比较要在三个方面进行:(1)译者在具体作品中所观、感的世界与作者意欲表现的世界是否吻合(包括思想内容、思想倾向、思维程式)?(2)译者所使用的翻译方法和手段与作者的具体创作方法和技巧(包括艺术安排、技巧、语言手段)是否统一?(3)译作对读者的意图、目的和效果与原作者对读者的意图、目的和效果是否一致(包括对读者审美的期待及读者的反应)?② 这样一个原则(或称方法)的提出,就大大地拓宽了文学翻译批评的视野,深化了文学翻译批评的内涵,把文学翻译批评提到了一个新的高度。这是作者受文学批评的启迪,又经自己在批评实践中思考后提出的一个新看法,应该说是一个飞跃。

在作者的批评文章中,这种见解也得到了体现。作者对"批评"一词的理解也是比较全面的,他把"批评"看作"评论","评论"当然可以指出瑕疵,也可以指出优点。《现代汉语词典》上就说,批评就是"指出优点和缺点"。法文中的 la critique 固然有"Toute observation par laquelle on signale quelque imperfection dans une production d'esprit ou de l'art"(批评是对一种精神或艺术作品通过观察指出它的某些瑕疵)(见《法兰西学院词典》),然而作为第一解释的则是"Art de juger les ouvrages d'esprit, les productions litteraires ou les oeuvres d'art"(批评是对精神的、文学的或艺术的产品进行评价的一种手段)(见《法兰西学院词典》)。因此,对许钧的"文学翻译批评"中的"批评"便不能做狭隘的理解,而他收入本论集的几篇批评文章,也在这方面有充分的体现。指瑕疵,肯定而不武断;论褒扬,精到而不奉承,娓娓道来,令人悦服。尤其是对《追忆似水年华》的卷四,即他自译的那一卷的批评,是别开生面的一篇。据我所知,

---

① 许钧.文学翻译批评研究.南京:译林出版社,1992:33.

② 许钧.文学翻译批评研究.南京:译林出版社,1992:45.

像这样严肃认真而又不卑不亢的自我批评文章,在大型论文中尚属仅见,可以说在这方面开了一个先河,因篇幅所限不拟赘述。

第三,除以上两方面外,本论集对翻译实践有着较强的指导意义。我们曾经说过,本书的问世得力于作者大量的翻译实践,其诞生的轨迹也是按照"实践→理论→再实践→再理论"的路子发展的。这也正如作者在本论集的后记中所说的,"对文学翻译活动中所涉及的各种要素和问题,若没有过亲躬译事的经历,是难以有真正的感受的"①。他还说:"进行文学翻译与批评的研究,我在主观上是朝'理论与实践'相结合这一点靠近的。"②这一点十分重要,这使得许钧的理论文章有了灵魂,有了生命力,因为它们有了赖以生存的基础即实践,并且经过了再实践的检验。据我所知,他的许多文章在写成以后,又拿到实践中再去检验。这对许钧来说,有其得天独厚的条件。首先,他有大量的翻译实践机会,又肯钻研,因此理论和实践相得益彰。其次,他又有充实、思考和在理论上提高这些论点的天地——他是搞文学翻译教学工作的,这一工作的要求就是将理论和实践相结合,因此供他驰骋的园地就更加宽阔。许钧在文学翻译领域内有许多挚友和导师,这些人中,有外国友人和学者、在国内译界长期工作的朋友,以及在教学岗位上执教几十年的同事,除了他自己的勤奋努力这一根本条件外,得益于师友也是他成功的重要原因。

特别值得一提的是,许钧能始终保持谦虚好学的精神,永不满足于所取得的成就,不沾沾自喜,不夸夸其谈,愈走愈持重,愈走愈成熟、老练,并且不忘水源。虽然他在国内外都有了相当高的知名度,又是我国优秀的年轻教授之一,在翻译实践和翻译理论方面都已有了较高的成就,但他从不以此自满,始终谦虚谨慎,虚怀若谷,事友诚恳,事师谦恭。这也许就是他能够不断地勇攀高峰的原因之一吧。

许钧的这本论集摆在我的案头,我自己常常翻看。朋友来时我们也

---

① 许钧.文学翻译批评研究.南京:译林出版社,1992:194.

② 许钧.文学翻译批评研究.南京:译林出版社,1992:195.

常谈起他的文章,有一个共同的感觉:读许钧的文章当然要动脑筋,费思索,但却也是一种享受。其中的新鲜思想、新颖提法和具有独创性的见解几乎俯拾即是,有如走进一座珠宝琳琅满目的宫殿,使人目不暇接。我们对许钧是寄予厚望的。

愿他不负众望,在今后的工作中,做出更多、更大的贡献。

（原载《外语研究》1993 年第 4 期）

# 让更多的人来关心文学翻译批评事业

## ——评介《文学翻译批评研究》

穆　雷

《文学翻译批评研究》以《追忆似水年华》的第一个汉译本为主要批评对象，结合中国文学翻译的现状，通过对译文多层次、多角度的批评，在研究文学翻译基本规律与方法的同时，对文学翻译批评的基本范畴、原则和方法进行了系统的探讨，并为读者释读《追忆似水年华》这部世界名著提供了新的视角。

全书共收入 13 篇文章，其中 2 篇有关翻译层次论，2 篇有关文学翻译再创造的度和蕴涵义与翻译，2 篇论述文学翻译批评的基本原则和方法，2 篇分别对傅雷的译文风格和《红与黑》的汉译本进行评析，最后 5 篇是有关《追忆似水年华》翻译批评的，有自我评价，有整体效果评价，也有长句的处理、隐喻的再现和风格的传达。作者从 1979 年就开始在中外学术刊物上发表论文，阐述自己的翻译观，总结自己的译事经验。他在从事文学翻译实践的基础上，潜心钻研翻译理论，并将二者有机地结合起来，形成了一篇篇风格独特、见解新颖的学术论文。在此基础上，作者进行了整理和修改，补充了有关文学翻译批评的基本原则和基本方法等内容，形成了这部专著。

作者认为，文学翻译批评不仅限于对译文本身的评价，译者对原著的选择、译者的价值取向与翻译道德、态度等，都属于批评的范畴。他还提出了文学翻译批评的四条基本原则：文学翻译批评不仅要对翻译的结果进行正误性的判别，更应重视对翻译过程的深刻剖析；文学翻译批评要突破感觉的体味，注重理性的检验；文学翻译批评应该将局部的、微观的批评与整体的、宏观的评价有机地结合起来；文学翻译批评应该注意发挥积极的导向作用，建立起新型的批评者与被批评者之间的关系。在此原则指导下，可以采用逻辑验证、定量定性分析、语义分析、抽样分析、不同翻译版本的比较和佳译赏析等几种基本方法，注意选择批评层面和角度，达到通过评价文学翻译活动，衡量文学翻译作品，促进和提高文学翻译的质量，进而繁荣文学翻译事业的目的。

看得出来翻译的层次论和文学翻译再创造的度是作者十几年文学翻译经验的总结，文学翻译批评的基本原则和基本方法是他十几年翻译理论研究的结晶。对傅雷译文风格和《红与黑》汉译本的评析只是他进行文学翻译批评的初步尝试，但选择《追忆似水年华》作为主要批评对象则是他把翻译理论和实践结合起来进行翻译批评的一次综合性的研究与探索。《追忆似水年华》是一部世界公认的名著，在世界文学史上占有令人瞩目的地位，它是通过这次翻译第一次被完整地介绍给中国读者的，具有评论的价值。对这样一部以“难以翻译”为特点的名著进行评论，有利于发现并认识在翻译活动中起着影响作用的诸要素及这些要素之间的关系，探讨贴近批评对象的各种可取的角度和有效的方法，总结其规律，进而形成一定的理论系统。要让汉语读者读懂这样难译的名著，就需要我们的外国文学评论家做些有益的介绍工作。作者结合翻译理论和文学批评理论，用了整整半本书的篇幅进行剖析和比较，同时也对自己的翻译实践做了比较公正全面的反思和批评。

《文学翻译批评研究》这部书至少有这样几个特色。第一，它填补了我国文学翻译批评领域缺少理论专著的空白。翻译学作为一门学科在译界已基本得到公认，然而，作为这门学科的三大部类之一的翻译批评（另两类是翻译理论和翻译史），其理论研究一直不为人所重视，而缺乏理论的指导就造成了文学翻译批评无据可依的局面。这非但影响了文学翻译批评的可信度与合理性，降低了读者对评论文章的阅读兴趣，而且削弱了文学翻译批评对于文学翻译实践和翻译理论研究的指导及辅助作用。作者结合自己的一些文学翻译与批评的实践,经过认真思考,提出了一些与文学翻译批评相关的理论问题,就是要引起人们的关注,进而对文学翻译批评进行理论的探讨。第二,作者结合自己的理论研究与翻译实践,既评他人,也评自己。从事过大量文学翻译的人,对于文学翻译的复杂性和特殊性,有着更加深刻的体会和全面的认识。作者认为,文学翻译批评离不开文学翻译,对文学翻译批评的研究,也同样离不开文学翻译理论的启迪。作者正是从自己十几年在文学翻译园地里辛勤耕耘的甘苦和体会中,认识翻译的本质,分析翻译活动的层次,界定翻译活动中再创造的限度,进而科学地进行文学翻译批评实践和理论探讨,在主观上向着理论联系实际这一点靠近。他敢于批评名家名译,也敢于剖析自己,而这样做是需要有一定的勇气和水平的。第三,为了拓展文学翻译批评研究的广度和深度,做到言之有物,有的放矢,作者注意选择具有一定代表意义的批评对象。他在参加《追忆似水年华》的翻译工作之后,又在对原著的反复研读和对译著的比较评论中发现问题,联系翻译理论分析和解决问题,对汉译本中一些代表性的问题如长句的处理、形象的再现和风格的传达等进行了深入的探讨。丰富的译例,增加了该专著的可读性,使理论专著不枯燥艰涩。

这本新著的出版,说明作者重视理论对于实践的指导作用,善于总结自己的翻译经验,并将其上升到理论高度加以认识。希望作者进一步发挥自己在实践和理论两方面的优势,继续研究翻译中的一些具有普遍意义的问题。这本《文学翻译批评研究》也还有待改进和充实的地方,比如章节的安排还欠合理,系统的理论阐述分量略显不足等。用作者自己的话来说,“我只希望……这部粗糙的著作能够起到一个抛砖引玉的作用,为有更多的人来关心文学翻译批评事业,进行文学翻译批评的理论探索,总结出一套系统、科学、富有指导意义的理论来”①。

（原载《中国翻译》1994年第3期）

① 许钧.文学翻译批评研究.南京:译林出版社,1992:197.

# 文学翻译批评:对理论建构的期待

## ——评许钧著《文学翻译批评研究》

刘　锋

众所周知,文学翻译的繁荣,在一定程度上取决于文学翻译批评的推动。这就要求文学翻译批评能站在一个超越翻译实践的高度来检视和审察翻译活动的产物——译品。唯有如此,文学翻译批评才能起到推动、指导和繁荣翻译活动的作用。但是,实际的情形远非人们所期望的那么理想。长期以来,国内文学翻译批评几乎形成了两个模式:要么是对译品纯粹的赏析,要么是指出译品的错误和不足。这种或赏析或指误的批评对促进文学翻译水平的提高固然有一定的指导作用,但这种作用是相当有限的,因为这样的批评未从超越译品本身的高度向读者揭示其"所以然"。由青年翻译家、翻译理论研究学者许钧教授所著、译林出版社出版的《文学翻译批评研究》,不拘泥微观细节,力图对译品做综合性的整体把握,可以说是克服传统文学翻译批评模式局限性的颇有价值的探索与尝试。

《文学翻译批评研究》大多是作者发表于国内外核心期刊的研究成果,13 个既相对独立又互为关联的篇章大致可分为三个部分。第一部分的 2 篇对翻译的本质进行界定;第二部分的 2 篇主要解决文学翻译批评的理论问题;第三部分的 9 篇用实例从多角度对上述理论进行论证与检验。综观全书,我们发现一种构建切实可行的文学翻译批评理论的渴望贯穿始终,它解决了下述三个重要问题。

## 一、从理论上对文学翻译的本质进行了界定

文学翻译批评研究的对象不单是译品,而是文学翻译这一具体活动。它涉及包括译品、译者、原作者以及原作产生的文化背景等在内的诸因素。只有对文学翻译的本质进行准确的规范,才能在文学翻译批评的理论研究上有所突破。《文学翻译批评研究》正是以界定翻译的本质为切入口的。

翻译活动在人类文明史上有着悠久的历史,有关其本质的论争亦是由来已久。许著吸取其他相关学科的研究成果,从层次论的角度揭示了造成诸多论争的症结并在此基础上科学地界定了文学翻译的实质。该著指出,以往有关翻译本质的论争,主要是由于人们对翻译的层次缺乏全面与客观的分析而产生的。也就是说,要把握住翻译的本质,首先必须弄清翻译活动是在何种层次上进行的。翻译活动之所以能够进行,最根本的一条,在于操不同语言的人"虽处于各自不同的时间和空间,但对客观事物本质属性的认识的思维活动是一致的"①。译者是基于人类思维活动具有一致性这一前提,凭借思维的材料即语言来进行翻译的。这就是翻译最基础的层次——思维层次。在这一层次上,译者既要辨清思维所表达的概念的确切含义,又要理清概念与概念之间的逻辑关系,即"透过各种语言现象,揭示出原文中词与词、词组与词组、句子与句子乃至段落与段落之间的内在的、本质的联系"②。许著特别告诫译者注意两点:一是上述逻辑分析的方法应当贯穿于翻译的全过程,且运用到翻译内容的各个方面;二是应力戒用译者自己的逻辑代替原作的逻辑。

思维层次的转换最终还是要依赖语言来完成。如果说人类的思维活动是一致的,操不同语言的人的思维活动得以进行的材料(语言)却是千

---

① 许钧.文学翻译批评研究.南京:译林出版社,1992:2.

② 许钧.文学翻译批评研究.南京:译林出版社,1992:4.

差万别，各有特点。以思维为基础的语言转换必须遵循不同语言符号达意、传情的规律，才能用一种语言符号正确地传达出另一种语言符号的意义。这就是许著揭示的翻译的第二个层次——语义层次所探讨的问题。语义层次与思维层次互为依存，前者是后者的体现，后者是前者的基础。许著将国外语言学研究成果引入翻译学研究，指出语义可分为语言意义和言语意义，从而廓清了语义层次的范围，为最大限度地传达原作语义提供了依据。

文学翻译除了完成上述两个一切翻译必须完成的层次(思维与语义)上的转换，还有更高的要求——美学要求，即最大限度地传达出原作的“思想美、意境美、结构美”①。这里的美，切不可片面理解，它实际上亦包含了在具体情景里对“非美”的关注。从美学角度上看，文学作品所揭示的“美”与“非美”是一致的。美学层次的提出从根本上把文学翻译与其他形式的翻译区分开来，对文学翻译工作者来说，既是要求，也是考验。没有美感的译者最好不要勉为其难地从事文学翻译。正如著名翻译家力冈教授所言，文学翻译者凭借的是“敏锐的美感、细腻的文思”。当然，许著在具体讨论中将语义层次与美学层次完全割离开来的做法似可进一步讨论，因为美学层次的某些转换在语义层次上已经完成了。由此可见，层次论的提出为科学地界定文学翻译活动的本质提供了理论保证，无疑是翻译学研究上的一个可喜的突破。若以其作为翻译的标准，较之于“信达雅”在理论阐述上会更清晰，在实践上更具操作性。

文学翻译以最大限度地完成上述三个层次的转换为其最高追求。因各语言的表意、传情功能不同，要做到这点就离不开再创造。那再创造的依据是什么呢?《文学翻译批评研究》认为，以准确、完整传达或曰再现原作语言、风格为前提的再创造要完成下述四大任务：一是再现原作的形式因素价值；二是移植原作的文化因素价值；三是再现原作的文学形象；四是传达原作的语言内部意义。这一再创造过程又具体体现在处理好以下

① 许钧.文学翻译批评研究.南京：译林出版社，1992：11.

四大关系上,即积极与消极、整体与局部、创新与规范、客观与主观的关系。这就具体地规范了文学翻译再创造的度。对再创造的度的定性剖析和量化规范,既为战战兢兢的拘泥于原作的译者指出了方向,又对不顾原作而放任自己、打着“再创造”的旗帜行胡译乱译之实的译者套上了约束的系缚。“度”说的意义正在于此。

## 二、从宏观上对文学翻译批评的方法论进行了规范

层次论和“度”说既从根本上揭示了文学翻译的本质,同时又基本解决了文学翻译中可能遇到的重大问题。实际上,这也是文学翻译批评的两把解剖刀。如何使用这两把解剖刀去解剖具体的译品呢?《文学翻译批评研究》在第二部分的两个篇章中对此从宏观上进行了理论及方法论的规范。

方法的确立往往取决于一定的原则。《文学翻译批评的基本原则》一篇从对我国现时文学翻译批评文章中存在的弊端的批评入手,指出文学翻译批评不能仅仅满足于原作和译作两者间的对照,而应注意接受者因素对翻译活动所起的积极作用,因为“一个成功的翻译,不再是原文与译文之间的封闭性转换,而应考虑到文化因素、读者审美习惯等诸因素对翻译的制约与影响力。译者往往自觉地跳出原文与译文的语言逻辑意义等值这一层次要求的束缚,从文化角度去追求更高层次的意义近似”①。作者在此基础上提出了文学翻译批评的四个基本原则:(1)文学翻译批评既要对翻译的结果进行正误性判别,又要对翻译过程进行深刻剖析;(2)文学翻译批评要突破主观性的、感想式的感觉体味;(3)文学翻译批评应将局部、微观批评与整体、宏观批评有机地结合起来;(4)文学翻译批评应注意发挥积极的导向作用,建立起新型的批评者与被批评者之间的关系。上述原则对批评者提出了较高的要求。要做到客观、公允地评价一部译

① 许钧.文学翻译批评研究.南京:译林出版社,1992:34.

品，批评者对自己的批评对象要既能进得去，深入体味，又能出得来，细细比较、检视。微观的分析虽是文学翻译批评的基础，但批评活动本身应当受到宏观理论的指导并最终上升到理论的高度。唯有如此，才能避免不切要领的吹毛求疵或纯粹的主观性的肯定或颂扬，才能真正起到推动文学翻译事业繁荣的作用。

继“基本原则”之后，许著探讨了“文学翻译批评的基本方法”。许钧首先通过比较对原作和译作的产生起决定作用的五个因素：作者——译者；作者观、感的世界——译者对作者所观、感的世界的观、感；作品——译作；承受作品的读者——承受译作的读者；原作和译作的语言。书中明确了文学翻译批评的基本范畴，并从中梳理出了对文学翻译批评起关键作用的三个方面：(1)译者在具体作品中所观、感的世界与作者意欲表现的世界是否吻合？(2)译者所使用的翻译方法和手段与作者的具体创作方法和技巧是否统一？(3)译作对读者的意图、目的和效果与原作者对读者的意图、目的和效果是否一致？① 这三个可比系列是文学翻译批评的核心内容。值得注意的是，在第二个方面的比较中，译者手段、技巧与作者手段、技巧的统一，并非是机械的对等，而应指语言、风格效果的近似。从单纯的技巧上说，应允许有所变通。文学翻译作品的批评者在评价一部译品时，应当充分考虑到译者在实现上述三个“统一”时所面临的一系列问题，诸如语言符号体系问题、文化氛围问题、接受因素问题等。因此《文学翻译批评研究》特别强调，批评者在选择批评层面和角度时应注意：(1)充分考虑符号体系本身的特点和文本后面的潜在活动因素，避免机械的符号对等和僵死的批评视野；(2)既要重视原作与译作形式表层的比较，更要重视内容和实质的比较；(3)比较原作与译作之间带有规律性、倾向性的关系；(4)承认翻译的限度，客观比较原作与译作之间的差异等四个方面的问题。② 许钧在对上述一系列有关文学翻译批评的范畴以及影

---

① 许钧.文学翻译批评研究.南京：译林出版社，1992：45.

② 许钧.文学翻译批评研究.南京：译林出版社，1992：48-51.

响文学翻译批评的诸因素做了清理与爬梳之后，提出了文学翻译批评的六种基本方法：逻辑验证法、定量定性分析法、语义分析法、抽样分析法、不同版本译本比较法和佳译赏析法。

至此，《文学翻译批评研究》从不同的角度从宏观上大致解决了文学翻译批评的理论问题。当然，从微观角度看，对文学翻译批评中某一支系问题的探讨仍可更深入、更专门化，但这无疑不是追求构建文学翻译批评理论框架的《文学翻译批评研究》急于着手解决的问题。

## 三、从实践上为文学翻译批评提供了范本

许钧在《文学翻译批评研究》中所构建的理论具有很强的实践性。他的理论源自实践，因此对实践有着极大的指导意义。而且该著第三部分的大量篇幅就是文学翻译批评实践的范本。任何一种理论体系的产生不外乎有两种源泉：纯粹的理性演绎和对实践的高度概括与提炼。前者往往容易走入“以其昏昏，使人昭昭”的“玄境”，虽其可能具有较高理论水平，但因其阐述者走的是一条从理论到理论的路子，对实践的指导意义也就微乎其微。具体到文学翻译批评上，情况更是如此。作为一位资深译家，许钧对此无疑洞若观火。他以法国著名文学批评理论家热内特“在希望理论为评论服务时我不由自主地让评论为理论服务”这一主张自勉①，力避在构建一种适合我国文学翻译特点的批评理论时为自己所熟谙的语言学、符号学、结构主义等理论所左右，同时又不忘博采众长，为我所用。这种注重实践与理论结合的追求在深受西方“主义”们浸淫的中青年学者中是难能可贵的。

大凡对实践具有指导意义的理论，必须经得起实践的检验并在实践中进一步得到完善。《文学翻译批评研究》以长达 137 页的篇幅对具体文学样式、具体译者以及具体译品进行微观的研究。这种自我验证的做法

① 许钧.文学翻译批评研究.南京：译林出版社，1992：195.

是需要勇气和胆识的，因为理论和实践终归有段距离，难保不出现自说难圆的尴尬。作为勇敢而严肃的探索者，许钧是知难而进了。值得注意的是，他在做微观分析和研究时，并未流于琐细，而是始终注意把握分寸，力求让其批评的实践为其理论的建构服务。因此，具体分析中常常夹杂有精到的理论概括，或不乏给读者以启悟的精妙之处。这一效果得益于著者对其微观研究对象选择的精当。在审察具体文学样式时，他选择的是诗；在评判译者得失时，他选择的是大译家傅雷；在分析具体译品时，他选择的是不朽名著《红与黑》和《追忆似水年华》。而《追忆似水年华》尤其具有代表性，因为其独特的个性使其几乎拒绝翻译，对其进行恰切、细致的研究，探明其何以高妙、何以拒绝翻译，又如何清除障碍传达其高妙之处，对文学翻译批评和文学翻译本身均具有极大的启示意义。何况许钧又是这部多卷本巨制的译者之一，在对其语言、意象、隐喻模式、句式、风格详斟细酌之后，叙说、辨析个中三昧，自有独到识见。他用自己提出的文学翻译批评理论检视上述具有代表性的批评对象，同时让其理论在实践中接受了检验。而且，这样的批评实践，因有合理的理论指导，加之他丰富的亲躬译事的经验，确实堪称文学翻译批评的范作。

（原载《南京大学学报》（哲学·人文科学·社会科学版）1994年第2期）

# 历史将给予充分的肯定

## ——评《文字·文学·文化——〈红与黑〉汉译研究》

方　平

如果有哪位有心的学者日后撰写一部中国现当代翻译史，那么《红与黑》这部世界文学古典名著在我国大起大落的命运是万万不能遗漏的。20 世纪 60 年代初，我国思想战线上展开了一场声势浩大的批判修正主义运动。在外国文艺领域里三部古典名著——巴尔扎克的《高老头》、托尔斯泰的《复活》和斯丹达尔的《红与黑》被押上受审席，成了集中批判的重点对象。

改革开放如同一声春雷，了无生气的外国文学园地，一切枯木逢春，又欣欣向荣了。罗玉君执译的《红与黑》更是一马当先，短短几年里累计印数超过 100 万册。1986 年，上海译文出版社组织出版了郝运的新译本，继续受到欢迎，一版再版（在此以前，1978 年中国台湾地区已有黎烈文译本问世）。从这以后，有修养、有功力的翻译家都对这部名著情有独钟，有意借其一显身手，1988 年到 1994 年间，相继有闻家驷、郭宏安、许渊冲、罗新璋诸家的新译问世。此外，据说全国各地方出版社不甘落后，亦纷纷组稿，准备在近期内推出新译本。

中华人民共和国成立以后，我们的文学翻译质量经历了一次飞跃性的提高，出版的规模也是空前的；不足的是对于文学翻译的理论性探讨很少展开，研究往往停留在直感性的经验之谈（对于长句、派生句怎么处理等)。著名翻译家傅雷总结自己的艺术追求,提出“舍形似而求神似”,确实有很大的启发性,值得重视,一时之间几乎成了文学翻译的不二法门,我们也很少听到在形和神的关系上有不同的声音展开讨论的。从理论的角度谈文学翻译开始出现在报刊上,大约是 80 年代初的事了,但不免有脱离翻译实践的倾向,是理论家谈本行,而并非感性的实践经验的提高和总结。记得曾在《新民晚报》副刊上读到董乐山先生的大文,他说很佩服有些同志,没读到过他的译品,却写出一篇篇的翻译论文来。也许大致上可以这么说吧,在很长一段时期内,搞翻译的勤勤恳恳埋头搞业务,顾不上理论建设;搞翻译理论的,以自己的所长扩大了翻译视野,联系实际却还不够紧密,多少有纸上谈兵之嫌。在文学翻译园地中,实践和理论似乎各奔前程,是跑在两股道上的车。

现在,放在我们面前的是十来种《红与黑》的新旧译本,是半个世纪以来四代翻译家智慧和心血的结晶;其内在的意义可以用许钧先生的一句话来说明:他们“对原作风格的不同认识和不同的处理方式也从一个侧面反映了各自的翻译观”。

的确是这样,如果黎烈文的译本代表着一种被原作拉过去的“欧化”的译法,许渊冲的译本代表着让原作“归化”的译法,那么在这两个极端之间,诸位译家遵循着自己的翻译方法,追求着自己的翻译理想,各行其是,各显身手,各得其所。

这面对同一原著,而见仁见智,各有千秋,可说集中地显示出在中国译坛上已初步形成了各具特色的不同的艺术流派了。这是一个非常可喜的现象。因为一门艺术趋于成熟、发达、兴旺,其标志之一,我认为就是艺术流派的产生。

文学翻译欣欣向荣,走在前面了,我们就更迫切地期待着翻译理论的建设。条件已成熟了,因为正像许钧所看到的,“从《红与黑》一部书的翻译推开去,其中的许多是非曲直,是当今整个译坛的种种倾向的浓缩”,涉及“文化交流的根本问题”。

这是非曲直的细致评说,一些有关的根本问题的开掘和疏导,又谈何容易。令人欣慰又钦佩的正是许钧抓住了这个大好的时机，以他深厚的学识、细致踏实的学风，又出于对祖国文学翻译事业的热爱（那是更可贵了），得到了《文汇读书周报》的大力支持，在这方面认真执着地做了大量的工作。

对我们翻译界来说，这是一场不会淡忘的百家争鸣。许钧虽说不是最早的发端者，却是最热心的促成者、主其事者（胸有成竹地引导讨论步步深入），而且还是最积极的参加者、争鸣者，发表了一系列有关的论文，都是见解精辟，道他人之所未道。这半年来的有关谈话、探讨、争鸣、通讯、座谈等，现在经过他一番整理、汇编，都成为有价值的文献资料，结集出版了，书名为《文字 · 文学 · 文化——〈红与黑〉汉译研究》①。

卷首有一篇引言，可以看作是主编许钧对于这一场讨论的回顾和总结，其中有许多独到之见值得我们倾听。例如翻译批评，过去比较受冷落，所谈的又往往局限于一字一句的得失，做技术性的评估，挖掘不深，拿不出评论的客观标准，而引言提出了更上一层楼的要求："铸造一个既科学又艺术的尺度，用以梳理我们过去的译坛，指导我们的翻译实践。"②这合理的尺度的铸造，离不开翻译理论的建设。作者又进一步阐述道："翻译不仅有理论，而且有不同的理论和观点；翻译不仅有理论指导，而且在不同理论的指导下，有了不同的实践，出现了风格殊异的译文。"③理论和实践的关系就这么紧密结合起来了。

针对诸家译本的不同倾向、不同追求，引言中有不少细致的分析，重视怎样取得译文风格与原作风格的和谐。他提出的一些问题都是有感而发，有针对性的："是夸大出发语与目的语之间的差异，赋予自己以更大的'创造'自由，还是实事求是地对待两种语言之间的差别，尽可能采用既不背叛原作，又能为目的语读者接受的手段……达到原作风格与译作风格

---

① 许钧. 文字 · 文学 · 文化——《红与黑》汉译研究. 南京：南京大学出版社，1996.

② 许钧. 文字 · 文学 · 文化——《红与黑》汉译研究. 南京：南京大学出版社，1996：2.

③ 许钧. 文字 · 文学 · 文化——《红与黑》汉译研究. 南京：南京大学出版社，1996：7.

的一种动态平衡呢?”①

以“文字 · 文学 · 文化”为书的标题,寓有深意,可说是对于文学翻译的性质和任务的一个很全面的整体性的理解。作者指出:“文学是文字的艺术,是文化的一个重要组成部分,而文学中又有文化的沉淀,因此,文字、文学、文化是一个难以分割的整体。”②说得多好！这一对于文学翻译实践有极大指导意义的观点,过去从没有这样清晰、明确地提出来过。可以这么说,译者的视野因此而扩大了,意识到他从事的不仅是文字工作,也不是追求字面的漂亮就算尽了能事。有人以“文学翻译”自许,以为已达止境;其实一个文学翻译者负有更高的使命。当一位译者意识到自己在某种意义上是一位“文化特使”,除了可以在审美的层面上满足读者的精神需求外,还有在文化层面上促进不同民族间相互了解的任务时,他将会更认真、更踏实地对待自己的工作,原文的一字一句都可能成为他关注的焦点。

面对原著,以文字为引渡,进入文学的境界,又深入探求文化的底蕴,最后复归于字里行间,以载负文化信息、营造文学意境的文字为根为本;这由表及里,又复深入浅出,使文字、文学、文化三者首尾呼应,脉络贯通,我认为这才是文学翻译的一种最可贵的境界,这里同时体现着形和神的辩证关系。

许钧主编的这一本《红与黑》汉译讨论汇编,具有历史性的意义。这么说,并不夸张。当有一天,我们回顾这几十年来文学翻译走过的道路时,我们将在这一册汇编中辨认出历史留下的许多踪迹。而且我深信,它将以其丰富的意义和深远的影响在未来的文学翻译史册中得到肯定。

(原载《博览群书》1997 年第 7 期)

---

① 许钧.文字 · 文学 · 文化——《红与黑》汉译研究.南京:南京大学出版社,1996:13.

② 许钧.文字 · 文学 · 文化——《红与黑》汉译研究.南京:南京大学出版社,1996:17.

# 评《当代法国翻译理论》

王东风

作为一名严肃的学者，最痛苦的莫过于明知山外有山，天外有天，却只能坐井地下，自叹不能遨游长空，神交四海。

翻译，这一引导人类走向文明、走向繁荣的文化活动，相伴人类已几千年，却至今还没有达到理论上的成熟。在有些国家，有关这一活动的研究甚至还没得到学术上的认同。在我国就有不少“学者”和行政决策者甚至不愿承认翻译研究是一门独立的学科。从宏观上看，一个学科能不能在学术上，乃至体制上获得合法的地位，直接关系到该学科的建设与发展。对比我国和西方的翻译理论成果，我们就可以清楚地看出中西方在这一领域的差距。可惜的是，广大翻译研究者深知国外同行已远远走在前面，却苦于没有机会领略其风采。而强烈的学术使命感又使这些学者不能去等待那可望而不可即的出国机会和宝贵资料，于是只好闭门造车。我们常常在报端看到某些学者向世间宣布他们发现了某一规律、某一规则、某一模式、某一系统，可事实上有不少这样的发现早已被人家发现过了，而我们的学者则白白浪费了几多宝贵的时光。所谓学者实际上就是学术界的斗士，是斗士就必然有争先的本能，谁愿做屈居人后的斗士！学术争先靠的不是闭门造车似的兢兢业业，而必须要有踩着巨人肩膀抢占学术制高点的意识。这个道理谁都明白。然而，巨人在哪里？制高点在哪里？对泰特勒、奈达、费道罗夫、巴尔胡达罗夫、加切齐拉泽、纽马克、卡特福德等人，我们已经了然，但是他们已不再代表制高点，我们渴望见到更多巨人的风采、更新更高的制高点。于是,当由许钧教授主持编著、南京大学出版社出版的这本《当代法国翻译理论》①摆在我的面前时,我感到一阵兴奋,如饥似渴地一口气读完,一个个陌生的名字、一串串闪光的理论,深深地印在我的脑海中。在领略了法国翻译界巨人的风采的同时,也深感编著者独到的眼光和胆魄。兴奋之余,按习惯草草记下了一些心得和体会,不知是攀上了肩膀,还是只爬上了脚踝或膝盖。请各位老师和同行指教。

## 一、当代法国翻译理论:各路学科大会战

《当代法国翻译理论》一书主要由引言和十个章节组成。主要介绍近30年来在法国翻译界具有代表性的理论和思想。本节将概括地介绍一下该书的主要内容。

众所周知,翻译是一种涉及语言、文化、艺术、审美、心理等多个领域的交际活动,翻译学是一门研究翻译行为和成果的科学,因此这一科学就必然与有关上述这些领域的学科,如语言学、文化研究、文艺理论、哲学、美学、心理学、交际理论等,有着千丝万缕的联系。利用这些学科的成果对翻译现象进行研究既是翻译研究的必然,也反映了当代人文科学研究多学科综合发展的总趋势。一向以求新求异为其文化特征的当代法国人自然不甘寂寞,于是各路人马对翻译这一古已有之的文化现象发起了大会战。

乔治·穆南是法国译界采用语言学理论来进行翻译研究的创始人和主要代表。其代表作《翻译的理论问题》被国际翻译界奉为经典。早在20世纪60年代初他就提出,翻译是一种特殊的语言活动,但这在50年代之前却一直被语言学研究界所忽视。他认为,“意义”是翻译传达的最基本的要素之一。他对意义的研究是建立在对索绪尔、布龙菲尔德、哈里斯、

① 许钧,袁筱一.当代法国翻译理论.南京:南京大学出版社,1998.

叶姆斯列夫等著名语言学家对意义理论的系统研究的基础之上的。他否定了以布龙菲尔德为代表的行为主义关于意义不可认识的观点,采取了与沃尔夫的文化相对论相对立的文化普遍论的立场,认为不同语言之间存在着共相现象,从而在理论上阐明了翻译的可行性问题,并指出随着人类文化与语言的不断相互接触,以及人类知识水平的不断提高,翻译的可行性必将不断扩大,从认识论的高度阐明了重译的必要性和必然性,也说明了存在于某些语言项目中的不可译性在人类认识世界的历史长河中只是一个暂时的现象。随着文化交流的不断深入,今天不可译的东西明天很可能就会成为可译的东西。

如果说社会语言学的理论引发了乔治·穆南对翻译的可行性问题的思考的话,那么这一领域的理论对莫里斯·贝尔尼埃来说则是一把开启旧锁的钥匙,帮助他探索翻译的实质这一古老的课题。他通过对信息参量与语言变素、原语与译语的相互影响、语言的交际功能等理论问题的研究,发现翻译中之所以有语言干扰是由于译者没有把整个陈述作为信息来考虑,翻译所追求的是语义对等,而不是表示语义的语言形式;引起翻译困难的是语言之间的差异,因此翻译研究的重点应放在分清两种语言的差别上。

安帕罗·于塔多·阿尔比对翻译的研究则取道于语言学的分支学科——语义学,他认为翻译所要追求的忠实是对原文"意义"和"功能"的忠实,是一种"宽容而能动"的忠实。为此他将"意义"的概念扩展成了一个多元集合体,包含含义、信息、效果、意图、风格、内涵、不言之意(implicite),并提出了意义忠实的三大参照要素——原作者的"欲言"、目的语及译文的读者,以及衡量忠实的三大方面——译者的主体性、历史性和译文的功能性。

我们知道,任何一种较为成熟的理论都是在积聚并扬弃了以往成果的基础上发展起来的。上述语言学译论主要是 20 世纪 60—70 年代的成果,发展到了 80 年代,便凝聚成了以达尼卡·塞莱斯科维奇为代表的所谓释意派译论。该译论可以说是典型的实用主义翻译观的产物,原产于以培养高级口译人才为主要目标的巴黎高等翻译学院。该派理论运用语言学、逻辑学、心理学的成就来阐述翻译的理解和表达过程。其核心思想正是对穆南、贝尔尼埃和阿尔比的语言学译论的继承。这一核心思想就是，翻译的主要目的是译意，而不是原语的语言外壳；提倡在翻译中进行“文化转换”。不可否认，这一翻译理论体系在培养高级口译人才方面是十分有效的。

道罢语言学派译论，该看看书中收入的当代法国的文学派翻译理论了。在当代文学批评界，诗学理论已发展成为最为重要的文学批评理论之一。法国著名文论家亨利·梅肖尼克将诗学理论引入翻译研究，着力批判了“翻译应当是透明的”“不能给人留下翻译的印象”的传统观念，反对将语言形式看作是内容的毫无意义的附属物。这正是诗学理论的一贯主张。根据这一理论，文学语言的形式本身也是文学意义或称文学性(literariness)的一部分，以奈达为首的动态对等派的问题就在于他们在追求所谓深层意义的同时，消灭了真正使文学成为文学的东西：语言形式本身所蕴含的意义。为此，梅肖尼克提出文学翻译的实质在于“创作”。

“有了文学翻译就会有文学翻译批评。”安托瓦纳·贝尔曼认为传统的翻译批评或满足于解释原文和译文之间的差异，或因过分专业化而使其局限在一小部分读者范围内。在他看来，翻译批评“唯有从翻译主体入手”才能真正实现翻译批评的目的，于是，他“赋予翻译主体一种个人化、一种自省性、一个自由度”，“试图用主体来包容译者所处的目的语文化、社会历史、思想观念条件，以主体的‘负责’或‘尊重’的态度来面对原作，从而提出自己的翻译批评构想”。为圆满地实现这一批评过程，他提出了一系列的批评程序和方法，其中不乏真知灼见。

翻译和翻译理论史也是翻译理论的重要组成部分，《当代法国翻译理论》介绍了两部这方面的著作：一部是安托瓦纳·贝尔曼的《异域的考验：浪漫主义时期的德国文化与翻译》(1984)，另一部是米歇尔·巴拉尔的《从西塞罗到本雅明》(1995)。这两部翻译和翻译理论史著作的一个共同特点是它们都不是专门的法国翻译和翻译理论史论。另一个共同的特点就是史论结合，既有清晰的史线，又有精辟的论述。而这两部史论之所以引起了法国翻译界的高度重视，则与作者独到的视点有关：他山之石，可以攻玉。

《当代法国翻译理论》的另一个闪光点是它对法国那闻名世界的翻译教学理论的介绍。J. R. 拉德米拉尔系统地研究了翻译与外语教学的关系，不仅在理论上区分了教学翻译和翻译教学的关系，而且还指出翻译教学中外译内（version）练习和内译外（thème）练习之间存在着质的不同，因此不能以同一种标准要求。这一点在塞莱斯科维奇倡导的阐释学派翻译教学理论中得到了进一步的认同。阐释学派翻译理论家根据长期的口笔译教学和国际口笔译实践，认为"原则上不应提倡母语译成外语的训练"①，"勒菲弗尔特别强调，翻译训练应当以母语为译入语，一般情况下，不易作双向翻译练习"②。拉德米拉尔指出，要求学生在未完成学业时就已经达到内译外所要求的"双语"能力是"荒唐"的、不现实的。③ 勒菲弗尔进一步提出，内译外练习之所以不可取是因为：(1)内译外的思维过程缺乏必要的活跃性；(2)内译外训练在很大程度上会破坏学生在外译内训练中所获得的成果；(3)内译外无法达到翻译的基本要求。④ 勒菲弗尔根据释意派翻译理论，结合翻译教学的实际，对翻译教学理论进行了系统的研究，从翻译专业学生的挑选、教学的实际操作、学生组和教师组的组合和配备、翻译练习的设计和修改，一直到翻译教学的测试和考核等，都做了十分细致的研究。

不同学科、不同角度、不同流派、不同观点汇集成了当代法国翻译理论的整体。我们常常听到有学者在哀叹，到现在为止没有一本系统的翻译学专著，因此得出结论，不存在翻译学。翻译理论发展到了今天，行内学者都知道，其涉及多种学科的知识。正因为如此才不太可能有一本穷

---

① 许钧，袁筱一. 当代法国翻译理论. 南京：南京大学出版社，1998：241.
② 许钧，袁筱一. 当代法国翻译理论. 南京：南京大学出版社，1998：247.
③ 许钧，袁筱一. 当代法国翻译理论. 南京：南京大学出版社，1998：69.
④ 许钧，袁筱一. 当代法国翻译理论. 南京：南京大学出版社，1998：241.

尽各个学科原理和方法论的翻译学专著,因为像这样的通才的水平非常人所能及。而《当代法国翻译理论》却使我们清楚地看到,翻译学不是不存在,但在目前的历史时期内,它还不是以某一本能穷尽所有相关学科理论的专著的形式出现的,而是以一种各派理论集合的方式存在的。《当代法国翻译理论》正是向我们展示了这种集合式理论的内在关联性和系统性的概貌。

## 二、当代法国翻译理论对当代中国翻译理论的启示

读罢《当代法国翻译理论》,难免想到当代中国翻译理论。一个问题在心中萦绕:当代中国翻译理论可以从当代法国翻译理论中获得什么样的启发?

首先,我们注意到,当代法国翻译理论的著述甚丰,尤其难能可贵的是各具特色,系统性强。就书中介绍的著作来看,每一本专著都有着坚实的学科基础,或语言学,或文学,或教学理论。所探讨的往往是决定翻译实践宏观策略的本质问题。在方法论上注重手段的科学性和系统性,重视新兴学科和新兴理论的应用。反观我国出版的翻译专著,总是免不了落入教科书的俗套。谈翻译方法的太多,可谈来谈去老是那几个问题:翻译标准、直译意译、转换法、增词法、省略法、长句翻译法等等。很少有学者能系统地从某一学科入手,就这一学科同翻译的关系做一全面的探讨。在方法论上经验主义的倾向比较突出,这与我国翻译理论界长期以翻译家的经验之谈为主体的传统不无关系。

其次,当代法国翻译理论中的诗学翻译理论反映了目前的一种国际潮流。这一流派的理论发端于俄国形式主义,对文学翻译理论影响极大。这一流派的翻译观点一反传统翻译理论重内容轻形式的特点,强调形式与内容的不可分离性,强调形式本身所蕴含的意义。翻译历来追求对原文内容的忠实。传统翻译理论认为,要译出原文的内容,就必须抛开原文的形式。但诗学理论对这一观点所提出的质疑是:当形式本身就是内容

时,抛弃了形式,内容何在?文学的价值并不在于它说了什么,而在于它是怎么说的。丹麦王子哈姆雷特的故事,莎士比亚可以讲,讲故事的老爷爷也可以讲,但前者是流芳千古的艺术,后者只能是茶余饭后的消遣。二者的不同并不在于内容,而在于表现形式,从诗学的角度看,艺术的表现形式本身就是内容的一部分。由此看来,这一流派的理论是对在中国盛极一时的奈达的动态对等论的反对。中国传统译论也多倾向于重内容轻形式的归化式翻译,西方的诗学派译论则向我们的归化派翻译家提出了这么一个问题:你们在用抛弃原文诗学语言形式的方式而获得原文内容的同时,还失去了什么?诗学理论认为失去的是原文语言表达的文学性和文化身份(cultural identity)。

再次,当代法国的翻译史研究方法也有其独到之处。学者的眼光并不局限于本国的翻译史研究,而将目光投向了邻国,投向了周围的大环境。史论结合的研究方式便于揭示历史的规律和文化的必然。别国的历史就像一面镜子,从中可以照见自家的长短。此外,从书中介绍的两本翻译史著作来看,作者是在掌握了大量第一手资料的基础上,以史学家的豪迈、文论家的细腻、哲学家的敏锐,来昭示和剖析历史的。其态度之严谨,方法之科学,可成为中国翻译史研究者的楷模。

最后,当代法国翻译教学模式堪称世界一流,有很多地方值得我们借鉴。中国还没有一部系统探讨翻译教学法的专著。中国翻译教学的普遍模式不外乎教师讲、学生听/练,外译内、内译外双管齐下,总体教学结构缺乏系统性。而法国的翻译教学理论则已相当成熟,不同的阶段有不同的要求,就连练习的阅卷工作都有程序上的规定。目前,翻译课是我国外语院系的必修课之一,但同法国的翻译教学相比,我们的翻译教学缺少一种高效率的标准化模式。各教师自行其是:擅长实践的以练为主,擅长理论的以讲为主,“文武”兼备的则讲练结合。可谁也没想到会有一个由翻译理论家和两种语言的专家组成的指导小组来对学生进行多方位的专家式指导,谁也不敢提出自己不配教内译外,谁也不愿说自己的那些刚过语法关的学生尚不适合学内译外。翻译教学在我国已有多年的历史,希望有志于翻译教学的学者能根据中国的国情，及早研究出适合我国翻译教学的系统理论，确立我们的翻译教学规范。

## 三、体会·反思·建议

当代法国翻译理论总的来说反映了当今国际翻译研究的基本走势，各主要流派大多在法国译坛登堂亮相，但一直能牢牢占据国际翻译理论制高点的则当数当代法国的翻译教学理论和体制。值得注意的是，法国翻译教学理论是建立在口译和实用翻译的基础之上的，其唯内容论的指导思想显然不适合文学翻译。

《当代法国翻译理论》的编写者的学术意识和理论功底实在令人敬佩。他们的评介既中肯又客观，一个国家的翻译学科水准清清楚楚地摆在了我们的面前，是优是劣，任世人评说，没有功利性的盲目拔高，也没有夜郎自大的肆意诋毁。主编在选择评介对象方面显示出了理论家所特有的敏锐。他们的选择，明着看是照顾到当代法国翻译研究各家各派的代表理论，其实暗中瞄准的是中国翻译理论，所介绍的各种学说均是中国学者关心的或尚未注意到的问题。正是这种明确的理论目的性才使得这本著作具有了较高的理论魅力，并在中国首开介绍某一国家翻译理论的先河。它的另一个令人称道的地方是在不到 25 万字的有限空间里，评介了十来个当代法国翻译理论家的代表成果，不仅有广度，而且有深度，基本上把各专著或学者的主要观点都体现了出来。如果对所介绍的对象没有全面而深刻的把握，是很难达到这一境界的。这本著作在编写方式上有一个显著的特点，基本上是每一章以一本专著为主体。编者有意将所介绍的十来本著作的内在相关性串成一个相对完整的整体或系统。这样做的优势是免去了读书报告似的逐一介绍，使读者读起来不至于感到沉闷和呆板。该著作在介绍各家各派的理论的同时，还引进了大量新的概念和术语。概念是思维的武器，新概念的引进和确立有助于学科理论的进一步拓展。

下面是三点吹毛求疵,仅供参考。(1)将十来本并不系统关联的著作做体系状串联,却又分别由不同的编者编写,难免会出现前后不衔接或重叠的现象;此外,以一本书来代表某一流派或某一思潮,是否可以起到见树又见林的作用?这令人多少有点不放心:要是将同一流派同一思潮的其他相关或不同的观点相比照而介绍,是否会更全面些?该书的第七章就是这样写的,但其他章节则基本上是围绕某一本书或某一个学者的观点展开的。(2)编者未能将当代法国翻译理论放在一个国际翻译学研究的大参照系中来考察,因而无法让人在比较中看出法国翻译理论有什么与众不同之处;若能调动跨专业力量合作,可能效果会更好些。(3)有个别重要的概念和术语的定义似乎还不太明确或缺乏必要的解释,如"成见性反对"、"中心偏移"①、"句型的地理外延"②、"绝对循环"③等等。

总而言之,《当代法国翻译理论》是近年来国内翻译界一部难得的、不可不读的理论佳作。目前,我国翻译界急需了解当代,尤其是 20 世纪 90 年代西方翻译理论的新动态,可惜的是这方面的系统介绍太少,散见于各学刊的区区千言的介绍文章显然是杯水车薪,难以深刻展示某一理论和思潮的全貌。在这一方面,法语界的同行显然已走在了前面,我们希望能尽快看到更多这方面的专著。

(原载《中国翻译》1999 年第 3 期)

① 许钧,袁筱一.当代法国翻译理论.南京:南京大学出版社,1998:139.
② 许钧,袁筱一.当代法国翻译理论.南京:南京大学出版社,1998:206.
③ 许钧,袁筱一.当代法国翻译理论.南京:南京大学出版社,1998:271.

# 新时期译学研究的总结与展望

## ——评《译学论集》

肖　辉

《译学论集》[①](以下简称《论集》)是近来我国译学研究领域中一项具有重要意义的最新成果。《论集》自问世以来以其理论性、系统性、实用性和翔实的资料引起了翻译界人士的广泛兴趣。《论集》格调独特,处处充满了真知灼见,读起来使人耳目一新。

## 一

我国的翻译理论研究,经历了一个不断深化的发展过程。古代译论大多是散见在一些译经序言或提要等文字中,这些零星、片段的议论,主要讨论翻译的"难"和"失本"、翻译的各种方法("文""质""厥中"等)、翻译者的修养条件("八备")、翻译的"辞体""语趣""名实",并涉及翻译批评和翻译的集体组织问题。有关"文""质"之辩、"辞体"及"语趣"之类的论述,不仅所用术语与传统文章学、修辞学是相通的,而且这些论述本身也融入了中国传统文论的大系统。到近代,翻译内容开始突破宗教领域,涉足科技翻译,对翻译作品的语言、文体等有了更高的要求。马建忠提出"善译"的标准,即力求与原文在意思上无一毫出入,而且使读者读了译文后能产

---

① 张柏然,许钧.译学论集.南京:译林出版社,1997.

生与读原文者相同的感受。这一提法已经涉及风格学、文法学、修辞学以及其他的文化领域。严复提出了影响深远的“信达雅”三字理论。现代译论学家大多是以各种文学社团、流派的成员身份活动在译学领域中，这使得这一时期的译论的共性与个性更为分明，批评、讨论和争辩范围大、次数多。总之，旧的译论都是在我国传统文化的孕育下，根植于我国古典文论和传统美学的。[①] 现代江苏译学界的突出代表是范存忠、戈宝权、陈嘉、赵瑞蕻等，从《论集》所收录的他们的论文可以看出，他们的译学观点均具有这一时期译论的特点。

## 二

新中国成立至今的约 50 年间，特别是 70 年代后期以来是我国翻译事业及译学研究最为兴旺、成果最为丰硕的时期，可谓译家如林、译品如海、新论频出。而《论集》正是这样一部集子，它既是新时期译学研究成果的总结，也是对今后中国译论走向的展望。

改革开放之后，我们的理论研究意识有了明显的增强，学科建设在各类文体翻译研究、译学本体论研究和跨学科研究三个层次上都取得了可喜的成绩。

总的来说，80 年代以前译界主要对翻译的标准进行探讨，局限于对翻译导向的总体把握。80 年代以来，我国大量介绍和吸收外国的译学理论，引进西方的语言学理论，我国的译学理论从宏观描述转为微观研究，我国译学理论有了新的发展。以下拟就《论集》收入的论文分类进行评介。

### （一）翻译学的建立与翻译理论研究

我们的中外同道都在为各自民族文化的弘扬孜孜不倦地探索和研究。由于新时期中国译学研究者的研究成果已经开始走向世界，21 世纪

① 张柏然，许钧. 译学论集. 南京：译林出版社，1997：90.

的中国译学研究者将直接参与世界译学研究的对话，他们正在推动中国学派的译论走向世界。

张柏然、姜秋霞在《对建立中国翻译学的一些思考》中对中国翻译的走向问题做了整体把握，提出建立中国翻译学，要进行“多角度”“多学科”的研究主张，倡导建立中国翻译学要“立足于中华民族的语言、文化、思维方式”，同时还主张应“结合中国传统的宏观描写理论与西方的微观分析理论，以中国语言、文化为基石，用科学的方法加入人文观照对双语转换过程中的各个机制进行描述，找出客观规律与普遍性，确立翻译的科学依据和依归”。作者还十分鲜明地指出“任何学科的建立都有一个从模糊到清晰，从杂乱到系统的过程，只要我们认识这一目标，翻译学的建立只是一个迟早的问题，终究能够实现”。作者所探讨的问题从理论上指导了一个新学科的创生与发展。

许钧在《关于翻译理论研究的几点看法》一文中充分肯定了我国理论研究所取得的成果，指出翻译理论研究“一步步跻身于我国哲学、人文、社会科学研究的大雅之堂”。作者在文中深入探讨了目前译论研究中值得注意的三种倾向：翻译文艺派对语言学派的绝对排斥倾向，中西译论的互相排斥倾向，翻译研究的片面性倾向。作者在文中对今后的译论研究提出的 11 点宝贵意见，具有深远的指导和创拓意义。与此同时作者也鲜明地指出翻译理论体系的构建与翻译学科的建设“是一项长期的任务”。

张柏然在《翻译本体论的断想》中从哲学的角度出发，对 20 世纪译学研究格局进行了横向扫描，提出了本体论缺失和错位的理论错误，论述了翻译本体论如何研究翻译的存在。最后得出“翻译本体论的重建，乃是把‘活动’作为翻译生态的根本性存在，并试图从此出发形成丰富的‘活动研究系列’，用以完成对于翻译的最后体认”的精辟论点。

古今明在《翻译理论中的一个新旧交替》一文中客观地评价了由张培基等四人于 1980 年出版的《英汉翻译教程》，深入探讨了直译和意译的关系。作者主张“运用奈达的翻译过程模式，可以具体、细致地分析和描述翻译实践”，并认为其效果“比用直译和意译相结合的说法好”。同时指出,“部分保留部分舍弃原文的表达形式……显然是不足以把翻译过程中所经历的种种变换分析和描述清楚的”,使翻译理论和实践向前推进了一大步。吕俊在《从学科学的角度谈翻译学的建立》中深入论述了翻译学学科的定位、学科的发展与翻译学的孕育、作为独立学科的条件与要求、翻译学的学科性质以及如何促进翻译学建立五方面的问题。作者同样指出:“建立翻译学应是一个势在必行的问题,只是时间早晚的问题。”通过仔细的分析,作者还把翻译学的学科性质界定为“翻译学是综合学科而不是交叉学科或边缘学科”。杨晓荣在《翻译理论研究的调整期》一文中论述了我国翻译理论的建设问题,指出“翻译界似乎走到了一个三岔路口”,认为我国翻译理论研究的现状“也许正好是一个契机,迫使我们自我调整,为进入一个新的发展时期做准备”,另外作者还认为,作为学科成熟标志的中国翻译理论体系或中国翻译学“还未形成”,但“正在形成”。论点、论据颇有特色。

### (二)翻译批评

许钧在《文学翻译批评的基本方法》中深入探讨了现阶段人们对翻译实质的认识,指出在文学翻译批评的实践中应避免四种倾向,强调文学翻译批评的目的应该是“通过评价文学翻译活动,衡量文学翻译作品,起到促进、提高文学翻译质量进而繁荣翻译事业的作用”。并就选择批评层面和角度问题着重讨论了应该注意的四个方面,将文学翻译批评的基本方法归纳为六类,颇有现实指导意义。的确,只有坚持客观、公允、合理和科学的标准,鼓励不同批评方法的使用,同时借鉴现代文学批评各流派的成果,才能使翻译批评深入发展。许钧在《风格与翻译——评〈追忆似水年华〉汉译风格的传达》一文中深入探讨了风格传译,客观评价了普鲁斯特风格的汉译再现,将普鲁斯特风格归纳为六类,提出如何协调作者风格与译者风格的问题,与此同时还着重强调指出“译者的创造要以不违背、不损害原作的意蕴、风貌为本”。另外作者还从遣词层面、句法层面、章法层面、修辞层面、语域层面、叙事风格层面对《追忆似水年华》的不同译者的译文做了详细、客观的比较和评价，最后还从六个不同的层面提出了六点独特的看法。作者观点新颖、独特、全面。

张威廉在《怎样提高我们文学翻译的质量》中认为，决定翻译质量的一个重要因素就是翻译工作者的思想认识水平，并就怎样通过提高译论的认识水平和责任感来减少译文中的错误和缺点提出了三条建议。范存忠在《翻译疑义举例》中列举了大量实例，对立名之难、口译和笔译哪样容易、字义词义必须弄深弄透、新旧字义必须识别清楚、望文生义或求之过深、“名从主人”和“约定俗成”、含糊语及双关语难译、鲁迅论归化和洋气进行了深入的论述。陈嘉在《译莎剧杂谈》中从译诗剧的角度对朱生豪译莎氏全集片段中出现的错误做了深入的剖析，并认为朱错译是由于对原著的误解、漏译或赘语、不够确切、不够“信达雅”。赵瑞蕻的《论〈红与黑〉的翻译及其他》从比较文学的角度，对《红与黑》上卷两个小段的玛格丽特·肖的英译本及罗玉君的译本做了客观的评价，并强调，在翻译一部作品，甚至一首短诗时都应该“力求真实，不失原意”，不应随意删掉某些词句或段落，应“尽可能保存洋风洋气或异国情调”，特别还指出翻译是件“非常严肃、艰巨的工作”。杨晓荣在《小说翻译中异国情调的再现原则》中探讨了异国情调的价值、文学翻译的一般标准——适度对等、制约异国情调再现度的种种相关因素以及三种异国情调的再现原则。作者特别强调指出，使译作带有相应的异国情调“是很有必要的”。

各位译界学者对文学翻译的评论都不是空洞的溢美之词，而是恰如其分、客观实在的评论。这种既肯定成绩，又一分为二地指出不足的评论使译界的前辈得到了全面的评价，又使后来者在向前辈学习时不至于陷于盲目。张冲在《诗体和散文的莎士比亚》中强调指出“诗体译文胜过散文”，提出形式上的对等即“原作是散文时译作也用散文”，风格上的对等即“原作温雅，则译作也应温雅”的主张。徐式谷在《现代学术论著翻译的易和难——从校改一篇史学译文见到的问题谈起》中列举了大量实例，从五个不同的侧面，归纳了翻译现代学术论著时应特别注意的几个方面，并主张从事文学翻译“最好不要耻作译匠”，劝诫译者训练出“皓首穷经的耐性和自食酸果的勇气”,使文体翻译研究得以深化。作者此番言语,对于当今青年翻译工作者力戒浮躁、树立良好译风,颇有教诲作用。总之,文体翻译研究属于微观研究,此项研究的深入是译学发展的一个重要标志。

### (三)翻译标准

翻译标准是翻译批评的依据,《论集》主要从两个方面对此进行了探讨。(1)翻译的精确测度。姜秋霞、张柏然在《是等值还是再创造?——对文学翻译的一项调查与分析》中运用数学理论和方法做了定量分析,研究定量分析可以减少定性分析的主观性。作者从调查结果中得出“译者与读者均倾向于等值的文学翻译,宁可语言表达生硬一些,也勿完全归化”。作者主张译文“要忠实原作,传达原作,最大限度地转换原作的内容与形式,充分再现原文的艺术”,为翻译理论多角度、多方位的研究开辟了一条新思路。(2)翻译的模糊测度。王守仁在《谈翻译的忠实——读本雅明〈论译者的任务〉》一文中指出使译文在内容和形式上真正忠实原文“绝非易事”。作者认为,“译文即使已经达到所谓(的)‘化境’,或是‘形神兼备’,但与原著还有本质上的区别”,并提出“就贯彻忠实而言,译者必定是失败者”的颇具鲜明特色的观点。包振南在《试论可译性的限度》一文中指出,读者在阅读文学作品后,应获得“同样的艺术感受”,但认为“这只能是翻译标准中的一个理想的目标”,要达到这个目标“确非易事”。作者认为可译性的限度是“由于语言之间的差异造成的”,并提出避免某一类可译性限度的办法“只有在‘信’或‘顺’方面做出某些牺牲”的主张。张亚非在《翻译中的形变与传实——兼议等值翻译的相对性》一文中指出,理想的翻译是“使译语与原语达到‘形似’‘意似’‘神似’”,但翻译之难就在于“它可无限地接近这个思想,却永远无法登上它的顶峰”。作者认为所谓“等值翻译”,亦只能相对而言。袁筱一在《“不可译”与“再创造”》一文中从哲学的角度对“不可译”与“再创造”问题进行了深入的剖析,认为“文学翻译应当是,并且只能是一种‘再创造’的过程,‘再创造’是文学翻译的基本特征”,提出了“‘再创造’的零度:不可译”的观点。刘宗和在《由表及里，由里及表——论翻译过程中译者的作用》一文中分别论述了译者是“语际交流的主体”，译者的思维是“最活跃的因素”，并强调指出“译者的再创造是受制约的”。这种观点为翻译标准的新探索又开辟了一条新思路。

以上都是有关翻译标准的新探索，在理论和实践上与旧译学研究相比大有进展，既继承和发扬了旧译论的观点，又呈现了当代译学百家争鸣的喜人局面。

## （四）翻译的跨学科研究

随着翻译理论研究的深入，人们越来越认识到“对译者的研究要涉及翻译思维、翻译心理、译者的情感和需要等这样一些难度较大的问题”①。《论集》中汇集的论文对纵深理论层面如翻译思维探索，译文分析的哲学、美学、语言学、社会符号学、语用信息、信息场、文化科学等领域都进行了深入的探讨。

张柏然、张思洁的《中国传统译论的美学辨》从美学的视角，就我国古典美学是传统译论的沃土、我国传统译论的美学特色两大方面对本题进行了较为全面深入的探讨和研究。作者认为我国的翻译理论在思维模式上“更倾向于从主观的而非客观的、感性的而非理性的、体验的而非分析的角度来品评翻译和译品”。作者通过深入论述我国传统译论的三大美学特色，精辟地总结出我国的翻译理论“体现出中华民族贵信、贵和、贵含蓄的美学特点”，同时号召译学研究者去“深入细致”地“探讨”和“考究”“鲜明”的美学特征。

黄龙在《翻译的美学观》中从修辞美、意境美、采风美、形象美、典型美五大方面对翻译的美学观做了深入的探讨，指出“只有具有上述美感的译品才能起潜移默化、陶冶感染的作用”，使读者“获得感情上的享受与精神上的满足”。

---

① 方梦之.翻译新论与实践.青岛：青岛出版社，1999：2.

姜秋霞、张柏然在《心理同构与美的共识——兼谈文学作品复译》一文中运用文艺心理学理论，透彻地探讨了艺术的内化(即指再创造者审美心理的建构)过程。文章强调指出，在与作者构建完全相同的心理图式后，译者进而实现艺术再造，这是一个“逐渐形成的意象整合的过程”，并号召翻译工作者在从事文学翻译的过程中应具有“一丝不苟的精神”，提出了“只有视文学为高尚的艺术，用艺术加科学的方法再现艺术才能实现与作者美的共识”的新论点。该论点将心理学和美学有机地结合起来，推进了我国翻译理论多视角的研究。

袁筱一在《翻译的语言学情结》中运用语言学原理对翻译的可行性基础、翻译的不可行性的由来等做了探讨。柯平的《社会符号学的翻译语义观》深入探讨了三类社会符号学意义、社会符号学的翻译原则。作者预测随着翻译研究在深度与广度上的发展，社会符号学的翻译语义模式将可以“不断地扩展、修正与完善”，最终成为一个“涵盖翻译活动方方面面的完善的翻译研究模式”。魏向清的《“信达雅”的语义学基础及其实践模式初探》从语义学的角度对“信达雅”论的实践模式进行了初探。刘宗和在《论语言信息内涵意义的翻译》一文中运用社会语言学的有关理论，围绕语言行为的环境、语言行为的实际场合、语言行为的表现者三方面对本题进行了深入的探讨，深刻指出光理解原文的字面意思或停留于分析、研究句法结构是“远远不够”的，必须“从历史背景、风土人情、民族习惯、民族性以及创造的意境等方面去认识和再现语言信息的内涵意义”。

译学研究者们从跨学科的多种角度和视野对翻译进行了深入的探讨，可以说他们已经跨出了原来那个封闭的译论领域，步入了一个开放的新天地，开创了跨学科研究的新局面。

## 三

《论集》的问世对 21 世纪的译学研究提出了更高的要求。展望未来，那些与本国翻译现状、本民族语言文化传统和现实“不搭界”的翻译研究将会逐渐减少，越来越多的翻译研究将密切关注本国、本民族的现状和发展，脚踏实地地探索具有民族特色的译学理论。中国的学人将对中国翻译的走向问题，对纵深理论层面（即翻译的跨学科研究）、基本理论层面（如翻译的实质、翻译的可译性限度、翻译与文化问题、翻译中的形式对应、翻译的风格）等的问题更为关注。展望 21 世纪的翻译理论研究，人们将进一步廓清翻译理论的宏观架构和格局，进而促进对相关学科的研究。虽然我们在译论建设上已取得了可喜的成就，但我们不应停止不前，我们在关注当代实践经验、吸取外国译论精华的同时，一定不能忘记深入研究我们的传统译论。中国传统译论内涵丰富，文化底蕴深厚，极富哲学思辨色彩。译界学人应以积极主动的态度参与海内外译坛种种形式的交流与对话。只有将古今中外的译论兼收并蓄，我们的思想才会变得深刻，我们的理论基础才会坚实牢靠，也只有这样，我们才能建立起真正意义上的“中国学派”的翻译理论。

（原载《中国翻译》2000 年第 4 期）

# 作为一项文化系统工程的译学理论建构

## ——评许钧教授主编的《翻译思考录》

诗　怡

10年前，我国学界对翻译的认识和探讨基本上还是局限在具体的语言艺术层面，胶着于翻译标准的辩难和译本句栉字比的比较。近10年来，随着比较文学的译介学理论对译学的浸润，其他学科理论，如心理学、哲学、符号学等新的理论的推展，学界获得了新的多元化的理论视角来切入译学研究，突破了原来狭窄的研究空间，译学呈现出了一个新的、令人振奋的、可自由驰骋的广阔空间。

我国的翻译研究在近10年中也取得了长足的进步。具体表现在哪些方面？在译学研究的深度和广度方面有哪些新的开掘和拓展？许钧教授主编的《翻译思考录》①可被视为对近10年来翻译研究成果的一次大检阅。

该书收录了近10年来发表在《中国翻译》《译林》《读书》《中华读书报》《文汇读书周报》等报纸杂志上有关翻译的学术论文、随笔、漫谈和评论，以及主编专门为此书约写的一些文章。作者基本上都是我国翻译界和文学文化界知名的学者、翻译家和作家。该书涉及的内容林林总总，蔚为大观，凡近10年来从理论和文化层面上讨论翻译的重要文字基本都收列其间，是“我国译界或文化界的专家学者近年来对翻译的思考与探索的

---

① 许钧.翻译思考录.武汉:湖北教育出版社,1998.

一份有目的的记录”，展示了近 10 年来中国学术界对翻译思考的新的学术成就与学术高度。《翻译思考录》收录的文字就是学者们的思想腾越于翻译研究这片神奇土地的优美的剪影和自由的灵动。

上编“翻译纵横谈”所收文字大多是从宏观角度，亦即从社会文化层面探讨翻译跨文化交际的功用和对翻译事业的期待。具体涉及的问题包括：翻译的文化交流作用、文化差异与翻译、翻译的标准、翻译的难度、翻译有没有定本、名著复译等问题。季羡林的《我看翻译》从中国文化发展史角度指出，外来文化的输入为中国文化注入了新的活力，“中华文化之所以能长葆青春，万灵药就是翻译。翻译之用大矣哉！”孙歌在《翻译的思想》中由日本的《翻译的思想》一书产生了思考：在日本，翻译活动与思想界关系密切；而在我国文化语境中，从康有为、梁启超开始的通过日文转译西方的著作翻译活动，基本上把翻译看成是技术层面上的事情，翻译即使与思想有关，也只是单向度的，着眼于如何将外来的东西转化为自己的，不具有在日语语境中那种双向流动而产生的巨大思想潜能。他指出：“翻译其实不仅仅是技术上的事情，它本身就是一种思想资源。”这一观点给人的启发是多重的，在我们对翻译的性质和功用做更为深刻思考的同时，我们更感到，翻译研究也许不仅仅是翻译界的事，整个思想学术界都应该加入其中。

中编“翻译艺术探”涉及对翻译文学的地位、译者的主体性、翻译风格等问题的集中讨论。而讨论围绕的核心是译者。翻译文学的地位、风格等问题都是译者的文学文化地位、译者的审美修养和文学气质、文化心态所引发出来的。

中编以谢天振的两篇文章《翻译文学——争取承认的文学》和《文学翻译：一种跨文化的创造性叛逆》开头，颇有统领此编的性质，即以译者为核心，从阐释学、接受美学、文化交流等角度切入翻译研究。谢天振提出了“翻译文学不是外国文学”，而应当属于译者所属国文学的一个组成部分，以及“文学翻译的创造性叛逆”等命题，其核心就是对翻译家的文学史地位和主体性的重新认定和承认。谢天振认为，判断作品国籍的依据应该是该作品译者的国籍。将翻译文学定位在译者所属国的有机组成部分，不仅是对翻译文学在文学交流、文学影响上的作用的充分认识，更是对翻译家作为译作主体地位的承认。文化翻译中的创造性表明了译者以自己的艺术创造才能去接近和再现原作的一种主观努力，而文学翻译中的叛逆性就是反映了译者为了达到某一主观愿望而产生的一种译作对原作的客观背离。文学翻译中的创造性叛逆充分体现了中外文化交流中的时代的特征和不同文化的特质。与谢文相呼应的是杨武能的《尴尬与自如　傲慢与自卑——文学翻译家心理人格漫说》。杨文从翻译的内部和外部因素，细微地剖析了译者的人格心理和社会心理，对译者给予了充分的人文关怀。张成柱的《文学翻译中的情感移植》和王彬彬的《翻译是一种相遇》强调了译者主体情感在翻译中的重要性。译者的情感投入是译作美学效果的基本保证。而申丹的《谈小说翻译中译者的客观性》则通过对几篇译文的对比指出，译者的“实际兴趣”、情感心理因素和认知框架、期待视野会不自觉地干扰译者的客观性，这样，译者在翻译中若不能保持客观性就有可能较严重地影响译文对原文的忠实性。杨武能的另外两篇文章《翻译、接受与再创造的循环——文学翻译断想之一》《翻译 · 解释 · 阐释——文学翻译断想之二》则是从阐释学角度，对翻译的性质、特征做出探讨。他认为，翻译就是“阐释”，“阐释”贯穿了翻译活动的全过程。无论是作家、译者还是读者，都是整个完整的创作、读解过程中阐释的承担者。中编的最后一组文章集中探讨的是翻译的风格。风格问题是文学翻译研究长期争论不休的问题，主要有三种意见：一种意见认为，文学作品的风格只可感知而难以捕捉，难以言传，更难以在翻译中得到体现，只能让风格自己照顾自己；第二种意见认为，译者应该有自己的风格，实际上一个有追求的翻译家无论在主观上还是客观上都不可避免地透逸着自己的风格；第三种意见认为，风格是一部作品艺术性、美学价值构成的重要因素，译者应该努力再现原著的风格，译者的个人风格应从属于原著的风格。本编大多数谈风格的文章都是持第三种意见的。郭宏安在《自设藩篱，遁迹而行》一文中认为，“文学翻译的最高境界是传达出原作的风格”,“没有风格的文字对于文学作品来说,是使它不像一篇文学作品的罪魁祸首”。但是,如何体现原作的风格是个很难解答的问题。风格主要体现在语言形式上,所以不少人认为,“直译”最能够传递原作的风格,或者说通过求形而得神(江枫:《形似而后神似》)。但不同作家作品的语言形态特征都会不同,译作并不是在形式上追随了原作就能体现原作的“精神姿态”,因此又有“舍形求神”的“神韵”说和“形神兼备”说。如何再现神韵？这又涉及译者个人的气质、美学修养等因素。著名翻译家方平结合自己多年翻译的经验,特别是翻译莎士比亚剧作的体会在《水无定性,随物赋形——谈翻译家的语言观》中提出,翻译家的语言的最高境界应该如水,翻译家的语言应具有水的品质,“水无定性,随物赋形”,能够追随原著的艺术风格。“原著的艺术性越高,(就)越要尽可能地尊重它的艺术形式,越是要努力提高自己的语言修养,使汉语在自己的笔下呈现更灵活的适应性,更生动、更丰富的表现力。”

下编“翻译理论辨”聚焦翻译的理论思辨,所选文章从哲学和翻译理论层面对翻译学建构的可能性、可行性和基本原则进行探讨。张泽乾的《翻译百思》,以札记的形式,提供了 100 则关于翻译的思考。虽然不是系统的翻译学论著,但作者对关于翻译的本质、翻译的标准、译者的主体性、翻译与其他学科的关系等有关翻译理论和翻译实践的重大问题都有所涉及,既有对中外翻译史的理论反思,又闪动着心智的火花,引发人们从多角度切入翻译研究。王克非的《关于翻译的哲学思考》一文,通过贺麟、朱光潜、金岳霖等哲学家对翻译问题的有关论述,阐述翻译的哲学基础、翻译的基本问题、翻译的难处和翻译的价值。该文挖掘中国译学研究的思想资源的努力给翻译研究者启发良多。关于我国近年来译学研究中存在的问题,许钧在《关于翻译理论研究的几点看法》中认为表现为以下几点。一是文艺学派对语言学派的绝对排斥。二是中西译论的互相排斥倾向,或否认西方译论对我国翻译实践的指导价值,或轻视我国传统译论的价值,对西方译论一味推崇。热心于西方译论而又只是满足于新观念、新方法、新术语的引进,缺乏在具体的操作层面的借鉴和思考,显得空洞。三是翻译研究的片面性，翻译学科的建设缺乏宏观的理论架构和理论把握，缺乏系统化，因为“翻译学科的建设并不是一些具体问题研究的专门研究成果的简单相加”。孙致礼的《关于我国翻译理论建设的几点思考》一文，在翻译是科学还是艺术、语言学派和文艺学派的选择等问题上与许文具有共识。孙致礼认为，“翻译理论的核心问题是辩证法”。他对翻译研究和翻译实践中常常出现的十大矛盾，如科学性与艺术性、“归化”与“异化”、“神似”与“形似”、“译者风格”与“作者风格”等，通过翻译实践上的典型事例做了辩证的分析。关于如何融合中西译论的优长、借鉴其他学科理论，从而为译学理论建构提供理论和思想资源，谭载喜在《论比较译学》一文中提出了建立“比较译学”的构想。王宁从文化研究的国际化趋势出发，提出翻译研究应该置于文化研究的语境之下，突破狭隘的单一的思维模式，才能扩大研究视野，开拓研究领域，从而获得更高的理论价值意义。

该书主编许钧教授是我国翻译界非常活跃的著名学者，他不仅大量译介了西方新近的翻译理论，积极提倡开展翻译批评，对我国著名翻译家进行访谈，发掘他们的翻译思想，还极为关注当下文学翻译的文化生态环境。由他来主编这本《翻译思考录》应该说是非常合适的。他编辑此书的目的是他觉得，“对历史上众译家，包括一些哲学家、作家对翻译的思考，若能进行一番梳理，一番比较与研究”，“对我们以后的翻译实践大有裨益”。因此，编者在关注历史上中外翻译家对译事的思考的同时，“也留心于本国译家和众多关心翻译事业的人士在现阶段对翻译的种种思考”。

许钧教授认为，“思考应该是自由、闪光、多彩的”。该书所收文字，既有深入系统的理论阐述，也有感悟式的思想火花的灵动，既有与编者观点相契合的，也有与编者意见有分歧的，充分体现了编者所主张的开放性原则。如果说开放性原则是论文编选的态度的话，那么编者取舍文章的标准就是译学理论的建构情况。因此，具体的翻译技术层面的研究文字和具体翻译教学方法的论文都没有编列其中。这就是与同类翻译论集相比，该书最大的特点。

《翻译思考录》的另一个特点体现为编者在编排上的独具匠心。各编之中的文字的编排颇有讲究。有心的读者如果认真按编者编选的文章顺序去读的话,会发现编者在文章编排上的精心用意。编者将散见于不同报章上的文字以翻译研究上的某一个问题来贯穿组接,这样各篇谈论的问题就比较集中,具有连贯性,前后互文。观点上或呼应支持,或商榷辩难,充分展示了翻译界对某一问题的不同看法和对此问题探讨的理论深度。如上编中,倪梁康的《译,还是不译——这是个问题》从海德格尔一句话的三种译法,对翻译的可译性做了辩证的分析,认为翻译的主观性无法避免,翻译都存在程度不等的再创造性。翻译的“再创造”“多少揭示了一个新的视域”。而苗力田的《关于亚里士多德著作的汉译》一文则是结合自己主持翻译亚里士多德著作的体会,认为为了正确传达亚里士多德的思想以及亚里士多德的文体风格,应尽量避免引申和发挥译者的创造性,他为亚里士多德著作翻译定下的原则或者说追求的目标是“确切”和“简洁”。该篇文字与倪文可互参。再比如,编者将分别发表在《上海文化》《博览群书》和《中华读书报》上方平、许钧、罗新璋、谢天振等人的文章与《文汇读书周报》上的相关文字集中排列在一起,构成了对“翻译有没有定本”的专题讨论,以便让读者比较全面地了解翻译家和翻译理论家们对这一问题的代表性的见解和意见。这样编排的特点贯穿全书,既记录下学界对种种翻译问题的思考,又激发了读者的深思,从而做出自己的思考,无形中又开拓了另一重思考的空间,使《翻译思考录》具有了“召唤结构”的性质,充分体现了编者开阔的学术视野和敏锐的识见。

从《翻译思考录》的总体结构上看,编者将收录的文章编为三编:上编“翻译纵横谈”、中编“翻译艺术探”、下编“翻译理论辨”。从表面上看,这只是对所收论文的一个分类,但细致推敲、品评后,就能咀嚼出编者编排上的用意:上编为译学的文化定位,中编为其本体,下编为其目的。这也体现了编者本人这些年来对译学不断深入的思考:应将翻译这门学科由语言、艺术层面上升到文化层面上来思考,还应将翻译理论的建构视为一项文化系统工程。《翻译思考录》中或宏观或微观,或系统或零散,或从理论层面或从实践感悟的文字就有可能成为建构文化系统工程的译学理论大厦的一块块基石和材料。

值得一提的是，这部《翻译思考录》是湖北教育出版社推出的“中华翻译研究丛书”之一。“中华翻译研究丛书”是湖北教育出版社“九五”出版重点选题项目。已出版的翻译论著还有郭延礼著的《中国近代翻译文学概论》，杨自俭、刘学云编的《翻译新论（1983—1992）》等。出版界将翻译论著作为重点出版选题并成系列推出，开风气之先。这既说明编辑出版者敏锐的文化意识和强烈的时代责任感，也标志着翻译研究强劲的学术态势，预示着其更为激动人心的广阔前景。

（原载《中国比较文学》2000 年第 1 期）

# 《文学翻译的理论与实践——翻译对话录》五人谈

谢天振　穆　雷　郭建中　申　丹　谭载喜

编者按：译林出版社 2001 年 4 月推出了南京大学许钧教授等著的《文学翻译的理论与实践——翻译对话录》，该书问世后，引起了学术界的广泛关注，译界的诸多同行从理论探讨、研究方法、课题意义等多方面对这部著作发表了看法，现摘要发表五位学者的有关评论，相信对译界同行的研究与教学会有一定的启示意义。

**谢天振**（中国比较文学学会副会长，上海外国语大学教授、博士生导师）：最近读到许钧教授惠赠的大作《文学翻译的理论与实践——翻译对话录》，读后感到非常兴奋。

我国是个翻译大国，翻译作品占了我国出版物总数的一半以上，文学翻译更是如此。千百年来，在我国蓬勃发展的翻译事业中涌现出了一大批优秀的翻译家，他们在我国的社会、政治、文化生活中发挥了极其重要的作用，也获得了广大读者的尊敬。然而，令人惋惜的是，长期以来，我们的翻译家更多地忙于翻译实践，却很少对自己丰富的翻译经验进行总结，更少对这些经验进行提炼，然后上升到理论层面。我国翻译界普遍存在轻视理论，甚至否认理论的价值的倾向，在一定程度上与这种情况也有一定的关系。笔者前不久在上海参加过一次翻译家会议，会上一位翻译家竟然宣称“说文学翻译是再创造是胡说八道”。按理，这位翻译家在文学翻译领域也已经取得了一定的成就，他对文学翻译中的再创造应该有一定的认识。但是他没有,相反,他还以为提再创造就是提倡翻译时随心所欲,会导致译者对原作的不忠。这显然是一个误解,而这个误解的根源就在于我们对翻译,尤其是对翻译从理论层面上进行的研究太少。

许钧教授是个有心人,他联系、走访了 20 位我国译坛的前辈和优秀翻译家,针对他们各自不同的翻译成就和特点,设计了不同的问题,通过或书面或口头的形式,进行了一场场别开生面的对话,把这些翻译家在长期翻译实践中积累的经验体会、对文学翻译中的再创造的认识、对翻译中一些可译和不可译现象的分析、对翻译中译者的自由度的理解等,都一一“引”了出来。实际上,通过这一场场的对话,许钧教授为我国翻译界整理总结了一份宝贵的财富。

许钧教授的努力弥足珍贵。

**穆雷**(海南大学文学院教授):就我所知,《译林》从 1998 年第 1 期开始推出《翻译漫谈》栏目,共刊出了 17 篇许钧教授主持的翻译名家访谈。作为该栏目的结束,2000 年第 6 期刊登了他的答编辑部问。访谈的内容是许钧承担的教育部人文社会科学研究“九五”博士点重点项目“文学翻译基本问题研究”的主要组成部分。他想对一个世纪以来的中国文学翻译做一点梳理和总结工作,但他没有埋头于书房“闭门造车”,而是把文学翻译的基本问题作为谈话的主题,选取了 20 位著名的翻译家,针对他们每个人不同的翻译实践、经历、特点和经验,与他们进行学术访谈,进而加以系统的理论梳理,把他们多年翻译实践与研究的精华归纳总结出来,进行理论升华,以生动的方式和鲜活的语言展现给读者。这可以说是对老一辈文学翻译家的成果进行抢救性的整理和研究,是对中国翻译实践和翻译理论的一种创造性研究。

在答《译林》编辑部王理行的提问时,许钧对翻译的“忠实性”问题、翻译和创造的关系问题、两种语言的差异问题、翻译对译入语的影响问题、译者的个人风格在翻译中如何发挥积极作用问题、如何处理原作中的错误问题、个性化的行文标点问题、注重的形式因素问题、译作超越原作问题、文学翻译批评问题和文学翻译者的基本素质要求等文学翻译中的基本问题阐述了自己的看法，也是四年来他对这个课题的总结。

从翻译史和翻译家的研究角度来看，这个课题的意义十分重大。许钧所选择的访谈对象，均是译著等身的著名中老年翻译家，他们献身于文学翻译事业，在中国翻译史上留下了脍炙人口的传世名译，为我国的文学宝库增添了瑰宝，也为译学后辈树立了学习的榜样。许钧自己就从这些翻译大师的译作中获益良多，他自己也翻译过 20 多本名著，并对文学翻译理论进行了深入研究。因此，他结合自己的翻译经验，以敏锐的理论意识，针对每位文学翻译家的特点，拟订了访谈提纲。这些问题涉及文学翻译的方方面面，形成了一个独特的研究体系。他就这些问题与翻译家们深入交谈，请他们用自己的切身体会来回答这些问题，用他们丰富的经验和活生生的谈话方式对文学翻译的基本问题进行阐述，不仅为文学翻译研究，也为翻译家研究和翻译文学史研究留下了宝贵的资料。在这几年的访谈过程中，有些访谈对象在进行访谈后不久就与世长辞了，有些在刚拟好提纲但尚未来得及进行访谈时就溘然长逝，留下了无尽的遗憾。而这些恰恰证明了本课题的重要意义。我们认为，翻译家研究不仅仅要记录、整理他们的译作，更要关注他们在翻译实践中翻译技巧的成熟过程和翻译观念的转变过程，以及他们如何自觉或不自觉地用某种翻译理论指导自己的实践，仅靠阅读译作和译者简介是无法达到这一目的的，按照一定的理论指导有针对性地与翻译家进行面对面的交流是一种极好的方法。

**郭建中**（中国翻译协会翻译理论与翻译教学委员会副主任、浙江大学外国语学院教授）：许钧教授是译界的一位有心人。他用了三年的时间，访问了 20 位译界前辈和名家，结集成《文学翻译的理论与实践——翻译对话录》一书。该书最近由译林出版社出版。

首先，书中记录了他们的文学翻译实践经验和理性思考，是我们译学研究的宝库。我读此书的最大感受是，这些前辈和名家，都对翻译有着一种极端负责的精神——对作者负责，对读者负责，对原著负责，对译作负责。总的来说，是对社会负责，对人民负责。正如许钧在“代引言”中所说的：“他们把翻译工作当作一项神圣的工作去做。”①我认为，没有这种极端负责的精神，就不可能像叶君健先生所要求的那样“出精品”。这对我们今天的翻译工作者和翻译界的现状尤其有警示的作用。季羡林先生就指出：“现在的翻译风气不好，有的翻译很不负责任。”②

其次，我感到，这些翻译名家的经验，对我们有宝贵的启示。我觉得，任何认真的翻译工作者，都会发现，自己的翻译经验，都可在他们的经验之谈中获得印证。例如，吕同六先生说：“翻译的前期准备，多半的功夫是下在理解与研究原作者；而在翻译过程中，更多的是为着考虑读者而苦思冥想。”③又如李文俊先生说：“我的办法是：开始译一部作品时，边译边找感觉，一遍一遍地修改，直到觉得色调、节奏、语气上大致与原作相符了，然后再往下译，一边译一边继续调整。”④施康强先生则说：“一般中国翻译家很少有机会选择自己喜欢的作家……；但另一方面，在自己翻译的过程中，会慢慢喜欢上自己翻译的作家的，这种情况很多。”⑤这些经验之谈，随处可见。我想，任何认真严肃的译者，都会有相似的体验。而能从名家的体会中得到印证，无疑会感到一种欣慰！

再次，翻译家们的理性思考，更是特别宝贵。他们把自己丰富的翻译经验，总结到理论的高度，不仅对我们的翻译实践具有重要的指导意义，对翻译理论的研究来说，这些更是一个珍贵的宝库。有的翻译家，尽管没有强烈的理论意识，但他们都遵循自己的翻译原则和方法。正如李芒先生所说的：“您问我在翻译日本文学作品时，有没有比较明确的追求和标

---

① 许钧，等. 文学翻译的理论与实践——翻译对话录. 南京：译林出版社，2001：代引言 7.

② 许钧，等. 文学翻译的理论与实践——翻译对话录. 南京：译林出版社，2001：4.

③ 许钧，等. 文学翻译的理论与实践——翻译对话录. 南京：译林出版社，2001：100.

④ 许钧，等. 文学翻译的理论与实践——翻译对话录. 南京：译林出版社，2001：192.

⑤ 许钧，等. 文学翻译的理论与实践——翻译对话录. 南京：译林出版社，2001：16.

准，我想不管在翻译一篇作品之前，是否明确地意识到这个问题，实际上在多年的实践中已形成了自己的一套主张。”①这里的“一套主张”，我想指的就是“翻译的原则和方法”。这些原则和方法，实际上就是翻译家的翻译观。我本人一直认为，“翻译理论，归根到底，实质上是对翻译性质和规律的认识问题。翻译理论最终要解决的是译者的翻译观问题”。有的翻译家，则有明确的理论观点，并在自己的翻译实践中一以贯之，最为典型的要算许渊冲先生。我们可以看到，由于有不同的翻译主张或翻译观、不同的翻译理论，即使是在这些翻译名家手里，也会产生效果完全不同的译作。许钧教授对《红与黑》的调查就证明了这一点。面对翻译名家的翻译经验和理性思考，谁还能说翻译理论不能影响或指导翻译实践呢？在谈到翻译教学时，我也曾主张：“要培养学生独立思考的能力，吸取各家之长，形成自己的翻译观。”令我宽慰的是，我的这些想法在李芒先生的说法中也得到了印证：“我的想法是要把一种或两种以上自己认为正确的翻译理论的精华有机地结合起来，并依据自己的特点，灵活地加以运用。……从而逐渐形成和完善自己的翻译方法和技巧。”②书中这些我们大家所敬仰的翻译名家，谈到了翻译理论所涉及的几乎所有的问题，这些都值得我们进一步去发掘和总结。所以我说《文学翻译的理论与实践——翻译对话录》是一个“译学宝库”。

最后，我想说，我们今天的翻译工作者，都要像前辈和名家所劝导我们的那样，努力成为“学者型的翻译家”(scholar translator)，而不要成为“翻译匠”。

**申丹**(北京大学人文学部副主任、教授、博士生导师)：我国有不少翻译名家，他们不仅具有丰富的翻译经验，也对翻译的基本问题进行了深入思考，形成了自己独到的见解。以往，这些名家之谈往往散见于单篇文章

---

① 许钧，等.文学翻译的理论与实践——翻译对话录.南京：译林出版社，2001:28.

② 许钧，等.文学翻译的理论与实践——翻译对话录.南京：译林出版社，2001:43.

之中。许钧教授等著的《文学翻译的理论与实践——翻译对话录》较为系统地体现了以季羡林先生为代表的众多著名老一辈翻译家的翻译经验和理论思考。以一系列对话录的形式记载老一辈翻译家的经验之谈,在形式上颇有新意,引人入胜。老一辈翻译家们谈到的问题均以多年丰富的经验为基础,并进行了理论升华,见解精辟。许钧多年从事翻译研究和翻译实践,对于翻译研究中的不少重要问题进行了深入思考,在对话中提出的问题很有针对性。在该书前言中,许钧对老一辈翻译家的翻译经验和理论思考进行了整理归纳和分析研究,使问题系统化、清晰化和理论化,具有学术价值,读起来使人深受启发。

**谭载喜**(香港浸会大学翻译系教授):读了许钧教授的又一新作《文学翻译的理论与实践——翻译对话录》(以下简称《对话录》),很是兴奋,同时又很受鼓舞。兴奋、鼓舞之余,也很乐意谈谈自己的读后感。我认为,《对话录》的最大特点,就是内容广阔而深刻。这一点,首先可从《对话录》的"代引言"中得到感受。40 余页的代引言分为 10 节,从翻译的性质、标准和原则、过程,到作品选择的影响因素、文学翻译的再创造性、译者的主体作用,再到翻译中风格的再现、文学形象的处理、内容与形式的协调,以及翻译批评等,对文学翻译的理论与实践这个主题做了全面的探讨,可以说这既是对整本《对话录》的概述,又是作者本人在文学翻译乃至整个翻译问题上的立场的表白。

当然,内容广阔而深刻的特点最主要是体现在各篇均由作者主导的对话中。书中总共记录了 24 篇,各篇各有侧重,各有议题,但彼此围绕文学翻译的同一主题,就好比参与同一大型学术研讨会的各个专题讨论小组,从各个不同的侧面阐发各自的思想和立场,同时又互相充实,互为连贯,形成一个丰富而有机的整体。

在这 20 余篇对话中,讨论得最多、最深刻的,自然是"文学翻译即艺术再创造"的观点。不论是作者与老一辈的对话,还是与中青年一辈翻译家和翻译研究者的对话,莫不体现了这个观点。如萧乾所说"译文我最怕带‘翻译腔’”,以及叶君健所说“一部译作有没有生命力,主要取决于译者有没有个性”,实际上就是强调文学翻译的成功,必须依靠翻译者的艺术表现才能,依靠译者把翻译当作一种再创造的活动。

《对话录》围绕翻译界特别是文学翻译界长期关心的问题,如“信达雅”的问题、翻译的得失问题、翻译的“套路”问题、方法问题,或翻译者的操守问题、译风译德问题等,从各个不同层面和角度,展开了富有意义的讨论。各位对话者畅所欲言,不拘一格,且观点明确,思想活泼。

此外,《对话录》克服文学译论传统中那种一谈文学翻译就多半只谈文学翻译的“具体理论和实践”的狭隘性和片面性,用了相当大的篇幅去展开关于加强翻译学科建设的对话,其中主要包括关于译学学科性质和如何正确开展翻译批评的对话,旨在“给文学翻译一个方向”。这样,通过译学学科的健全和发展,通过“借助文艺学、语言学和文化研究的最新理论成果,对文学翻译的一些具有共性的基本问题进行历时和共时的分析比较,进而上升到理性的思考”,研究者可以对文学翻译的现象做出“合理的、科学的描述和阐释”。

最后我想说,我之所以为《对话录》的出版既感到兴奋又备受鼓舞,不仅是因为许钧为我们提供了他与译界同仁活生生的对话(其中与译界前辈的对话尤为珍贵),同时还因为该书的出版无疑充分反映出“译学研究大有可为”的事实。正如许钧本人所说,他“因喜欢翻译,二十多年来一直也有机会做翻译,教翻译,研究翻译”。并且实际情况是,无论他是做翻译,还是教翻译,研究翻译,他都是硕果累累,建树良多。因此我们似乎可以说,许钧先生用他对于翻译实践和译论研究的良多贡献,或多或少破除了翻译学或翻译理论否定论者赖以为根据的“会说不会做,或会做不会说”的那种思想。

(原载《中国翻译》2001 年第 4 期)

# 20 世纪中国文学翻译的一次梳理与总结

王理行

在 20 世纪,文学翻译在中国文学走向现代化、走向并汇入世界文学总体格局的进程中,一直都起着至关重要的作用。可以说,中国文学的现代化是从文学翻译开始的。1898 年梁启超作《译印政治小说序》,1899 年林纾译《巴黎茶花女遗事》,为 20 世纪中国文学翻译和中国文学现代化揭开了序幕。从严复提出译事三难“信达雅”,从不懂外语的林纾翻译外国小说起,20 世纪的中国文学翻译,就像充满了风云变幻的 20 世纪的中国社会、政治和文学,伴随着对翻译的目的、地位、作用、标准、性质、方法、技巧等翻译的内涵与外延及翻译理论诸多方面的探索与论争,走过了一条充满曲折坎坷又取得了辉煌成就的道路。20 世纪的中国文学翻译是丰富多彩又错综复杂的。

对于 20 世纪中国文学翻译这么一个颇具学术研究价值又有历史与现实意义的对象,也许正因其丰富复杂,迄今仅有局部的、单语种的、断期的研究论著问世,尚未出现对它进行较为全面系统研究的成果。最近由译林出版社推出、许钧等著的《文学翻译的理论与实践——翻译对话录》一书,堪称国内在这方面较有深度也较为全面的最新成果。这是许钧主编的《文字 · 文学 · 文化——〈红与黑〉汉译研究》的续篇。《文字 · 文学 · 文化——〈红与黑〉汉译研究》一书的编写是以 1995 年由《文汇读书周报》发起、许钧主持、波及全国翻译界乃至文化界的《红与黑》汉译大讨论为基础的。

20 世纪中国文学翻译的辉煌,是由大量作为个体的翻译家的辛勤劳动铸就的,因而对一个个具体翻译家的研究,是对 20 世纪中国文学翻译进行总体研究的坚实基础。从 1998 年开始的连续三年中,许钧教授在《译林》杂志《翻译漫谈》专栏中,就翻译,特别是文学翻译的一些基本问题,有针对性地与国内译坛的一些卓有成就的著名翻译家,通过对谈的方式进行探讨,让各位具有一定代表性的翻译家结合自己丰富的翻译实践,畅谈各自对文学翻译的独到经验、体会和见解。先后参加对谈的翻译家有季羡林、萧乾、文洁若、叶君健、陈原、草婴、方平、许渊冲、屠岸、江枫、李芒、赵瑞蕻、杨苡、李文俊、吕同六、杨武能、郭宏安、罗新璋、施康强、林一安等 20 位。在对谈中涉及英语、法语、德语、俄语、日语、西班牙语、意大利语、丹麦语、梵语等大小语种和小说、诗歌、散文、戏剧、童话等文学样式的翻译。翻译家们从各自丰富的实践和独特的角度出发,探讨了文学翻译中的诸多问题:翻译的目的、任务、性质、地位和作用(都与促进文化交流有关),翻译的动机(战斗的武器、革命的事业、欣赏、爱好、借鉴、继承、积累等),影响翻译对象选择的因素(动机与目的、时代与社会、政治与思想、意识形态、艺术魅力、文化内涵、审美价值、文学史地位、译者个性等),翻译的标准与原则("信达雅"及对"信达雅"的多种阐释),翻译的过程(理解与表达、翻译与研究的关系),译作与原作的关系(模仿或再创造、再现或超越),翻译的主体性(译者的主观因素:个性、素养、立场、道德、追求),原作风格的再现,译者个人的风格,形象思维与形象再现,形式与内容,神似与形似,科学与艺术,语言与翻译,语言互译的关系,翻译的可行性,翻译的局限性,文学翻译批评……

人们就日常琐事进行的交谈可谓闲聊,但有所思、有所长的专家学者之间的交谈,则可以颇有深度,可以专于挖掘、梳理、总结、开拓、提炼、升华,可以富有参考、借鉴、启迪作用,堪称颇具学术价值的对话。对话也是一种行之有效的学术研究的方法,而《文学翻译的理论与实践——翻译对话录》则为此提供了又一个富有说服力的佐证。

可以说,20 世纪萦绕于广大文学翻译者心头、在中国翻译界争论不休的大多数主要问题,所涉及的各种具有代表性的论点,几乎都在《文学翻译的理论与实践——翻译对话录》一书中得到了探讨和阐发。在此意义上,该书堪称在某种程度上以独特的方式对刚刚过去的20世纪中国文学翻译做了一次梳理与总结,为文学翻译实践的后来者提供了丰富的切实可行的经验,为以后的中国翻译理论研究提供了宝贵的第一手材料、一个新起点和一个新高度,在中国文学翻译史上将起到承前启后的作用。

(原载《文汇读书周报》2001年6月23日第2版)

# 先知们的话语

李文俊

这好像已经成为人们见怪不怪的一个现象:在我国翻译界,治理论的与具体从事翻译的各行其道,互不搭界。按照许钧的说法是:“译论界有个不好的倾向,就是理论与实践脱节,空论理论,术语泛滥。”而翻译家则埋首于一部部书的译述,认为理论与自己的工作关系不大。这无疑是一个可忧虑的现象,随着时日的推移,势必会对我国翻译质量的提高有所影响,更有碍于青年译者较迅速地接受前人的经验教训。其实,我国老一辈翻译家和近二三十年来活跃于译坛的译者对翻译问题多少都有自己的想法。这里面有的是个人经验,有的是学习前辈成果融会而成的心得,其中的一些已具有一定的理论色彩。如果真想建立有中国特色的翻译理论体系,真想发展能对我国翻译实践起指导作用的翻译理论与批评,就很有必要倾听我国翻译家的“话语”。必须提供机会与条件,让他们倾吐自己的心声。而且最好由有翻译理论修养并也从事翻译实践的人来组织,来与他们交谈。这样的谈话会比一般的访谈深入,且易于提升熔铸为有普遍意义的理论。这样吃力不讨好的工作需要有条件的有心人来做,而且还需得到媒体、出版部门的大力支持。

中国还是有真正想做一些事的文化人的。我们注意到,从 1988 年起,南京的《译林》双月刊开辟了一个叫《翻译漫谈》的栏目,三年来共发表了 17 篇南京大学专攻翻译学的许钧教授与 20 位翻译家的访谈。现在这些材料已汇编成《文学翻译的理论与实践——翻译对话录》一书,由译林出版社出版。

参加对话的老翻译家中，有几位在参与“漫谈”不久后即归道山，如叶君健、萧乾、赵瑞蕻、李芒先生，他们给我们留下了“謦欬之音”。有的造诣颇深的翻译家如汝龙、卞之琳、董乐山，过早谢世，未能访问，这是极为可惜的事。当然社会上还存在不少不爱张扬的翻译家(所谓沉默的大多数)，他们的声音，也应让人听到，但这只能有待后来者的努力了。总之，能出现这样的一本访谈录本身便是件大好事。

书中，各位翻译家的说法五花八门，甚至互相冲突。不过综观全书，大致可以得出一些共识，它们可以作为今后继续探讨的基础。许钧在“代引言”中做了很好的总结。我根据自己的阅读心得，大致归纳为如下几点。

(1)翻译是一项需打通两种文化阻隔的工作，总的来说是难度很大的。博尔赫斯甚至说把莎士比亚译成现代英语都是不可能的，但他自己又恰恰是一位优秀的翻译家。语言学家陈原在书中说：“翻译是可能的，但是有限度的。……凡是某一种语言写的东西，理论上都可能翻译成另外一种语言，即可以用另外一种语言撰写出来。”译诗家江枫说：“诗，在一般情况下都是可译的。”方平说：“语言不断在发展、丰富，今天有困难，不能解决，还可期待于未来。”

(2)许钧说：“翻译，在理论上是原作的延长。”对于翻译的作用，季羡林说：“翻译之用大矣哉！中华文化之所以能常葆青春，万应灵药就是翻译。”不少人从文化交流的角度看待翻译工作。他们牢记鲁迅的教导：“人类最好是彼此不隔膜，相关心。然而最平正的道路确只有用文艺来沟通。”

(3)许渊冲说：“中国的翻译无论是实践还是理论，都不比外国差，我甚至认为比外国强。”这无疑是一种良好的心态。但还需大家付出巨大努力，做纵横各方面的论证，才能使这个看法立于不败之地。

(4)在翻译原则上，大多数翻译家仍然信奉“信达雅”三原则。只是认为应随时间与翻译活动的发展给予新的解释。屠岸先生说：“我对严复的

‘信达雅’三原则,始终信奉。这三者中,我认为‘信’是中心,是主导,也是关键。……对读者负责必须与对作者负责统一起来。对‘雅’,我的理解是对原作艺术风貌的忠实传达。”施康强说:“没有束缚就没有自由……翻译的伟大就在于它的‘被束缚’上。……我想这个‘矩’,一是不能脱离原文。二是原文是文学作品,翻成了中文,也必须是一部文学作品。”

(5)关于目标语亦即中文所用的语言,屠岸表述得很精确:翻译的语言,应“是当代白话——以北京语音为标准音,以北方话为基础方言,以规范的现代白话文著作为语法规范的普通话。要求口语化,适当用一些至今还有生命力的文言词语,但应与白话水乳交融。生硬的欧化语法不用。有些欧化语法和外来词语已溶在今天中国人的语言文字中,丰富了中国语文的表现力,这在翻译时自然接受”。当然,这不妨碍翻译家们根据情况与爱好,百花齐放,运用各种样式的语言。

(6)在如何再现原作风格的问题上,李芒的说法可以代表许多译家的意见:“在既能保持原作的语言结构和风格,又能做到流畅自然的前提下,就绝不更多地运用……灵活性,而是尽量保持原貌。”江枫认为:“译诗,必须力求形神皆似。”陈原说翻译的使命之一是“借助翻译可以丰富目标语言的词汇库。文体、风格、表现法等等,亦复如此”。

(7)也有些译家的看法与上述主张的侧重面不同,如萧乾说,自己“译起来喜欢按照自己在体会原作上的理解,尽量从‘神’而不是‘形’上着眼,译文我很怕带‘翻译腔’”。许渊冲的意见就更进了一步,他说,“翻译不能只以原作为模特,而要以原作所写的现实为模特。”罗新璋说,原文中可有可无的字“为了符合中文习惯,也删。……杨绛称之为‘点烦’,芟芜去杂,减掉大批‘废字’,使译文洗练明快,我觉得这一‘点’,很重要”。他还说:“误奏可能是妙奏,会导致更好的效果,会胜于原文。”方平将这样的译者概括为“作家型”的译家,而另一类则被他称为“学者型”的译家。

(8)越来越多人认识到翻译与研究密切相关,要翻译好必须得加强研究。陈原说:“要翻译一部书,得先研究十部书。‘十’言其多也,不一定是十部,总之要多懂得与所译的著作有关的东西。”方平说:“文学翻译虽然不太受重视，但是文学翻译本身对译者的修养、知识面、语言水平各方面的要求是相当高的。”吕同六说，为了表现外国文学的地域色彩，“办法只有两条，一是平时多读书，了解各地的历史、社会、文化、文学的状况与特点；二是多掌握第一手材料，增加鲜活的感性认识”。赵瑞蕻说：“我一直认为文学翻译一方面是科学研究，一方面是文学创造，是两者的结合。”

(9)关于译作是否要保留译者自身风格的问题，也有不同看法。叶君健认为：“译作有没有生命力，主要取决于译作有没有个性。”方平则认为：“一位文学翻译家的特殊禀赋首先在于他具有一种敏锐的感受力，他体贴入微，善解人意，以至于心心相印，将自己的个性与原作的个性融合在一起。同样重要的是，还得加上把这种感受变为自己的艺术冲动，并且展现出意到笔到、恰如其分的表达能力。”以上两种说法的侧重面显然有所不同。

(10)与这有连带关系的一个问题是，有人主张，译者应该译适合自己个性的作品。如萧乾说：“至于(选择的)标准，谈不上。只是译的必须是我喜爱的，而我一向对讽刺文学有偏爱，觉得过瘾，有棱角。”有人则认为译者应具备多种套路，以便应付不可避免会遇到的不同风格的各种作品，或同一部作品内的多种风格部分。

(11)关于复译问题，译家们都认为名著在每个时代都应有新的译本。杨武能说：“复译的不可避免和必要，许多前辈和同行已有过精辟的论述。尊敬的绿原先生贴切而形象地把名著的反复翻译比作一场‘接力赛’，我只想补充：这样的接力赛恐怕是不会有终点的。”草婴指出：“原著作家的风格只有一个，但文学翻译家十个就有十种风格，因此一种原著，尤其是名著，应该容许有不止一个译者来译，让读者自由选择他所喜爱的译本。”不过，新的复译本总应有自己的特色与长处，否则就无存在的必要。目前有些复译本只是‘东抄一句，西抄一句’，这使草婴忧心忡忡地说：“对目前文学翻译的状况，我是忧多于喜。”

(12)关于翻译批评，大家都认为应该提倡，但批评态度应端正，水平应有所提高。方平说，批评“应当持一种同情的态度，只要译者尽了最大的努力。力所不及是有的,困难是存在的,我们需要宽容一点的、有建设性的批评”。杨武能也说:“我坚持主张要对译作做总体的、艺术的和文学的批评,而反对那片面的就一字一词拈过拿错——有时未必真是过错,唯以自己的理解、阐释为圭臬,视译者乃至大名鼎鼎的译家为文盲、科盲甚至白痴的所谓文学翻译批评。”看来,确实应该提倡冷静客观、谦虚严谨、对事不对人与尊重别人劳动的批评态度。否则翻译批评很可能变成意气用事的对骂。这是翻译界与读者都不愿看到的。

上面胪列了十几个方面,仅仅是文集中涉及较多的一些问题。这些问题本身又包含着相关的枝节问题。翻译界对大问题虽然已有大体接近的看法,但畸轻畸重,倾斜面各有不同。这原本是很自然的事,不必强求一律。有些问题看来还得留待今后深入探讨,让时间的淘洗来做结论。总之,我国文学翻译的内涵很丰富,要细加研究的地方很多,我们可以说已经有了一个良好的开端。我不记得在别处见到过这样一个诸子百家谈翻译的论坛。在读这本书时,我有一种感觉:仿佛是置身于古希腊的吕克昂学府,耳边听到的是亚里士多德等贤哲的精彩论辩。德国诗人、思想家歌德说过:“每一个翻译家也就是他本民族里的一位先知。”就这个意义来说,将拙文的题目定为“先知们的话语”,该不是译界一员的狂妄自大吧。

(原载《博览群书》2001年第11期)

# 迈向翻译学的重要一步

## ——读许钧等著的《文学翻译的理论与实践——翻译对话录》

郭宏安

许钧等著的《文学翻译的理论与实践——翻译对话录》是值得每一个从事文学翻译和关心文学翻译的人认真一读的好书。这本书并不教给你什么,但是它开启了翻译的多种可能性,足以使你满怀信心地确立自己的选择。本书基本上是许钧先生访问国内20位翻译家的笔录,采取对话形式。许钧先生的地位是独特的,他是访问者,要通过精心设计的提问让被访者说出他们的想法,甚至是想法后面隐藏着的东西;他又是一个平等的对话者,他有他的观点需要表达,有时甚至难免出现激烈但礼貌的争论。这种独特的地位决定了本书的特点:既深入浅出,又生动活泼;既充满例证,又不离宗旨;既主客判然,又融融泄泄。为了一个明确的目的,围绕着一个确定的主题,邀请20位译家一一对谈,历时三年,最后集于一书,这在国内恐怕还是第一次。

文学翻译有没有理论?文学翻译有什么样的理论?这是一个表面上解决了而实际上颇有争论的问题。出了那么多的“论”和“学”,要说文学翻译没有理论恐怕说不过去;若说文学翻译有理论,可是一些自成一派的理论家却不能做一个胜任的翻译家。于是文学翻译就有一个实践问题,有实践而后才有理论,有多种实践就有多种理论,“文学翻译理论不应该有非此即彼的统一标准”,正是一个顺理成章的结论。这个看似简单的结论，得来却是不容易的。

许钧先生的对话者绝大多数都是有成就的翻译家，也就是说，都是一些文学翻译的实践家，他们只是把自己信奉的原则娓娓道出，或辅以鲜活的例证，或进行理论上的阐发，显得那么谦和，然而却是坚定的，不像有的理论家那样咄咄逼人，在把自家的理论捧上天的同时，把别人的理论打入地，仿佛在翻译理论这片土地上必得有一个君临一切的国王一样。人类有翻译活动已是很久远的事了，罗马人从公元前三世纪开始，就大规模地翻译古希腊的文学著作，中国的《礼记》记载了公元前五、六世纪的口译（不排除笔译）活动，有文字记载的笔译佛经的活动则开始于公元二世纪中叶，翻译的历史可谓久矣！在这漫长的岁月里，是直译，还是意译，始终是翻译家们争论的一个焦点问题，到了今天，争论则进化为形似还是神似，更引申为语言学派还是文艺学派，至今未有一致的看法。然而奇怪的是，主张形似的或语言学派的并不否定神似或文艺学派，主张神似的或文艺学派的却往往否定形似或语言学派。

在与许钧先生对谈的翻译家中，除了个别的翻译家外，大多避免把自己划入形似派或神似派、语言学派或文艺学派，他们这样做是有道理的。在文学翻译的实践活动中分流划派，原本是从事文学翻译研究的人的一种追求简便的办法，在删繁就简之中难免留下或多或少的陷阱，从事翻译实践的人自然有所警惕，不那么容易入于彀中了。就拿直译、形似或语言学派来说，一个译者拿到一篇作品，想把作者说了些什么和怎样说的传达给读者，他要考虑作者和原作的时代背景、文化特点和语言风格，首先要保留的是原作的语汇、句式和结构，赖此传达出原作所包含的人物事实、作者的思想感情和文本的风格；他不能保留的，如区别中外语文的一些特殊的句式结构（包括文化）等，他必能采取适当的方式进行表达。一种语言要安稳地到达另一种语言，必要经过“颠顿风尘、遭遇风险”的过程，然而毕竟是可以“安稳”到达的，须知在多数情况下中外文是一致或近似的，正所谓“天下文人之脑力，虽欧亚之隔，亦未有不同者”（林纾语）。有些情况需要变通的，无论什么样的译者都会变通的，绝不会胶柱鼓瑟，弄出不通的中文来的。原文中的字有虚实，有音响，有色彩，有情调，句或简洁，或奔放，或舒徐，或繁复，篇章结构清晰紧凑，复杂多变，无奇不有，风格则或阳刚，或阴柔，或兼而有之，若说形似，须一一对应，谈何容易，远非字字对译或查查字典所能奏效。至于个别的表达习惯，例如法文的形容词一般放在名词后面，译成中文一定会把形容词放在前面，根本不涉及形似还是神似的问题。大体上的直译若不能做到文从字顺，只能说明译者的懒惰，或对祖国的语言的掌握还不到家，更何况还要传达出原作的精神，所以，受访的大部分翻译家主张“以形写神”，或者“形神兼备”，或者“形似而后神似”，而对“得意忘形”或“重神似不重形似”之说采取敬而远之的态度。茅盾先生称那种“字对字”的翻译为“死译”，说“直译的意义就是不要歪曲了原作的面目，要表达原作的精神”，我认为他的话是对的。真正的直译是既重形似又重神似的，不像意译派那样对原文要去粗取精，离形得似，完全置形似于不顾。实际上，所谓直译，并不像有些人以为的那样，是比着原文依样画葫芦，字字对译，毫厘不爽，似乎很容易，其实，直译比意译难得多，试想在有限的空间里惟妙惟肖地再现原文的风采，不许裁弯取直，不许绕过困难，不许离开原文做无根之想，还有比这更难的吗？这真是戴着镣铐跳舞啊。水天同先生说得好：“夫‘直译’‘意译’之争盲人摸象之争也。以中西文字相差之巨而必欲完全‘直译’，此不待辩而知其不可能者也。亦有两方语句，不约而同，顺笔写来，自然巧合者，当是时也，虽欲不‘直译’岂可得乎？”这就是为什么在《文学翻译的理论与实践——翻译对话录》中“直译”“意译”的说法几未出现，而代之以形似或神似、语言学派或文艺学派。直译还是意译，形似还是神似，语言学派还是文艺学派，不是对立的，而是相互补充的。看看文学翻译的历史，早期的不算，因为那时还有不懂外文者从事翻译，就拿新中国成立以后来说，成功的译品几乎都是直译或在直译的基础上意译的作品，就连被视为神似派的代表、提倡“重神似不重形似”的傅雷先生也说：“在最大限度内我们是要保持原文句法的。”难怪许钧先生“觉得傅雷先生的理论与实践在某种程度上是矛盾的”。我们不能从几十万字的一本小说中挑出几个词或句子就说直译如何意译如何，可以说，现代的一部译作大部分都是直译的，只有个别的部分或细节是意译，而且还有好坏的区别。

以上说了一些直译的好话，似乎在为直译辩护，其实直译不需要辩护，只不过有人自以为是文艺学派的代表，对直译、形似或语言学派说了一些不实之词，使我有一种骨鲠在喉不吐不快之感罢了。我不是“卓有成就的著名翻译家”，我不入直译派、形似派或语言学派，也不入意译派、神似派或文艺学派，如果我从事翻译活动，我只想把我的翻译搞好。这里，请允许我引用我说过的话：“我对于文学翻译只是业余的，但虽说是业余爱好，这文学翻译究竟是一项严肃的事业，须满怀热情地认真从事，并多少该有些自尊自重自豪感。因此，一个动笔翻译的人可以没有系统周密的理论，却不可以没有切实可行的原则。他必须对什么是好的翻译有自信而且坚定的看法，但是他不一定要固执地认为只有一种翻译是好的，其余都是坏的。”因此，许钧先生说得对：“过去我们习惯于二元对立，翻译上的语言学派和文艺学派也水火不相容的样子，殊不知矛盾的双方总是以对方的存在为存在前提的。在大的方面，我们需要一种翻译哲学来解决可译与不可译的种种矛盾。可具体而言，我们仍然要强调翻译是一门实践的科学，翻译理论研究是要在这两个层面上展开的，而不要制定一个标准，界定两个学派的是与非。”

未来的翻译学会是什么样子？与以往的翻译学有什么区别？这是不可预见的事情，但是，它将不是以二元对立为思维原则的产物，直译和意译、形似和神似、语言学派和文艺学派，将不再以各自的极端形态出现。许钧先生在和王理行先生的对话中说，他“想写一部《翻译论》”，我们翘首以盼，而这部《文学翻译的理论与实践——翻译对话录》就是“迈向翻译学的重要一步”。

（原载《中华读书报》2001 年 9 月 26 日第 14 版）

# 智者与智者的对话

## ——许钧等著《文学翻译的理论与实践——翻译对话录》漫评

杨武能

说来自己也难相信，搞了 40 多年文学翻译，竟没有从头至尾地认真读完一两本有关翻译的理论书，更别说仔仔细细地学习、钻研了。一些原理、原则、标准、技巧，都是 20 世纪 50 年代上大学时从课堂上淘来的，随后则在实践中得到了应用和验证。与此同时，成年累月地坚持在业余做文学翻译，自然还会对碰见的问题进行思考、梳理和总结，遇上适当的场合还不得不像票友似的粉墨登场，不揣浅陋地在行家面前玩一玩“理论”。并非故作谦虚，事实就是如此，仅仅如此。

为什么厌烦翻译理论著作，特别是对某些近年来从国外引进的时髦译论敬而远之呢？原因无他：在原本极富实践性的文学翻译领域，一些貌似严谨深刻、体大虑周或则花样翻新的理论，往往有隔靴搔痒和空对空的毛病，说实话对翻译实践很难起指导作用，专业的理论家们不妨拿去细细研究，慢慢赏玩，像我似的业余翻译工作者不读也罢。

许钧教授等著的《文学翻译的理论与实践——翻译对话录》（简称《对话录》，译林出版社，2001 年）篇幅 25.6 万字，部头也不算小，并非纯粹意义上的理论著作却胜似理论著作，我倒真是一页一页地、认真仔细地从头至尾读完了，不但读来津津有味，而且大有收获。一些长期困扰我的，在翻译界众说纷纭、争论不休的问题，这本书里几乎都进行了探讨，都得到了比较切合实际和有说服力的回答。前辈和同行们虚实结合、精彩精辟的论述常常令我拍案叫好，不止一次油然生出暗夜独行者终于见到光亮，或者突遇知己的释然欣然、不亦快哉之感。

例子不胜枚举。仅对事关文学翻译本质特征的何谓“再创造”，还有如何理解“信达雅”中的这个“雅”字，如何传达、再现原著的艺术风格，如何看待和发挥译者的主体作用，以及怎样处理神似与形似的关系和如何开展文学翻译批评等问题，该书中不乏深入的阐述和精辟的见解。有同行称赞此书为一座“译学宝库”，应该并非溢美之词，而是很有道理的。

许钧教授这部书何来如此巨大的吸引力？其内涵何以如此深刻、丰富？

首先是体裁和架构起了重要作用。除去引言和后记，全书都采用访谈和对话的形式，明显地具有直接、生动、活泼、亲切等优点，不少时候还富有论辩性，使读者特别是行内人极易受到感染，经常不知不觉地积极参加到对话中。而且，统一的形式亦有变化，除了对谈还有三人谈、四人谈，这样便出现了著名的伉俪翻译家萧乾、文洁若和赵瑞蕻、杨苡双双联袂上场，许钧、袁筱一师生携手登台的有趣情景。许钧自己则不只是当主持人，还一次次反过来变成了受访者，如此等等。

形式、架构的作用不可小视，但对于此书的成功来说，更重要的显然还是内容。这就牵涉到参加对话的是些什么人，他们谈话的内容是否丰富、有趣，以及水平和深度怎样。古语说：“同君一夜话，胜读十年书。”这儿所谓的“君”，我理解即富有人生阅历和学识的长者或智者，尽管不才也忝列于受访者之中，弄不好就有抬高自己之嫌，我仍不能不尊重基本事实，斗胆断言书中的20多篇访谈几乎都是我国文学翻译界的智者与智者的对话。因为无论是作为提问人的许钧教授，还是作为答问人的资深翻译家和学者，应该讲无一没有丰富的文学翻译实践和独标一格的建树，无一未对文学翻译的种种问题进行过长期的思考，因而也各有自己深刻、独到的见解。应该讲他们在自己的领域内都是智者和长者，都可以被尊为所谓的“君”，听他们对话、切磋，收获还会小么！

什么叫“实践出真知”？什么叫“言之有物”？什么叫“言之成理，持之有故”？《对话录》会给你生动而深刻的解答。你只要耐心聆听、积极参与那20场智者与智者的对话，一定会对文学翻译这项人类最古老而崇高的事业有更深刻的认识和理解；倘若你自己也从事这项事业，那更会受益匪浅，受用终生。广大文学翻译工作者特别是有志于文学翻译的青年轻松愉快地读完这本书，我相信所得到的启迪一定比苦钻硬啃无数本空头理论还更多。

这样讲是否夸大其词呢？一点也不，因为此书确系我国半个多世纪以来文学翻译实践经验的总结，理论思考的结晶。不信请看事实。

许钧把他的受访者笼统称为“前辈翻译家”，其实他们本身也有辈分之别。分得粗一点吧，像季羡林、陈原、许渊冲、屠岸、方平和已故的叶君健、萧乾、李芒、赵瑞蕻等，不论是年龄、资历或学养，不也应算李文俊、江枫、罗新璋、吕同六、林一安以及更晚一些的郭宏安、施康强和不才这些“前辈”的前辈么？这20位学者兼翻译家虽说远非中国文学翻译界的全部，也未必个个都是最优秀者，但却无不富有代表性和典型性，可以说我国当代文学翻译的主要体裁、主要语种、主要主张、主要风格或曰流派，都包含在他们的工作和成就中了。主持人许钧周到的设计和精心的安排，由此可见一斑。

周到和精心更体现在提问的富于针对性、现实性和理论深度上。可以讲问题都提到了点子上，不同的对象有不同的切入点、侧重点，对话内容很少雷同不说，而且篇篇都有自己的看点和出彩的地方，因为提问者事先研究了受访者，知道他们每个人专长在何处。许钧教授系我的忘年交，一大半的受访者也是我的师友，读他们的对话我真感到如闻其声，如见其人，我听到的不只是许多独特的观点，甚至也见到了他们为人为学的风采和个性。即使是久闻其名却无缘谋面的许渊冲先生，他的谈话风格一如其独特的译论，也给了我一个有棱有角的印象；而我所熟悉的李文俊和罗新璋则显得既机智又幽默，一如我在生活里认识的他们。

《对话录》的上述优点表明，主持者许钧不但对翻译特别是文学翻译的种种理论和实践问题十分熟悉，对当今中国译坛特别是受访者的个人情况也了如指掌。可以想象，为了对症下药，顺利地完成这 20 场访谈，许钧一定做了长时间的深入研究和认真准备，例如为了与李文俊对话而研究福格纳，为了对林一安进行成功的访谈而阅读博尔赫斯，等等。

许钧，我想也只有许钧，才能把不同辈分、层次、个性和风格的译家动员起来，集合起来，将他们有关文学翻译的长期思考变成生动鲜活的对话，与他们一块儿面对面地进行深入的切磋，并且做到思想观点百花齐放，既不回避争论也有包容，故而不乏精辟之论、至理名言。经过了几年的努力，终于编成眼下这样一本书，实在不易啊！

为什么讲只有许钧能成就此事呢？当然这是我个人的看法。因为在我的眼里，许钧不只是我们翻译界的一位多面手，既富有翻译实践经验，又学识渊博，对翻译理论造诣颇深，而且作风谦虚谨慎，待人宽厚平和，同时还善于做策划和组织工作。据我回忆，还在南京大学念硕士研究生时，他便表现出了这些才华和优点。不仅如此，许钧志存高远，想的是干大事，有幸又生逢其时，遇上了可以干大事的环境和时代，难怪近 10 多年来，他在学界特别是译坛崭露头角，突飞猛进，组织了一场唯有将帅之才方能胜任的大战役，完成了一项可以写进中国翻译史的大工程。我为这位成就突出的“小朋友”，由衷地感到高兴和骄傲。

在译学理论界，同行们称许钧为“有心人”。这让我想起在德语文学史上有一位爱克曼，想起了同为“有心人”的他留下的不朽业绩——《歌德谈话录》。当然，我绝不至于幼稚或者说狂妄到了将自己也有份儿的这本《对话录》与《歌德谈话录》等量齐观，而仅仅是觉得，确确实实觉得，在珍视前辈的经验积累、继承，在维护和抢救前人精神财富的“有心人”这点上，许钧和爱克曼的见地和胸怀并没有本质的不同。我倒是以为，许钧动手还晚了点，所考虑的面也不够广，很遗憾，像董乐山等一些在中国读书界影响深远的大翻译家，被遗漏了或者没来得及访问。

最后不能不讲一讲《译林》杂志和译林出版社。前者坚持开了 3 年多的专栏预先刊发对话，后者把对话印成了如此端庄的一本书，实在是又为中国的翻译界和读书界做了一件大好事。特别是《译林》的副主编王理行先生,据我了解乃许钧10多年的合作者和朋友,本身也是位有见地和勤动笔的学人和作家,因此跟许钧可谓珠联璧合。没有《译林》杂志、译林出版社和王理行这样一位眼光独到的“有心人”,我想许钧的这个大工程肯定很难完成得如此圆满,如此顺利。

(原载《中国比较文学》2002年第3期)

# 译界确实需要对话

## ——评《文学翻译的理论与实践——翻译对话录》

刘成富

关于文学翻译，我国译界已谈得很多，而且谈得很热烈，这方面颇有建树的理论作品有王佐良的《论诗的翻译》、许渊冲的《翻译的艺术》、张今的《文学翻译原理》和申丹的《文学文体学与小说翻译》等，至于在一些报纸杂志上发表的文章则更多，可谓众说纷纭，莫衷一是，用一种翻译的哲学来解决文学翻译理论界有关可译和不可译的争论已成为当务之急。最近，我国著名文学翻译理论家许钧教授等人所著的《文学翻译的理论与实践——翻译对话录》①(以下简称《对话录》)一问世，便在我国翻译界、文学界、语言学界，甚至哲学界引起了强烈的反响。它是继许钧教授主编的《文字・文学・文化——〈红与黑〉汉译研究》之后，在中国译坛引起轰动效应的又一部重要的翻译理论研究成果。其实，《对话录》的篇幅并不大，全书只有25.6万字，但几乎涉及了翻译界所有的热门话题，准确地把握了我国文学翻译理论界的脉搏。在文学翻译理论之争闹得沸沸扬扬的今天，翻译界确实需要进行心平气和的对话，尤其与译界前辈们进行高层次的"心的交流"。鉴于《对话录》这部高质量的著作反映了我国译界对文学翻译的最新认识，以及我国文学翻译理论发展的最新动态，现将这部作品的主要内容和特色做一个简要的评介。

---

① 许钧，等.文学翻译的理论与实践——翻译对话录.南京：译林出版社，2001.

在《对话录》里,许钧教授与季羡林、罗新璋、施康强、李芒、许渊冲、萧乾、吕同六、屠岸、郭宏安、江枫、赵瑞蕻、方平、杨能武、陈原、李文俊等 20 位译界名流进行了学术对话,涉及的语种有英语、法语、德语、意大利语、西班牙语、俄语和日语。在这些译界名流之中,有蜚声中外的语言大师,有硕果累累的文学评论家,但更多的是成绩卓著的文学翻译家。他们有着丰富的翻译理论与实践经验,对祖国的翻译事业做出了重要的贡献,在文学翻译理论与实践方面有着不同层面的思考,具有相当大的代表性。在他们的笔下,许多外国名著在中国被赋予了新的姿态和新的语言。在《对话录》里,他们就文学翻译展开了多方面、多侧面的探讨,诸如,如何对待原作,是“忠实”还是“再创造”?是致力于原作的文字形式的对等转换,还是寻求近似的艺术效果?是“异化”还是“归化”?是以原作风格为主,还是把译者的风格放在首位?文学翻译究竟有什么标准?对于这些具有共性的基本问题,许钧教授与老一辈翻译家进行了学术交流,让他们各抒己见,畅所欲言,同时也让我们清楚地看到了他们在文学翻译理论和实践上所持的不同立场、不同观点以及所采取的不同技巧。在这部翻译理论著作中,我们可以清楚地发现,许钧教授在翻译理论与实践的思考方面都已经达到了一个新的维度,他善于把翻译理论与西方文化中带有根本性的观点、价值观点和西方人经常使用的视角等紧密地联系在一起,从各个侧面最大限度地来触及文学翻译理论与实践中出现的一些基本问题。

应该说,如何界定文学翻译的定义是《对话录》所关心的一个中心议题。法国著名的语言学家、翻译理论家乔治・穆南,曾经把翻译看成语言的接触行为,把翻译视为语言的转换,这种翻译观至今在我国翻译界仍然具有一定的影响。不错,翻译就其形式而言确实是一种语言的转换,但就其本质而言却是意义的传达,是一种思想交流的活动,是一种交际行为。在自然交际活动中,翻译只能起到工具或媒介的作用,它的任务是传达交际的意义,而不是语言。语言只是理解原作意义的一个必不可少的条件,在实际的翻译实践中,译者必须拥有广泛的语言外的知识。文学翻译与其他类型的翻译不同,具有难以把握的特殊“变量”。它是一门文字的艺术，是文化的一个重要组成部分，而文字中又有文化的沉淀。就翻译的客体而言，文学翻译除了要传达原作的故事情节等基本信息之外，还必须传达原作的审美信息。作为一种艺术的再创造，文学翻译必须强调再现、再创作的文学品质、文学性以及美学价值，这样才能把一国的文学作品变成另一国的翻译文学。长期以来，人们常常把翻译与文学翻译相提并论，把翻译与创作混为一谈。那么，它们之间究竟有什么样的联系，又有什么样的区分？说实话，我国译界在这方面的讨论至今还不够深入，还没有达成共识，许多人对文学翻译的基本概念仍然模糊不清或对文学翻译仍抱有错误的认识。《对话录》以丰富的实例高屋建瓴地对文学翻译的性质、意义、作用和归宿进行了深入的、多层面的探讨，把对文学翻译理论的研究引进了一个新的对话空间，而且使之上升到了一个更高的理性层次。

文学翻译的标准和原则是《对话录》的另一个关键性的议题。这个议题主要是围绕1898年我国翻译家严复提出的“信达雅”三字原则展开的。《对话录》抓住一些人在文学翻译理论上的错误认识，展开了热烈的讨论。绝大多数译界前辈对严复的翻译理论予以充分的肯定，他们认为，严复的“信达雅”翻译标准是对翻译原则的高度概括，100多年来，它之所以能够广为传播，原因就在于它切合实际、比较科学，而且易于掌握，具有普遍的指导意义。但在“雅”的理解上译界却存在较大的分歧。近年来，我国文学翻译理论的研究范式已经发生了某种程度的转变，研究的焦点已从静态的文本转向动态的过程，从原作的局部元素分析转向综合的理解，尤其是在语言信息的认识中综合了艺术的美感体验。《对话录》抓住这个重大转变，对翻译过程进行了深入的探究。前辈们普遍认为，翻译是两种语言和两种文化的碰撞和对话，但更主要的是一种受历史制约的、面向译入语的活动。翻译过程包括译者对原作的理解和阐释，以及选择翻译方法和翻译技巧对文本和语言进行控制。我们从《对话录》透露的信息中发现，翻译的实质实际是再现信息的问题，判断译文的好坏必须以译文的读者和原文的读者对所接受的信息是否做出基本一致的反应为标准。

有关译者在文学翻译过程中作为美感体验的主体话题在《对话录》里

受到了高度的重视。就翻译的主导性范式而论，无论是中国的支谦的“因循本旨，不加文释”、道安的“案本而传”、严复的“信达雅”、傅雷的“神似”、钱锺书的“化境”，还是外国的卡特福德的“语篇等值”、纽马克的“文本中心论”，都是以原作为中心，追求译文和原文全方位的契合。译作与原作之间究竟是什么样的关系？译作对原作是一种简单的模仿还是一种“再创造”？针对这个热点话题，译界前辈们普遍认为，文学翻译不是一种简单的“复制”，而是一种艺术的“再创造”，是一种“二度创作”，具有从属的一面，犹如一门戴着镣铐舞蹈的艺术。尽管多数老一辈翻译家在“再创造”上几乎达成了共识，但理论上的分歧也很大。最突出的分歧就是许渊冲的“翻译文学”观。郭宏安先生在分析译者的三种心态（高于原作的心态、与原作平等的心态和低于原作的心态）时，对许渊冲派的翻译态度发表了自己的见解。他认为持这种心态的人在翻译的过程中不可避免地“会把作者暗示的意义挑明，把原文中极具民族特色的明喻和暗喻转换译成译语民族习见的比喻”。郭宏安竭力主张，译者在译文中应尽量在内容和形式上保留和体现原作的艺术特色和精神风貌。“再创造”是必需的，译者必须要能够入乎其内，出乎其外，在拘限中掌握自由。尽管“再创造”会使译作有所变形，而且根本无法与原作等同，但其意义与价值有时并不比原作逊色，甚至可以与原作相媲美。在讨论的过程中，译界前辈似乎对奈达所说的“从心所欲，不逾矩”十分推崇，把它视为翻译的一种成熟境界。

《对话录》从理解的多样性出发，看到了文学多义共生的实际情况，冲破了传统翻译理论专注于对作者和作品进行研究的藩篱，从本体论的高度提出了以往被人们忽视的读者与阅读接受的问题，强调了读者在文学文本阅读过程中的主体作用，强调了不同的译者有不同的理解。前辈们认为，即使译者对原文的理解和所持的态度相似，他们翻译出来的成品也不可能一模一样。因为译者对文本的接受过程意味着对文本的创造过程，而且唯有这一过程才能使文学文本获得真正的生命。文学文本的阅读不是一个感知可视的东西，而是具有译者所拥有的经历和想象力的投射。作为文本意义接受的主体,不同的译者与文学文本有着不同的关系。因为文学文本不是一个自在自为的价值实体,而是一个对不同的译者提供不同图式的客体。文学文本在被接受的过程中,所遇到的是不同知识结构、不同心理结构、不同个性气质、不同审美意向和不同鉴赏定式的接受主体。在对文学艺术接受的过程中,通常情况下,首先是文学文本给译者展示形象、提供暗示,但就主体而言,译者会在暗示的启发下,把各自头脑中所储存的形象注入译作里。

值得注意的是,《对话录》把诗歌翻译作为思考的重点。众所周知,诗歌是最具文化属性的文学形式之一,相对来说,它比翻译小说要难得多。在诗歌翻译上,《对话录》里体现的基本精神是,“传神达意”是文学翻译的相对标准,但它难以概括诗歌的音韵之美,诗译还必须强调“形美”“意美”和“音美”。理想的诗歌翻译必须把原诗的意义用另一种语言最大限度地揭示出来,也就是说用一种质料来替代另一种质料,把原诗歌的深层意义再现出来。《对话录》探讨的问题很多,在翻译实践和理论方面,还涉及翻译的主题性、风格的再现、形象思维和形象再现、内容与形式的关系、神似与形似的标准以及翻译批评的作用和意义等诸方面的问题。《对话录》里有宏观的论述,也有微观的探求,大到文化的思考,小到具体词语的研究;既有对文学翻译理论与实践的论述,又有翻译技巧的微观探讨,尤其是对构成原作各种要素的把握,如题材、体裁、思想、意境、风格、技巧、篇章结构、审美效果和遣词造句等。《对话录》这部著作,立意很高,视野开阔,知识含量极大,除了对文学翻译理论本身进行了深入的思考之外,对有关社会和文化等方面的敏感问题也进行了全面的观照,在着重凸现文学翻译理论的同时,在很大程度上激发了读者的发散性思维和联想式思维。

《对话录》的内容十分丰富,它犹如一座富矿,有待我们去开采。其实,除了内容以外,它的结构也是值得我们研究的。就作品的大的框架而言,这部作品的“对话”分为两个部分。其中,在第二部分,许钧教授在问与答的关系中转变了角色,这时提问的不再是他,而是别人,他开始洋洋洒洒地畅谈自己在文学翻译理论与实践方面的独到见解。这种一问一答关系的变化，看似简单，其实来之不易，它是许钧教授花了 3 年心血才换来的结果。显然，在 3 年对话之后，许钧教授已经掌握了大量的具有重要研究价值的第一手资料，而且已经部分地实现了他最初的“梦想”。但耐人寻味的是，在问与答的关系转换之后，许钧教授并不想彻底地改变最初的身份，他仍旧以请教者的身份与国际译联秘书长 R. 阿埃瑟朗，以及巴黎高等翻译学院前院长塞莱斯科维奇进行了两次学术对话。也许许钧教授心里明白，虽然这些宝贵的资料为他日后文学翻译理论的研究提供了相当可靠的依据，但是在对它们整理、分类、分析和研究的过程中，他还会碰到新的意想不到的问题，他仍然需要与别人对话，特别是与处在国际翻译理论研究前沿的大师级学者对话。“对话”是许钧教授做学问的一个重要方法，“对话”可以使他自己更加完善，可以使他成功地找到翻译的哲学来促进我国翻译事业的发展。《对话录》是多声道的，它让我们听到了不同的声音，有利于我们更好地理解和把握文学翻译的标准、翻译活动的本质以及与此相关的诸多问题。从这个意义上来看，它为我国文学翻译理论的探索开辟了一个不可多得的思考空间，同时也反映了许钧教授的治学和科研的理想，更反映了他不断开拓创新的精神以及对祖国翻译事业的忠诚和热爱。

综上所述，《对话录》是一部重要的译界前沿的学术著作，它以对话的形式把翻译活动置于文化的大背景下来进行全面考察和观照，揭示了翻译活动在跨文化交流和人文社会科学建设上的独特价值和重大意义，在寻求翻译哲学的道路上向前迈出了可喜的一步。中国文学翻译理论的构建必须立足于中国，不失中国特色，不悖汉语特征，不漠然于中国文化之所需，这是《对话录》给我们最深刻的启示。这部作品集老一辈翻译家的智慧于一体，是自《红与黑》汉译讨论以来在我国译坛形成的又一阵强烈的冲击波，对我国文学翻译理论体系的确立将起到不可估量的作用。

（原载《外语与外语教学》2002 年第 12 期）

# 深刻的思考　系统的探索

## ——《翻译论》评介

刘成富

许钧教授是国内著名的翻译家，他翻译的《追忆似水年华（卷四）》、《不能承受的生命之轻》等30多部法国文学与社科著作在国内文学界和学术界有着广泛的影响，同时，他专注于翻译理论研究，不断提出新见解、新论述和新思想，先后出版了《文学翻译批评研究》《文字·文学·文化——〈红与黑〉汉译研究》《当代法国翻译理论》《文学翻译的理论与实践——翻译对话录》等重要理论著作，表现了他进行理论创新的勇气和智慧，为中国翻译理论和翻译学科的建设做出了可贵的贡献。2003年12月，他的新作《翻译论》①问世，以其重要的学术价值和研究价值为我国翻译研究界所瞩目。这部重要的理论著作，不仅是对我国老一辈翻译家的成果进行的抢救性整理，而且也是许钧教授对自己近30年来学术研究的反思和总结，更是他对翻译理论进行的一次系统性探索。现将其主要特点概述如下。

第一个特点：系统性。除绪论和结语等之外，《翻译论》共分七章，一章一论，每一章又根据实际需要，分为四至六个长短不一的小节。作者以清醒的翻译学科意识，以翻译活动为研究对象，从理论的高度凸现了困惑国内外翻译理论界的重大基本问题，即翻译的本质、过程、意义、因素、矛

① 许钧.翻译论.武汉：湖北教育出版社，2003.

盾、主体、价值以及翻译批评。可以毫不夸张地说,《翻译论》中的七论,几乎从宏观的角度囊括了译界的所有热门话题,从根本上回答了“翻译的本质是什么”“翻译的标准是什么”“直译与意译的关系是什么”“作者、译者和读者之间的关系是什么”“影响翻译的因素究竟有哪些”等敏感话题,使我们跟翻译“真理”的认识更接近了一步。从系统性来看,这部作品是我国目前有关翻译主题论述的最具权威性的理论著作。其系统性的特点,不仅体现在对翻译主题的归纳和总结上,而且还体现在对国内外翻译活动和翻译状况的系统梳理上。通过对不同学科对译学的不同认识的深刻分析,通过对不同的,甚至是对立的翻译理论的全面观照,通过翻译活动从文化边缘走向文化中心的历史进程的全方位考察,《翻译论》成功地揭示了翻译的内在本质,即翻译的历史性、社会性、文化性、符号转换性、创造性。翻译活动历史悠久,翻译理论更是五花八门,从先秦时代的孔子到罗马帝国时期的西塞罗,时间和空间的跨度以及翻译观的矛盾和对立,常常令人望而却步。然而,《翻译论》在理顺翻译发展的基本轨迹以及各种理论相互关系的基础上,揭示了翻译的基本特征和基本要求,为我国高等院校翻译学的建设奠定了系统理论的基石。

第二个特点:深刻性。《翻译论》从翻译的一些基本问题和基本现象出发,深刻揭示了翻译的本质。在《翻译论》的七大论中,翻译的“本质论”是其关键和核心。它不仅决定了其他六论的基调,而且给翻译活动指明了发展的方向。《翻译论》巧妙地运用了当今人文科学和社会科学中的跨学科理论,尤其是借助于哲学、美学、语言学、符号学、文艺学等最新研究成果,对有关翻译活动和翻译理论进行了多角度、多层面的观照。这种跨学科的研究方法有助于我们加强对翻译,特别是文学翻译的进一步认识。《翻译论》中的许多论述十分精辟深刻,常常给人以耳目一新的感觉。在有关翻译的“三个层次”和“三个层面”的论述中,作者紧紧围绕审美层次深刻揭示了文学的功能,也就是以美感为中心的动力系统,使我们在翻译的过程中摆脱了“不忠”的犯罪感。因为在许钧教授的眼里,成功的文学翻译是绝不能忽视传达文学作品的美的,审美层次是文学翻译的最高而且是关键性的一个层次。

第三个特点:重点突出,条理清楚。《翻译论》从翻译的基本概念入手,通过对古今中外翻译实践和翻译理论的全面梳理,通过对翻译的基本问题的深入阐述,在汲取传统译论的基础上,重点体现了 20 世纪 50 年代以来国内外翻译界的最新研究成果。《翻译论》洋洋洒洒,30 余万言,在论述的过程中,点面结合、线面结合,条理清楚,脉络分明。一些鸡毛蒜皮的问题一笔带过,而一些需要澄清的概念则泼墨较多。从作品的总体内容来看,作者着重选择了“直译”与“意译”、“可译”与“不可译”、“异”与“同”、“形”与“神”、“归化”与“异化”等对立矛盾的概念展开了深入的论述,包括许渊冲的《译诗六论》①。在论述的过程中,作者又着重选择了乔治・穆南、奈达、莫里斯、罗杰・贝尔等翻译理论大家的观点作为理论依据。对于这些具有代表性的人物和思想,许钧教授常常边介绍边分析,并在其闪光的思想上重点演绎和发挥,使其丰富的思想内涵更加深入人心。

在论述“翻译主体性”的时候,作者大书特书,追根穷源。过去,人们一直认为,面对文学翻译,作者、译者和读者之间的关系是相对独立的,在一定程度上形成了各自独立的活动场。但是,许钧教授不以为然,他借助于现代语言学的研究,进一步揭示了文本意义的开放性,以及人类语言、文化之间存在的巨大差异。② 在他的眼里,这三个各自的活动场看似独立,实际是三足鼎立共同支撑的一个语义空间。这样,在许钧教授的笔下,原作者对原著意义的垄断和特权便一下子被彻底否定,三个活动场开始走向内切的同一个“圆”(场),作者、译者和读者从相互孤立的状态中走了出来,并进行了积极的对话。在《翻译论》里,通过一种互动的关系,作者不仅强调了原作的“能指”能力,而且充分肯定了读者的中心地位,肯定了译者“创造性叛逆”的巨大意义。

---

① 许渊冲.文学翻译谈.台北:书林出版有限公司,1998:275-316.

② 谭载喜.翻译学.武汉:湖北教育出版社,2000:40.

第四个特点:继承与创新。早在数千年前,人们对文学翻译就已经有所认识,翻译的内涵也不断地得到丰富和发展。《翻译论》的作者在“后记”里说,这项研究是对老一辈翻译家理论的一次抢救性整理。“抢救性”一词在这里修饰得恰如其分,这一“整理”确实迫在眉睫。记得在《文学翻译的理论与实践——翻译对话录》里,许钧教授分别与季羡林、罗新璋、施康强、李芒、许渊冲、萧乾、吕同六、屠岸、郭宏安、江枫、赵瑞蕻、方平、杨能武、陈原、李文俊等 20 位译界名流进行了学术对话。在那次对话中,老一辈翻译家的翻译思想在世纪之交放射出了耀眼的火花。其实,那次对话也是这部《翻译论》的一次资料的收集工作。许钧教授善于在继承的基础上进行理论创新,通过对前人学术思想的梳理和分析,通过归纳和演绎,尤其是对与之对话者的翻译观的“抢救性”整理,融入自己独特的价值观和文化观。比如,就翻译的过程而言,许钧教授认为,有译者对原作的理解和阐释,也有译者翻译方法和翻译技巧的选择。应该说,所有的文学翻译,都是为了某种目的而对原作进行的一种操控,是对原语文化有所选择的摄取。在翻译过程中,如果译者能够与文本的原作者进行对话,他们之间的视界就能够融合到一起,译者就能够用另一种语言把原作的意义和风格创造性地阐释和表达出来。就翻译本质和意义而言,翻译理论既是一个认知体系,又是一个价值体系,它与自然科学不同,它对人们的世界观、价值观产生重要而深远的影响。

《翻译论》来源于许钧教授多年的探索与积累。在这部作品中,通过大量引用诠释学、语言学、社会学的观点,作者根据新的实践和新的经验,对原有的理论进行了新的创新,创立了他自己的理论体系——“理论与实践并重,忠实与创造统一”。在许钧教授的心目中,翻译文化意识的觉醒和翻译文化观的逐步确立,有助于我们把对翻译的认识提高到一个新的高度。对古今中外翻译理论的梳理不应该是静止不变的,必须根据不同的历史时期的实际需要,在形式上不断地丰富和发展。通过描述一些重要的人物和重大的历史事件,许钧教授常常把翻译活动和翻译实践置于广阔的历史空间里加以思考,因为翻译过程与翻译质量的因素在他看来极为复杂，必须从翻译的概念、翻译的动机、语言的关系、翻译的能力、文化的语境、社会的因素、意识形态以及政治因素等方方面面加以考虑。

第五个特点：乐观的发展观。在许钧教授的眼里，翻译学的建设虽然道路艰难，但前景十分光明，近 50 年翻译理论和翻译学科的发展完全可以证明这一点。法国语言学家乔治·穆南曾认为，在 20 世纪 50 年代以前，"翻译"在世界各国还没有应有的地位，然而半个世纪以来，翻译研究取得了突破性的进展，其深度和广度都超过了历史上的任何一个时期。① 《翻译论》里的许多理论，是从中国翻译前辈那里得到了启发，也从外国翻译理论家那里得到了启迪后提出的，作者的目光已经投向了翻译理论的"世界一体化"。美国的尤金·奈达、苏联的费道罗夫、英国的卡特福德、加拿大的维纳和达尔贝勒内等人，对翻译研究领域进行了大胆的开拓，为翻译学的建立打下了坚实的基础，为许钧教授攀登翻译理论的巴别塔搭起了理想的云梯。1998 年，英国学者莫娜·贝克主编的《翻译研究百科全书》，对翻译的历史、翻译研究的成果进行了全面梳理，成为翻译学领域一道亮丽的风景线。与此同时，中国翻译理论也得到了空前发展。中国学者通力合编的《中国翻译词典》就是一个典型的例证。但是不可否认的是，我国当前的译论建设仍不容乐观，存在的问题仍然很多，但前途光明灿烂。就如何进一步深化翻译研究，许钧教授在"绪论"里提出了 11 条建设性的意见，其思想核心就是：理论只有不断创新，才有不竭的生命力。在《翻译论》的第三章"翻译意义论"的第六节里，作者总结了著名翻译家有关意义问题的实践经验，并在此基础上提出了自己的"三字经"原则：(1)去字楷；(2)重组句；(3)建空间。这三个有着实践指导意义的创新原则，为翻译者在茫茫的译海里送来了一叶扁舟，让我们看到了彼岸的曙光。

综上所述，《翻译论》资料翔实，旁征博引，论述系统有序，从总体上理

① Mounin, G. *Les problèmes théoriques de la traduction*. Paris: Gallimard, 1963: 11.

顺了翻译理论的基本脉络，深刻分析、归纳和总结了翻译界的七大问题，堪称我国甚至是世界翻译基本问题研究的一个里程碑。这部作品倾注了许钧教授近30年的心血，是他在译海苦苦耕耘结下的丰硕成果，同时也是我国翻译学建设充满希望的有力明证。

（原载《外国语》2004年第5期）

# 翻译理论的继承与创新

## ——《翻译论》简介

解　华

《翻译论》一书运用哲学、美学、语言学、社会学等学科的研究成果，深入探讨了翻译的本质、过程、价值等问题，是一部理论宏大、论证严密的翻译学著作。在绪论中，作者阐述了研究思路和方法，并根据当前我国的译论研究现状，就如何深化翻译研究提出若干意见，例如：对翻译的认识和科学定义应坚持发展观；翻译是多层次的活动，要认识翻译活动的本质，应具有系统和层次的观点；翻译研究的科学性首先要求研究方法的科学性，应重视方法本身的研究；应加强对翻译过程的动态研究；翻译教学理论是翻译研究的重要组成部分，这方面应借鉴国外成果；要注意解决理论和实践脱节的问题。

第一章"翻译本质论"讨论了翻译观的问题。通过追溯翻译活动从边缘走向中心的历史进程，考察中外不同历史时期、不同学科对翻译的不同认识，归纳出翻译的几个本质特征，即翻译具有社会性、文化性、符号转换性、创造性和历史性。

第二章"翻译过程论"通过对翻译过程的分析，揭示该过程涉及的主要因素所起的作用和基本矛盾。本章总结了一些中外名家的翻译程序，归纳了近年中外理论界关于翻译过程的研究成果，以期找到可行的翻译理论之路。如法国释意派的释意论，乔治・斯坦纳提出的"信任""侵入""吸收"和"补偿"四步骤论等。作者认为，翻译活动的理解始于阅读，因此参照阐释学的基本理论，探讨翻译过程中的阐释活动，提出理解行为是主体投入的创造行为，同时分析了阐释的“客观性”、阐释的自由空间和限度。

第三章“翻译意义论”，界定翻译的根本任务，分析传统的意义观，重点则在讨论索绪尔的语言意义观和价值观。本章第四节参照语言学、语言哲学、文学批评理论有关意义的探索，就“意义的确定性和客观性”这一尚无定论的问题发表了看法，认为“并不存在一种纯客观的作为意义构成物的实体”，同时分析了奈达、莫里斯、乔治·穆南、罗杰·贝尔等人的意义分类。第六节“在交流中让意义再生”总结了一些名家处理意义问题的实践经验，对意义的理解提出了几点原则：(1)去字梏；(2)重组句；(3)建空间。

第四章“翻译因素论”，以“译什么”和“怎么译”两大问题为主线，揭示翻译过程中影响选择、方法的因素并从文化语境与社会因素、意识形态与政治因素、翻译动机与翻译概念、语言关系与翻译能力等四方面，分析了影响翻译过程与翻译质量的因素。

第五章“翻译矛盾论”，探讨了翻译过程涉及的众多因素所构成的矛盾。本章重点谈了三对译界最为关注且争论不休的矛盾，即“可译”与“不可译”、“异”与“同”、“形”与“神”，也讨论了“直译”与“意译”、“归化”与“异化”等问题。

第六章“翻译主体论”，讨论了作者、译者、读者三者之间的关系。通过对译者传统身份的辨识，分析“忠实”与“叛逆”这一看似矛盾的概念，揭示翻译主体性所含的要素。作者指出，文本与原作者有割不断的血缘关系，而读者更是一个重要的因素，决定着文本的存在和价值。在翻译活动中，作者、译者、读者的地位相对独立，形成一个相互制约的活动场；这一活动场是三者的积极对话，而读者处于中心位置，起到最积极的作用。如果承认“创造性叛逆”的价值，很大程度上也就是承认译者的创造性。本章还以现代阐释学，特别是伽达默尔的阐释论和哈贝马斯的交往论为基础，探讨了“主体间性”概念。

第七章“翻译价值与批评论”，提出翻译批评应以一定的价值观为基础，认为“从本质上看，翻译的社会性重交流，翻译的文化性重传承，翻译的符号转换性重沟通，翻译的创造性重创造，翻译的历史性重发展，这五个方面也恰构成了翻译的本质价值，某种意义上它们也是翻译精神之体现”①。在此基础上，作者进一步探讨了翻译批评的理论途径，翻译批评的标准、原则与方法。关于翻译批评的原则和方法，作者提出：(1)树立科学的批评精神；(2)建立自主的批评理论体系；(3)探讨规范性的批评标准、开放的批评视野与指导性的批评功能。

《翻译论》全书注重继承与创新。每一章、每个理论问题的讨论，都既有对传统的梳理和总结，也有对外国先进理论的引进。在研究和论证中，作者重视理论与实践的结合，运用理论来分析、解决实际问题。例如在“翻译矛盾论”一章中，作者从分析和界定“异”这一概念入手，探讨了长期困扰翻译界的“异”与“同”这对矛盾，为认识“归化”与“异化”之争的本质提供了新的视角。

（原载《外语教学与研究》2004 年第 4 期）

① 许钧.翻译论.武汉：湖北教育出版社，2003：395.

# 一部值得认真研读的译学力作

## ——读许钧教授新作《翻译论》

吕　俊

许钧教授可谓是当今国内译坛之翘楚，他在学术上所取得的成就是令人瞩目的。

近日，他送来《翻译论》一书，新书初成，墨香犹存，装帧精美，素笺生辉，令人欣喜。及至研读，悉心品味，尤感其功力之深厚，见解之精辟。览阅之中，颇受其益，掩卷之余，感慨良多，有几点陋见，不敢独享，故写下来与诸同好共赏。

### 一、体大思精　钩深攫微

《翻译论》系“中华翻译研究丛书(第二辑)”之一，由湖北教育出版社出版。该丛书为国家“十五”规划的重点图书，其作者汇集了国内译界诸多名家，代表了我国译界之最高水平和最新成果。许钧教授的新作无疑又为这套丛书增添了一枚不轻的砝码。

这本书给我的第一个印象就是构架宏伟，体大思精。它是作者多年对译学深入思考，对中西译论系统研究的心血结晶，其中不乏洞见，令人瞠乎其后。该书正文共分七章，名之“七论”，即翻译本质论、翻译过程论、翻译意义论、翻译因素论、翻译矛盾论、翻译主体论以及翻译价值与批评论。全书近 34 万言，可谓是对译学之全面探讨。若无对译学的深入研究与多年思考是难以完成这样一部既有全局总览，又能钩深撄微的著作的。正如作者于绪论部分所明言的，“《翻译论》中的‘论’字，既含有对翻译活动的认识与思考，也包含着对翻译活动所涉及的基本问题的分析与探索。无论是认识与思考，还是分析与探索，其中无疑融有笔者个人的思想与观点，但一切都是在国内外翻译研究界为个人的思考与探索所提供的学术平台和理论基础上展开的”。

前些年，许钧教授就写有一篇很有水平的文章：《论翻译的层次》。当时他提出翻译的三个基本层次问题，即思维层次、语义层次和审美层次。这三个层次成了他更系统和深入地探讨翻译理论的一个起点和尝试，其结果就是十几年后的今天展现在我们面前的这部《翻译论》。这些年来，许钧教授在这几个层面上深入拓展，发掘内部规律，以及各层面的互相关系。他首先从思维层次与语义层次的关系入手指出这两个层次是相互依存的，思维层次以语义层次为基础，语义层次又是思维层次的体现。他以语义的微观层次，即义素的分析，来进行说明。他认为，“首先义素有的反映事物的概念特征、状态、行为，有的则体现概念组合关系。其次义素的组合也受事物特征和逻辑规律所制约。因为语义概括地反映了客观现象，同客观现象相矛盾的语义结构就难以被接受。可见，不同语言之间意义之所以能够相互传达，正是因为使用不同语言的人的思维对客观事物的反映基本一致。概念的基本一致性决定了义素或义位的形成与结构都有许多类似的地方，这些都构成了翻译可行性的基础”。

这一段论述可以说颇具说服力地论证了翻译之可行性，即可译性问题。以往的论述缺乏说服力是因为没有对语言做更细微的分析，只停留在词语的层面，虽然语言切分世界是以词语作为单位的，但因为不同语言在切分世界时方式并不相同，所以在词语层面上就常有不对应的情况，但是如果把义素作为意义的最小单位，情形就不一样了。因为不管在何种语言中，义素都是一些共同的因素，这就是共性问题，词语层面上的不对应情况可以用增减义素的方式加以解决，从而取得了对应性，故翻译便成为可能。许钧教授从一个新的层面，即意义最小单位的层面上来思考这一问题。可以说这样才从根本上解决了可译性的解释问题。即使是文化差异上的问题，放在义素层面上也是可以迎刃而解的。这说明许钧教授在这里是抓住了问题的关键。

在把翻译活动的思考引向深入、深化译学研究方面，该书也有缜密的思考。许钧教授提出11点原则性的意见①，这些原则性意见有着深刻的理论意义，也有明显的现实意义。正如许钧教授在书中总结的，“上述的11条意见，确实是原则性的。之所以说是原则性的原因有二：一是这些意见是针对近年来译论研究的倾向与存在的问题提出的，要改变翻译研究的现状，推进翻译理论研究向系统和深度发展，应该扩大翻译研究的视野；二是这些意见既包含了个人的思考，也集中了国内外翻译研究界一些有识之士的思想和观点，自己只是起到一个归纳和总结的作用”。如果说“其一”是现实意义的所在，那么“其二”显然是一种理论意义了，而且许钧教授的这本书也还是以此11点原则性意见为基本思路和研究方法的。可以说，仔细研读此书，会对复杂庞大的译学体系有一个更清晰的认识，对那些争论纷纷的问题增加几分主见。

## 二、本质的认识　本体的把握

如何界定“翻译”涉及一个人对翻译活动本质的认识，同时也决定他研究问题的切入点，以及将什么样的相关学科知识、理论、原则和方法运用于译学研究和翻译实践。任何一个学科均可从两个不同角度去划分，一是从所研究客体的性质划分，另一则是从学科学角度，即该学科和其他相关学科的关系与它在学科群中的位置来划分。关于从学科学角度的划分，人们已大体上取得了一致性意见。即翻译学是一门综合性学科，不是语言学、文艺学或文化学等的下属学科。当然它与这些学科是有关联性的，但又不单独属于它们中的任何一个学科。这是在学科学理论发展到

① 许钧．翻译论．武汉：湖北教育出版社，2003：17．

第四时期(即系统综合时期)之后人们才有的认识。但人们一般给一个学科定性,往往是从前一个角度,即从所研究客体的性质来定义。因为这种定义的方法是对该学科的本质性揭示,所以也是最关乎宏旨的。以往国内外译论名家给翻译下了不少定义,这一点在许钧教授的书中也有分析,不拟多言。而许钧教授的定义是不同于以往任何一种定义法的。他说:“翻译是以符号转换为手段,意义再生为任务的一项跨文化的交际活动。”在这寥寥不足30字的定义中他已将翻译活动从本质到过程及手段、目的统涉其内,符号、意义、文化等几大范畴涵盖其中,若用“言简意赅,蕴含丰繁”来概括,实不为过。较之以往语言学、文艺学或符号学、文化学等单学科向度的定义相比,可以说是更本质地揭示了翻译活动的客体性质,是诸多定义难以望其项背的。

这不足30字的定义看似简单,但却是作者从多年理论思索与实践历练中提取出来的,绝不是信手拈来的,所谓“纸上得来终觉浅,绝知此事要躬行”就是这个道理。

许钧教授这个定义是对翻译活动本质多年思考的结果,他认为,翻译活动共有五种性质,即:翻译的社会性、翻译的文化性、翻译的符号转换性、翻译的创造性和翻译的历史性。

我们注意到,虽然翻译的符号转换性是翻译活动最明显的特征,也是以往定义中必然涉及的,但许钧教授并没有把它放在首要的位置上。因为它不是使翻译活动得以产生的根本原因,而只是一种再现形式。翻译活动产生于社会活动,是人类赖以生存的社会实践与必要的社会交往才使翻译活动产生,同时这种活动又反作用于社会,使社会进步。对这一性质的凸显有着更重要的现实意义,它表明翻译活动并非是私人事务,亦非两个个体间的对话活动,这对于以结构主义语言学为基础的翻译研究范式与后来以诠释理论为指导的研究范式所产生的偏颇有很好的反拨作用。结构主义语言学的翻译研究范式把语言看成是一种封闭与静止的系统,认为翻译活动只是不同符号系统之间的转换关系。这样无疑是把翻译活动变成与社会、文化等因素无涉的纯语言操作。而诠释学又只把对话的讨论局限于两个个体之间,并在其间又强调了理解中个性的差异性,突出了理解中"异"的成分。殊不知,任何个人知识(包括前理解问题在内)都是经由社会的过滤与筛选、证实与证伪、梳理与整合而获得的,包括前理解在内的个人性知识也都是通过社会的渠道获得的。人从自然人变成社会人的过程,就是一个社会化的过程,任何事物、任何知识都不会向任何个人单独展开,人们的知识中共性占决定性的成分,相异之处只是相对的。所以,在翻译研究中,强调社会性是非常重要的。

与社会性相关联的就是文化性问题,所以许钧教授在列举了社会性之后就提出文化性问题。这两者关系密切,不可分割。当我们提到社会性时,就已包括了文化因素在内,因为一种文化是一个社会的内核,人的社会化过程,也就是文化对他的濡化过程。社会上的种种活动、人们的行为方式,甚至秩序规范,都无不打上了文化的烙印,翻译自然也不例外。正如许钧教授在这本书中指出的:"以翻译为手段所进行的这种接触、交换或交流的活动,无不打上了社会与文化的烙印。"翻译一般是跨文化的,是文化的播化过程。在一个社会的社会人与另一个社会的社会人的接触中,文化播化就会发生,因为他们都是在不同社会文化中被濡化的产物。所以讨论翻译不可能不涉及文化问题,正如许钧教授引用弗美尔的话指出的那样:"翻译是一种跨文化的转换。"

许钧教授把社会性与文化性列为翻译活动的首位,足以说明他对翻译活动本质的认识已远远超出传统的解释。

还值得书一笔的是该书把翻译的历史性列为五性之一,是颇有见地的做法,是作者对翻译本质认识的又一例证。我们知道空间与时间是万物存在的两种基本方式,共时与历时是我们分析它们的两种方法。对待翻译活动也是一样,历史性研究是翻译学的一个主要维度,这一点在以往的研究中或被完全地忽视了,或被表面化地理解了。我们说它被忽视是指结构主义的研究方法,这是一种排斥时间性的静止与封闭式的研究。一切动态与流变的东西都被予以排除,所以"历史性"在那里是不存在的。而我们说被表面化的理解是指把史料看成史学的认识。史料只是史实的罗列,它们是给定的、不变的,但是对它们的理解却是根据每个人的不同思想而呈现多样性的,而每个人在提出看法与解说时又不可避免地依据一些理论或假设前提。只有把翻译的历史性问题提出来认真讨论才能开辟翻译学中的历史研究,而不是局限于流水账一样的与翻译理论无关的史实记忆。许钧教授对历史性问题的揭示,使人们把习惯了的静态性观念变成了一种动态性的观念,诚如他所言:“当我们讨论翻译的历史性及其局限性时,我们却在一代代译者的追求中,发现了一个看似相悖的真理:个人有限的阐释只不过是理解循环的一站,不是萨特所说的凝固的瞬间,也不是凝固的终点。”“翻译的历史性告诉我们,我们的理解只是在那一瞬间的历史;与作者对话,对文本的领悟,都只是历史的一种相遇。”所以对于翻译研究者来说,树立起一种辩证的唯物史观是非常重要的,只有我们看清历史与今天的关系,才能不割断历史地看待问题。这一点无疑是以往翻译研究的一个空白点,我们尚不能说许钧教授已填补了这一空白,但我们有理由说他揭开了封锁在这空白点上的蒙蔽物,让我们对这一问题开始有了一种更深入的思考。

这部译学著作给我的另一个重要印象就是作者对译学的学科立场的把握。这一点本应是自然而然的事,正如目前商业上常说的一句话“在商言商”一样,搞翻译学的人自然要站在翻译学的学科立场上。在它与相关学科的关系网络中它是节点,其他学科是以辐聚的形式向它集中(当然反过来它也向其他学科辐射),而不是站在相邻学科的立场上去讨论这一学科与它们的关系。这是一切交叉学科和综合性学科的共性问题,因为这些学科又称作“科际整合”。因为在交叉学科或综合学科中都存在两个或两个以上学科,但它们又不是这些学科的叠加,而是把它们的原则、理论和方法在一个新的领域内重新进行整合,从而产生一个全新的学科,整合过程包括找寻焦点、建立融合、挖掘共源、扩大境界。以翻译学为例,它涉及语言学、文艺学、文化学、符号学等学科,但又不等于是把它们相加在一起的一个拼盘,而是把这些学科与译学有焦点的方法、视点等整合到译学研究领域来,进而将之融合为译学的方法与视点。之所以能如此,是因为它们之间有共源。但是整合就意味着学科立场的转变，要把语言学、文艺学、文化学等的方法原则，乃至理论等转移到以译学为中心的立场上去。以目前的文化与翻译的关系这一热门话题为例，西方文化研究学派发现了在殖民时期与后殖民时期翻译活动所起到的作用，即发现了新的焦点，因而发生了一种文化研究的转向，但他们的学科立场仍是文化学，他们是把翻译研究纳入视野，成为一个新的研究领域，但译学研究者也会从这一交汇点上得到启发，把翻译研究的重点向文化方向移动，从而形成翻译研究的文化转向，主要探讨文化研究对译学研究发展的影响、作用和意义，从而拓展译学境界。正如物理化学和化学物理并不属同一学科一样，文化研究的翻译转向和翻译研究的文化转向也不是发生在同一学科上的事情，只是它们有着共同的关联点。目前一些译学研究者似乎就站错了学科立场，丢失了译学阵地而跑到文化学立场上去了。

可喜的是我们看到许钧教授的这部专著十分明确地强调了译学研究“如何把持自身”的问题，他指出，“在翻译从边缘走向中心的路途中，却潜伏着一步步失去自己位置的危险”，并呼吁“我们不能不清醒地保持独立的翻译学科意识”。他曾引用陈福康的论述说：“翻译理论本身是一个综合的、开放的系统，它与许多学科与艺术的门类息息相通，从语言学到文艺学、哲学、心理学、美学、人种学，乃至教学、逻辑学和新起的符号学、信息学等等，都有关系；然而，它又自有其独立性。例如，它与语言学的关系最密切，相互有不少交叉和叠合，它可以借助语言学的原理来阐发语际转换规律等，但它并不依附于语言学。它可以运用文艺学、文体学的原理阐述翻译中的风格、神韵等问题，但它也不归属于文艺学、文体学。反过来说，翻译的理论成果，也可以对语言学、文艺学、心理学、哲学等的研究起到借鉴和促进作用。”

前面我提到的文化研究的翻译转向与翻译研究的文化转向问题也正如上面许钧和陈福康所论述的。实际上，从翻译学的学科立场上看，翻译的目的是信息的跨文化传播，其中文化信息只是信息中的一种，但是它在殖民主义时期和后殖民时期与翻译合谋，在塑造帝国身份、改写非西方历史方面起到了很大作用,所以文化研究者对这种信息给予了格外的关注。而有的信息如科学信息就带有普遍性和客观性,谁也难以用它来塑造主体身份。从文化学立场上来看,翻译只是文化传播的一种手段和方式。文化传播的方式有很多,翻译只是其中之一,只是西方文化学者发现了这种方式在殖民时期和后殖民时期与政治和文化人类学的共谋的有效性,才把关注点向这方面转移。简言之,这两种转向是不同的,它们有不同的学科立场,译学研究者应从翻译学的立场上关注文化问题,正如许钧教授在谈翻译的文化性时所讲的那样,应在以下三个方面给予关注:“首先从翻译的功能看,其本质的作用之一便是克服语言的障碍,达成操不同语言的人之间的精神沟通,而这种精神的沟通,主要是通过文化层面的交流获得的……其次,从翻译的全过程看,翻译活动的进行时刻受到文化语境的影响……再次,从翻译的实际操作层面看,由于语言与文化的特殊关系,在具体的语言转换中,任何一个译者都不能不考虑文化的因素。”我认为这才是从译学本体角度对文化问题的思考。目前西方文化研究的翻译转向的实质和核心问题并非是文化问题,而是权力与话语的关系问题,这种权力和话语的关系问题不仅表现在在场的殖民主义和不在场的殖民主义问题上,还同样表现在意识形态上,以及任何涉及“本土利益”的问题上。我们在译介苏俄文学以及英美文学时由于种种原因不也是在极有限制地进行选择甚至改写吗?这与殖民和后殖民并没多大关系,而只是权力与话语的关系在我国译界的一种表现。所以看问题应从本质上看,从本体立场出发讨论译学问题。

## 三、思路清晰　分析透辟

《翻译论》视角开阔,构架宏大,融贯中古译论,交汇古今之说。它涉及数十部国外译学原著、150 余部汉译或汉语各学科名著,除翻译学外,还涉及语言学、文艺学、美学、符号学、心理学、哲学等相关学科,论及的作者不下 200 人。但这并不是该书最大的特点,其最为突出的一点是思路清晰，分析透辟。作者把这些作者及其著作的观点围绕翻译的几个中心问题做了十分清晰的梳理和分析，给读者以很大启发。

下面我们仅以其第三章“翻译意义论”为例进行讨论。我们选择这一章不仅因为意义问题是翻译研究的中心问题，也是因为它是一切语言学理论关注的核心，意义理论流派纷呈，视角各一，是众所周知的，在翻译研究中也一直是争讼不已的问题。

但是，我们在读“翻译意义论”这一章时，会有一种路径分明、条理清晰的感觉。作者先以翻译的中心任务，即意义的传达为开端，其中涉及符号学、语言学、文化学、哲学等众多领域，使一个庞衮芜杂的问题在作者笔下条分缕析、有条不紊地渐渐展开，就如在看似无路的丛林中开辟出一条小道，引导读者走出了语言的迷宫，进入了理论的殿堂。

首先他从雅各布逊的翻译三分法开始，但把符际翻译和语内翻译这两个非重点内容以十分简单的论述先行解决，然后集中于语际翻译这一中心论题。他在论述符际翻译时先引入符号学大师罗兰·巴特的论述，并以维庸的诗歌符号与罗丹的雕塑符号为例，用葛赛尔对罗丹雕塑语言的分析说明符际转换的问题，可以说例证恰当，论理清楚，令人信服。而对于语内翻译问题，作者仅用一句话就轻巧地带过了，他说“关于语内翻译，乔治·斯坦纳在《通天塔之后：语言与翻译面面观》中进行过独到的分析”。可谓主次分明，要言不烦。

而对于语际翻译（即该书主要讨论的问题）作者则展开了充分的讨论。作者首先从我国唐代学者贾公彦、三国时期翻译家支谦、清代学者魏象乾，以及清末马建忠、严复等人关于翻译本质的讨论开始，接着与西方翻译家德莱顿、泰特勒以及奈达的译论相比较，得出中西译论的共同性结论：翻译的根本任务即意义的翻译。

但是“意义”又是一个十分复杂的问题，怎样的意义观决定怎样的翻译观，所以对意义的讨论才是这一章的真正重点。对于这一点，作者以整整五节（第二至第六节）的篇幅进行了详细论述，首先从传统语言意义观的片面性给翻译理论所带来的困惑开始并论述了导致这种困惑的根本原因,即把语言的意义看成一份“分类命名集”,也就是索绪尔所批评的“那种把名看成事物本身,在名与物之间画上等号的幼稚、简单的语言观”。接着作者在第二节又集中讨论了索绪尔把意义与价值相区分的理论。在这一部分,作者对索绪尔的语言学思想有着独特而深刻的理解,他认为“指出价值与意义的区别,并揭示价值取决于系统这一深刻道理,索绪尔的目的旨在摧毁‘词的任务是在表现预先规定的概念’这一传统的、根深蒂固的意义观”,并从三个方面归纳了这种区分的意义。“首先,索绪尔的语言意义和价值观,有助于我们克服传统的翻译观,不再把翻译当成简单的语言符号转换,而要充分注意到这样一个事实:那就是词的任务并不是在于表现预先规定的概念。”“其次,要在系统中去识别差别,确定词或语言其他要素的意义与价值的观点,有助于我们在翻译实践中树立语境和整体观念,将语义的传达当作一个动态的行为,要在具体的上下文中,在具体的语境中去识别语义。”再次,通过对两种语言的对比分析,“我们可以更深刻地意识到在不同的语言中,不仅存在着为数不小的缺项情况,而且表示同一概念的词可能会有不同的意义和价值,有时这种差异会给翻译造成很大的障碍”。

可以说,自解构主义思潮兴起以来,语言学界和翻译理论界对索绪尔语言理论的批评居多,给人们的感觉似乎是结构主义语言学已经过时了。我们很高兴地看到许钧教授在这里提出的有见地的看法。尽管这种结构主义的语言观有其封闭与静止的不足,但是索绪尔所强调的这些语言规律是语言构成性的基本原则,是一切变动不居的言语现象的不变的参照系,没有它们,语言是无法构成的,一切有关意义的研究都会无所适从。

但作者并不是停留于此,而是对索氏之后的各种语言理论的发展有深入的研究,并结合翻译实践有透辟的分析,那就是这一章中的第四节“重新审视意义的确定性与客观性”问题。在这一节中作者从文学理论和语言哲学这两个向度对传统的意义理论进行了质疑,这可以看作是一种解构性批评。同样作者也并没有停留在解构主义的拆解和破坏的乐趣上,而是从实际出发,从翻译活动的实践角度讨论了意义问题,引出了七种意义类型的区分(即涵义、现实化涵义与意义,信息与意义,效果与意义,意图与意义,风格与意义,内涵与意义和不言之意与意义),并在梳理中外译论家理论的基础上提出注意三个方面的关系问题,即语言和言语的关系,意义与语境的关系,发讯人、收讯人和语符之间呈现的关系。(以上见该章第二节)

在该章的第六节中,作者提出"在交流中让意义再生"这一重要观点。作者不仅从翻译实践出发讨论了意义生成性的问题,还从维特根斯坦"意义即用法"的理论出发解释了这种生成性,从而指出在翻译中重建文本的生命空间的必要性和重要性。这样就更为深刻地揭示了翻译的本质特征。

作者提出了三条总结性的翻译程序原则:(1)去字梏;(2)重组句;(3)建空间。这三条原则看似简单,但其内涵是十分丰富的。要真正体味这其中的道理,不仅要认真去读一下这本书,还要认真地去从事实践。

## 四、实践的典范　理论的先锋

许钧教授是我国译坛的一员名将,这是公认的事实。他之所以出名是因为他不仅是理论上的先锋人物,也是实践方面的模范人物。他重视翻译实践但又不偏废理论,十分注意把两者结合起来。这一点不仅从文章前面的简单介绍中看得出来,他自己也毫不讳言地在该书的"绪论"部分明言:"对于翻译的理解,笔者是从实践的经验角度开始切入的。穆雷在《通天塔的建设者——当代中国中青年翻译家研究》中对笔者的翻译实践与理论探索之路进行了概括性评价:'理论与实践并存,忠实与创造统一。'在某种意义上讲,这不能说是对笔者的翻译理论与实践之路的客观评价,但却是笔者多年来的努力方向。"作者曾回顾他在 20 世纪 70 年代中期初次参与一些法语中译实践时的情形,他说那只是"盲目但积极的实践",而到了 80 年代他在从事长篇小说翻译时遇到了许多让他困惑的问题,才感到理论的重要,并开始了理论的思索。到了读研究生时,他才有机会系统地研读了中外译学理论并对翻译有了一个“新的认识”,而且从此以后就“在困惑中思考,在思考中又不断产生新的困惑,新的困惑又促使自己进一步学习”。今天许钧教授能取得如此丰硕的理论成果就是始于在翻译实践中的困惑。这种理论思考的产生是十分普遍的,也是十分自然的。正如哲学产生于人类对世界的惊异一样,这种惊异会引导人们去思考,于是就产生了哲学。同样道理,对翻译实践中出现的困惑就会导致你去进行理论的思考,于是便有翻译理论的产生。许钧教授的例子很好地说明了理论与实践的关系,给我国译界树立了一个榜样,这对纠正我国译界目前所存在的那种轻视理论或否定理论的风气是十分有意义的。我真诚地希望有这种思想的同志真正虚心地认真读一读这本书,或许会有一些触动。

当然,许钧教授的这本书是涉及面广、有理论深度的专著,不是我这几千个字可以尽述的,也不是读一遍就能吃得透的。这只是我粗读之后的几点想法,先写出来以就教于作者及各位译界同仁。

(原载《外语与外语教学》2004 年第 4 期)

# 全方位的译学思考

## ——许钧教授《翻译论》读后感言

秦文华

清代学者张潮曾说过“读经宜冬,其神专也;读史宜夏,其时久也;读诸子宜秋,其致别也;读诸集宜春,其机畅也”。读许钧教授的最新力作《翻译论》,既读到了“对翻译活动的认识和思考”,也读到了“对翻译活动所涉及的基本问题的分析与探索”,它不啻是一次全方位的译学思考,其面之广,其论之深,读来确有几分畅意。

## 一、整体思考,系统梳理

《翻译论》正文部分由七个章节组成,逐一论述了翻译的本质、过程、意义、因素、矛盾、主体、价值与批评。全书思路明确,脉络分明,方法独到,为研究者提供了极为广阔而深邃的学术成果。它“协调地处理了点与面的关系,一方面对于个别思想探本溯源、剖析毫芒,一方面鸟瞰一般趋向、综述背景情况,从而使纵向研究与横向论述贯通合一”。显然这是对译学的整体思考和系统梳理,体现了许钧教授深厚的理论积淀和精辟的学术洞见。

许钧教授坦言对翻译的理解是从实践经验开始的,他是在困惑与思考的互动中产生学术阐发的欲望的,其成果便是眼前的这部《翻译论》。该书充分体现了宏观与微观、内与外、历时与共时的结合,将翻译由层次到层面、由语言到文化、由静态到动态做了一番整合，涉及的论题有可译与不可译、异与同、形与神、直译与意译、归化与异化等。他曾从皮埃尔·吉罗的符号学中得到启发提出翻译的思维、语义和美学三层次。随着研究视野的拓展、方法的完善以及成果的丰富，他将翻译研究放到了更为广阔的社会、文化大背景下，把握到了翻译活动所涉及的众多因素，从深层探究翻译的过程，并且以历史的眼光和全新的视点来审视自己业已取得的诸多理论成就，由此对翻译有了更为深刻的理解，将翻译扩展到了“人类交流的方方面面”，也因此完成了对自身在理论上的超越。

一直以来，译界对“什么是翻译”这一难以全面界定的基本问题从未停止过讨论。许钧教授对此也非常关注，在本书中他从不同角度给翻译定位，提出了各种理论观照下的翻译观。在符号学派眼中，翻译是一种“符号解释”活动。如皮尔士就认为，“翻译就是符号解释，符号解释就是翻译”。而在阐释学视角下，“理解，就是翻译”。在目的论者看来，“翻译就是文化 Z 通过语言 z 表达信息，而这个信息又由文化 A 按照其目的所需，通过语言 a 再表达出来”。近来权力话语理论又被颇具学术敏感性的学者引入研究视域。吕俊先生就提出，“翻译并不是一种中性的、远离政治及意识形态斗争和利益冲突的行为；更不是一种纯粹的文字活动、一种文本间话语符号的转换和替代，而是一种文化、思想、意识形态在另一种文化、思想、意识形态环境里的改造、变形或再创作”。此外还有将翻译看成是“竞赛、征服、妥协、再生”等众多说法，各有各的侧重点，也各有各的理论依据。许钧教授对这些定义进行了统括性的阐述，极大地丰富了读者的理论视野。他还从翻译过程着眼，引用了乔治·斯坦纳对翻译的广义的界定：“理解，便是阐释。领悟一种意义，便是翻译。”于是乎我们甚至可以把翻译引向更为宽泛的在发话者与听话者之间所进行的理解交流活动。得益于矛盾辩证观，许钧教授认为将翻译由狭义的字面翻译导入“把以一种语言为载体的文化内涵转换成另一种文化形式的广义的文化翻译”是合理而又有效的，因为后者“有着较大的能动性阐释的张力，其目的在于从翻译文本出发进行文化阐述和意义构建”。这就为解决语言形式与文化内涵之间的矛盾提供了辩证统一的动态平衡点和广阔的思考空间，从而更好地促进人类灵魂的沟通。

当然，许钧教授并没有将目光仅仅放在语际翻译上，他对语内翻译、符际翻译也做了一番深入浅出、恰到好处的论证。他以诗歌与雕塑为例，认为两者虽表现形式不同，但在精神上却渗透出某种沟通。正如葛赛尔所说的，“绘画、雕刻、文学、音乐，它们中间的关系，有为一般人所想不到的密切。它们都是对着自然唱出人类各种情绪的诗歌，所不同者，只是表白的方法而已”。

在理解并分析德里达的所谓“翻译不可能”时，许钧教授充分展示了一位睿智的学者应有的思辨立场。德里达借巴别塔的神话故事，指出“翻译是一项必需而又不能完成的工作；无从完成就是一种必需”。为了在“可译”与“不可译”之间寻求一条出路，许钧教授引用了乔治・穆南的一段话：“当今的语言学在使翻译陷于瘫痪状况的同时，又给了翻译以救助。它通过揭示翻译障碍，使人们不再无视这些障碍的存在。通过描写这些障碍，它同时指出了排除这些障碍的限度，以及排除的可能性。通过对语言事实更为深入细致的分析，它使译者得以更为准确地估计其相对的忠实程度。自觉地测定其不忠的限度，以致不可译的限度。”可见其用心之良苦。此外，他还从历史的角度对“不可译”问题进行了探索。所谓的不可译，“只是在某一个历史时期内的不可译……只是两者结合的奇缘还没有来临”，梅肖尼克也认为，“文本的不可译正是这些历史原因引起的某一文化结果。它是历史性的，社会的，而不是形而上的”。事实上，有时“并不是翻译在绝对意义上的不可能，而是盲目追求‘忠实对等’的翻译的不可能”。要把翻译从不可能引向可能，从文字转换引向文化交流，就必须具备许钧教授那样的历史眼光和思辨态度。只有这样，才能深刻理解许钧教授对翻译所下的定义：“翻译是以符号转换为手段，意义再生为任务的一项跨文化的交际活动”，从而真正领会“一部翻译史，就是一部生动的人类社会的交流与发展史”这句话的丰富内涵。

## 二、旁征博引，理论互动

一部《翻译论》不仅是对翻译领域各项研究成果的大检阅，也是对相邻学科以及相关理论的一次大检阅。作者对国内外翻译研究的动向和成果洞然于心，并能将它们置于更为广阔的动态学术环境下加以全面审视。书中论及的符号学家、语言学家、文艺批评家、哲学家、社会学家以及国内外翻译名家等前后足有两百人之多，可见其研究的广度与深度。他还经常从中西比较的角度进行探讨，并且随时融入自己的精辟见解和译论珠玑。

“翻译意义论”一章深入探讨了翻译与意义之间的内在关联，充分反映了许钧教授扎实的理论素养、深邃的学术见地和丰厚的写作功底。许钧教授首先从传统的语言意义观说起，结合功能语义学说、阐释学理论等方面的成就，从翻译学以及中西语言文化观比照的角度，重新审视了意义的确定性和客观性，并且联系实践，对意义进行了卓有成效的分类，最后环环相扣，逐步论述，提出了翻译的三原则——“去字梏、重组句、建空间”，给翻译研究者提供了很多有益的启迪和可供选择的路向。所谓“在交流中让意义再生”，就是要让目的语读者能够通过译文与原文作者进行对话，在阅读中交流，在交流中领悟到“意”，品尝到“味”。

最为可贵的是，许钧教授在旁征博引、逐层论述的过程中，将相关领域的诸多名家名论间的理论渊源进行了某种“互文性”的融合，如：乔治·穆南为寻求可译性实践基石进行的理论思考；本雅明等人批判传统，让翻译获得新生的努力；梅肖尼克的“介入批评”途径；德里达对“逻各斯中心主义”的解构和“延异”等概念的提出；贝尔曼对翻译中语言、文化以及在语言中所积淀的文化差异的论述；方平“水无定性”“随物赋形”“语言超载”“语言疲劳”等新观念、新术语的出炉；布里塞对符号学、社会学和福柯等人的解构主义的求助；尼朗贾纳为给翻译定位所做的一系列研究；韦努蒂对“文化重塑”“归化”“异化”“翻译透明说”的认识……诸如此类，不一而足。此外,为了给翻译批评正名,他还就其实质对许多翻译批评家的理论进行了有深有浅、集狭义与广义于一体的归纳,非常深刻而且富有见地。

笔者曾对权力话语与翻译的关系、复译现象的深层理论依据和翻译标准的不确定性、互文性理论介入翻译研究以及解构主义、后殖民主义、建构主义等理论与翻译的密切联系做了一些尝试性的研究与探讨,因此在读书过程中,感受到了某种理论上的契合和精神上的愉悦。许钧教授以清醒的学术眼光,指出意识形态、权力话语是影响翻译的重要因素,而译者作为主体的一方面,必然要受到来自语言和非语言因素的制约,如政治观点、审美趣味、道德观念、表达方式等,就像安德烈 · 勒菲弗尔所指出的,"重写就是操纵,是为权力服务的有效手段"。许钧教授还将翻译中的一些具体现象与权力话语理论联系起来,认为意识形态对翻译观念、翻译动机以及作品的先期选择和中后期的具体处理,包括翻译过程和出版等,都有很大的影响。如翻译中的删改就是意识形态,特别是主流意识形态干预翻译的表现。曾几何时,"外国文学作品的整体或部分在意识形态上是否明显背离主流意识形态,是否包含被认为过分的性描写,是大陆出版者的关心焦点"。由此可见权力话语加之于翻译之上的操控甚至是霸权力量的存在。

许钧教授在其他各章的论述也同样体现出旁征博引、理论互动的特色,且分析非常细致,也贴近翻译实践。尽管他没有专门使用"互文性"这一术语,但其思想却是贯穿全文、无处不在的。可以说,翻译七论涵盖了诸多理论间的互动。此外,书中字里行间还折射出剖析视角与论述时空的互动。对我国一个多世纪前和改革开放后出现的翻译大潮所进行的历史性对比就是其中一例,许钧教授借此揭示了社会政治变革与翻译活动之间的互动关系。

在笔者看来,该书还有另一大特色,那就是作者没有一味地给读者灌输死板的理论,文中妙喻连连,直让读者回味无穷。这当然与许钧教授的积累丰厚、面广思精、善于援引是分不开的。他曾引用余光中的一则比喻,说明“死译”是如何扼杀文本的生命的——“充其量只能成为剥制的标本:一根羽毛也不少,可惜是一只死鸟,徒有形貌,没有飞翔”。而另一则比喻则使人想起了本雅明的“翻译是‘文本的来生’”一说——“真有灵感的译文,像投胎重生的灵魂一般,令人觉得是一种‘再创造’”。再有“翻译如同打开窗户,让阳光照进来;翻译如同砸碎硬壳,让我们享用果仁;翻译如同拉开帷幕,让我们能窥见最神圣的殿堂;翻译如同揭开井盖,让我们能汲取甘泉”。阿弗雷德·波这一连串生动的比喻和富有诗意的联想,引发了读者多少的深思。说的虽是圣经翻译,但也反映了翻译给人类社会带来的物质与精神的双重启蒙之光。“弱水三千,只取一瓢”,许钧教授博古知今,通西晓中,而我却只能从中管窥二三,权作一孔之见。

## 三、角度全面,视点独特

《翻译论》不止于单向度的研究,其论述角度非常全面,而且还时有新的视点、新的概念进入阅读者的视野。

在对阐释活动本质规律的深层次认识基础之上,许钧教授开启了又一个论述的维度,他将翻译置放于历史的空间加以考察,认识到翻译问题“不是一个瞬间意识”,而作者、译者、读者乃至文本都不是“在历史的上空翱翔”的。在前面我们也已经提到,翻译中出现的一些争端,如历来已久的“可译性”问题其实就是一种历史性的表现。此外,将历史观引入翻译理论建设,有助于我们理解具体的翻译活动,突破一定历史时期人类知识水平和认识水平的局限,为翻译活动开启越来越广阔的天地,让一代又一代的研究者去挖掘其无穷尽的阐释空间。而“认识到翻译活动的历史局限性,实际上也就是为树立翻译的历史价值发展观奠定了某种基础”。因此应当将翻译价值与批评放到历史性的维度进行考察,从而建立起翻译的历史价值观。我们已经看到,人类的文明发展史离不开翻译的历史,古今中外每次重大的历史变革,都伴随有翻译的高潮,有时翻译甚至发挥了先锋作用。

此外伦理观也被引入了研究范畴。从乔治 · 斯坦纳的翻译“四步骤”中，许钧教授敏锐地把握到了某种“伦理性”的凸现。因为“无论是‘信任’‘侵入’，还是‘吸收’与‘补偿’，都不可避免地会涉及社会与文化层面的碰撞、冲突，也给沟通和交流提供了某种基础”，那么在探讨翻译问题时就要充分考虑到“文化、社会和伦理的因素”。参与文本创造的译者一旦进入翻译活动，就好比与作者“缔结了一份协议，以相互信任为基础，在尊重对方的自由的前提下行使自己的自由”，就像萨特说的“每一方都信任另一方，每一方都把自己托付给另一方，在同等程度上要求对方和要求自己”。须知无论是反复出现的“自由”“信任”，还是在字里行间隐约可见的“权利”“限制”等意味，都与伦理观密切相关。

该书还有很多独特的研究视点，如对中西译事诸多巧合的对比分析，再如对瓦莱里与卞之琳译论异同的深入比较。另外还有法国翻译理论家米歇尔 · 巴拉尔的研究成果：最早的对口译活动的记载可见于“公元前两千多年的上埃及埃利潘蒂尼岛的古王国王子的石墓铭文”。此外，许钧教授还提到了一个值得关注的有趣现象，“东西方第一篇可以确证的谈及翻译的文字，都为译文的序言”，并指出在西塞罗与支谦的翻译序言中，两人所提出的翻译方法不同，前者主张的是意译，后者主张的则是直译。其他如对作者、译者、读者之间的关系以及读者视界的研究，许钧教授也从全新的角度加以阐述。他总结了翻译史上几个较有见地且在其时也较为领先的翻译观，如奈达在研究《圣经》时提出的“将文本流传和读者接受”纳入考察者视野的原则等，为致力于中西译学比较的学人提供了更多的思路。

此外，关于翻译单位，许钧教授指出不应强求惯有的、确定性的划定，必要的时候可以根据翻译的实际情况和文本的各自特点，给出一定的层次。因为翻译，尤其是文学翻译，“除高度的综合性以外，还有高度的描写性、开放性和灵活性”。许钧教授还关注到翻译中易被忽视的相关问题，比如说，“在理论上，语言越相近，翻译的可能性就越大，特别是同属于一个大文化圈的语言之间的互译，障碍相应来说要少得多。但人们发现，语言越相近,越容易倾向于采用逐句逐字翻译的方法”,这主要是“被相近语言间大量的‘假朋友’现象磨去翻译者本应始终保持警觉的差异意识……导致翻译中直接克隆原作结构而使原作精神在译作中得不到全面传达”。说到判断好坏译作的标准,许钧教授认为标准并不属于个体意图,而是“相互作用的许多标准的复杂综合体”。况且,在判断翻译文本好坏的时候,也应有“一般读者”和“有能力也有时间去参照原文逐一研读的少数专家”的区分。与此同时,他还综合众多译家译论的合理内核,对“信达雅”做了全新的阐释。

在许钧教授的笔下,一些新概念、新术语也得到了明晰畅达的阐释。就“翻译定本”这一概念他从三个层面给予了一定的解释,并联系翻译史,揭示了其产生的历史渊源以及被赋予的理想化色彩,对读者有很大的启迪。其他如“欲言”“现时化”等术语,许钧教授也是细细道来,并因此使“复译”“翻译标准”“忠实”“历史性”等问题得到了进一步的澄清。而“创造性叛逆”的提出,更是客观地道出了翻译的局限性以及译者的主体创造性。此外还有“翻译和谐说”“文化翻译”“介入理论”等值得研究的切入点。

## 四、理论实践,交相辉映

多年来,许钧教授一直是笔耕不辍。他一方面潜心思考,理论成果反响强烈;另一方面译事连连,翻译作品竞相问世。也正因为如此,他才能在注重语言、文本的同时,关注社会、文化、历史等切入点,从中探究翻译理论与实践活动之间的相辅相成关系。他不但自己亲身实践,思考论证,而且还注意归纳总结译界其他专家学者的成果。在分析罗新璋《我国自成体系的翻译理论》一文时,他做了这样一个精辟的评价:“将长期以来被学界所忽视的翻译家们的只言片语、经验之谈用现代学理加以阐发,理出了中国翻译理论不断深化、发展的历史脉络,使富有浓厚的感性色彩的经验之谈闪现出理性的光辉,使具体零碎的个人见解成为全面认识翻译的系统探索中不可或缺的一环。”在笔者看来，许钧教授又何尝不是一直在做这样的努力呢？

作为一个有着丰富经验的翻译者，许钧教授自始至终都在坚持对实践与理论、事实与规律、文本与文化以及历史与当下进行结合。在他的书中，我们既能得到理论上的宏观指导，又能得到方法论的具体点拨。他在进行理论阐述的同时，将翻译实践中的一些问题也说得非常清楚而又到位。在翻译过程论中，他借用彭卓吾的一句生动有趣、浅显易懂的话来启发读者：“搞翻译，既要钻进去，又要跳出来；钻进去以求理解，跳出来以求表达。”

在多角度、多层次讨论翻译的过程中，许钧教授并没有忽视从译者的感受出发来探索翻译的奥秘。“在原文的理解和译文的生成过程中，意义像一个错综复杂的网，显得无处不在。有时是无形的，显得很隐秘，难以捕捉；有时是有形的，实实在在凸现在你的眼前，但却难以在另一种语言中表现出来，令你束手无策；有时数种意义同时在向你召唤，等待着你的解读，挣脱原文本的桎梏，在新的文本中显示出其生命。这千头万绪，有形无形，或隐秘或凸现，或强烈或微弱，或单纯或复杂的文本生命如何把握？如何在翻译中让它重现生命之风采？”这段话虽然说的是意义的扑朔迷离，却也道出了译者的艰辛。就像陈西滢所打的比方，译者各有个性，而非透明的、能“把原作的一切都映过来”的玻璃人，“所以译文终免不了多少的折光，多少的歪曲”。对于译者的翻译动机与切身体会，许钧教授认为齐邦媛描述得既生动又精辟：“从事翻译工作的人，思绪长年盘旋在别人的字句之间，不免有时感到自我遗失的沮丧，但大多的时间会在两种语言的认知、转移和重组过程中得到唯有翻译者才能领悟的兴趣与满足。……在两种语言之间，浅滩涉水、深处搭桥的过程自有它的魅力。但是在文字魅力之外，经常有更强大的动机，对有些人来说，是一种必备的热情。”虽然笔者从事翻译实践活动和理论研究的时间不算太长，但是却感到这些话语实在是丝丝入扣，说到点子上了。

## 五、结　语

翻译作为促进全球化进程的重要手段和途径之一,其重要性已日益彰显,其理论研究势头也突飞猛进。笔者作为翻译学领域的一位求学者,对翻译事业有着由衷的热爱,亦欲潜心于翻译理论园地辛勤耕耘,有幸得读此书,宛如眼前一扇大门洞开。读好书意味着什么?如果说大卫·丹比在其新作《伟大的书》中曾这样总结自己阅读经典的经历,“我是在把自己暴露于某种比我的生活更广阔、更强大的东西之中,同时我也是在暴露自己”,那么我是不是也在把自己暴露于某种比我的视界更广阔、更丰富的东西之中,同时也是在暴露自己呢?多读好书,发现自己,滋养自己,提升自己,弥补自身心智与理论素养的不足,是乃读大家之言,感真切之慨也。

(原载《四川外语学院学报》2004年第5期)

# 破解译学七大难题

## ——评许钧教授的新作《翻译论》

伍小龙　王东风

湖北教育出版社最近推出了许钧教授的新著《翻译论》①。翻开该书的扉页，联合国前秘书长加利给该书的题词豁然眼前：

> 翻译有助于发展文化多样性，而文化多样性则有助于加强世界和平文化的建设。

加利对于翻译的重要性给予了高度评价，这对翻译界应该是一个很大的鼓舞。该书由七个章节组成，分别讨论翻译的七大基本问题：翻译本质论、翻译过程论、翻译意义论、翻译因素论、翻译矛盾论、翻译主体论、翻译价值与批评论。这七个问题既是翻译研究的起点，又是带有本质性的翻译学问题。围绕着这七个问题，该书概览了中西方自古以来几乎所有的经典译论，而所有这些译论又均被作者重新加以整合，用以阐明他自己对翻译和翻译学的认识，充分体现了作者高屋建瓴和融会贯通的学术意识。这种综合中外各家之言，集中解决翻译和翻译学本质问题的著作在国内还并不多见。

---

① 许钧.翻译论.武汉：湖北教育出版社，2003.

## 一、翻译本质论

翻译的本质是什么，自古以来众说纷纭。《翻译论》将这一问题作为其七大问题之首，从六个方面对这一涉及翻译实践和翻译研究的根本性问题做了全面探讨。这六个方面分别是："悠久的历史与丰富多样的活动形态"（第一节）、"一个被理论研究长期忽视的领域"（第二节）、"不断深化的认识与不断丰富的内涵"（第三节）、"从边缘走向中心"（第四节）、"如何保持自身"（第五节）和"理解翻译"（第六节）。这六个方面可谓精心设置：作者通过这六个方面探讨了翻译的本质，同时这六个方面的逻辑序列本身又体现了翻译被关注、被理解和被研究的历史。

自古以来，关于翻译是什么，就有着无数的定义和定位：有的说翻译是一种语言活动，有的说翻译是一种文化（政治）活动；有的说翻译"属于科学认识论范畴，特别是隶属于语言分析范围的活动"，有的则认为翻译是艺术……①；钱锺书说，"翻也者，如翻锦绮，背面俱花，但其花有左右不同耳"②，雨果说，"翻译如以宽颈瓶中水灌注狭颈瓶中，傍倾而流失者必多"③，叔本华说……，伏尔泰谓……，傅雷称……④

至于"翻译是竞赛""翻译是征服""翻译是妥协""翻译是再生"等说法，都有各自的理论依据。"翻译"活动，在各种理论的观照之下，呈现出一个又一个侧面，幻化出一个又一个形象。有从翻译活动的形式来界定翻译的，也有从翻译活动的目的来定义翻译的，在各种理论所揭示的翻译的形形色色的"是"之外，还有从古到今中外文人所说的翻译的"似"或"像"。

在这形形色色的"是""似"和"像"中，《翻译论》通过对翻译的本质特

---

① 许钧．翻译论．武汉：湖北教育出版社，2003：36.

② 许钧．翻译论．武汉：湖北教育出版社，2003：65.

③ 许钧．翻译论．武汉：湖北教育出版社，2003：65-66.

④ 许钧．翻译论．武汉：湖北教育出版社，2003：66.

征,如翻译的社会性、文化性、符号转换性、创造性、历史性的分析,从逻辑上对翻译各个属性以及有关这些属性的种种观点进行了梳理和整合,最终,携带着在这梳理和整合中所获得的精华,对翻译的本质进行了重新定义:

> 翻译是以符号转换为手段,意义再生为任务的一项跨文化的交际活动。①

这一定义高度概括了翻译的本质属性:既定义了翻译的跨语言性,也定义了它的跨文化性;既定义了它的符号和意义转换性,也定义了它的交际性。

## 二、翻译过程论

翻译的过程研究是近年来西方翻译研究的一个热点课题。既然是热点,就隐含着没有定论。严格意义上的翻译过程研究涉及大脑黑匣子在翻译过程中的实际运作,因此从根本上讲是一个心理学问题。西方语言学在把心理学与语言学相结合之后,产生了心理语言学和认知语言学,其方法论中的假说以及由假说而推演出来的形形色色的大脑黑匣子的模拟运作图形,对追求科学话语的翻译学者来说有着不可抗拒的诱惑力,由此而产生了翻译过程研究的热点。

作者在第二章的"翻译过程论"中首先从经验的层面上梳理了国内外(主要是国内)关于"翻译过程"方面的研究,含蓄但却明白地指出,国内所谓的翻译过程两分法(即理解与表达),以及围绕这一"过程"的种种变体其实只是针对"翻译程序"而言的,作者认为有必要以具体的翻译程序为基础"深入一步","从理论的角度对翻译过程及翻译过程所涉及的主要问题作一考察"②。显然,作者是认为,过程研究不能只停留在

---

① 许钧.翻译论.武汉:湖北教育出版社,2003:75.

② 许钧.翻译论.武汉:湖北教育出版社,2003:88.

经验的层面上。

经验的量的积累必定会走向理论的质的升华。“翻译过程的理论探索”(第二节)正是对这一升华的总结。在这一节中,作者对在翻译学界最经典的两个过程研究的理论做了高度的概括。提起翻译的过程研究,熟知西方译学动态的人一般都会知道英国学者贝尔所做的研究。《翻译论》根据廖七一在《当代英国翻译理论》中对贝尔的理论的介绍,对这一颇有影响的译学研究成果做了转述,将贝尔的这一模式与1991年法国国家科学研究中心与巴黎第七大学的“欧洲翻译计划”的一号技术报告进行了对比,从中发现了许多共同点,并由此做出“推定”:“对翻译过程模式的研究必将有助于机器翻译的理论探索与翻译机器的研制。”①在这一节中,作者还详尽地介绍了法国释意派的主要代表勒代雷和英国阐释派学者斯坦纳对翻译过程的研究,把释意和阐释理论巧妙而且合理地结合进来,使认知语言学层面上的过程探讨具有了哲学的思考和超越结构主义的人文关怀。

衔接了上一节对阐释的论述,在接下来的“阐释的空间与限度”“翻译的历史性”和“文本生命的拓展与延伸”这三节中,《翻译论》对阐释理论在翻译和翻译过程研究中的作用和意义做了深入细致的探讨,所引出的阐释学和解构主义的观点有利于我们对结构主义的意义观做出反思。阐释学和解构主义认为,意义是不确定的,意义的产生和解读都有其特定的历史性,因此文本的生命就在于在不同的历史维度有着不断的解读,从而拓展和延伸了文本的生命,产生出了不同的、带有特定历史性的文本“来生”。该章的一大特色就在于作者把许多本来与过程研究貌似无关的观点和理论在明确的主体意识的引导下,创造性地整合到翻译过程论这一主题之中。

① 许钧.翻译论.武汉:湖北教育出版社,2003:92.

## 三、翻译意义论

在第三章"翻译意义论"中，进入我们视野的既有西方哲学、社会学、心理学、符号学、语言学等学科对于意义的不同定义和思考，也有从中国古代的训诂学、佛经翻译一直到中国当代学人对意义的探索。在这高度综合的论述中，作者的重点仍然十分明显，意义理论的几个重要的发展环节均在本章中占据了重要地位。作者以索绪尔的"差别构成意义"和"意义存在于价值"的语言意义观为轴心，以奈达的"翻译，即译意"的翻译意义观为归依，以德里达意义的"延异"与"撒播"为比照，结合作者本人在内的翻译家们的实践，阐述了翻译过程中意义再生的条件、机制和方式，区分了"涵义、现实化涵义与意义""信息与意义""效果与意义""意图与意义""风格与意义""内涵与意义""不言之意与意义"等七个与意义的翻译有关的概念①；概括出了不同意义分类的三个共同点，即：(1)明确注意区分语言和言语，(2)重视上下文或语境因素，(3)重视发讯人、收讯人和语符之间呈现的各种关系②。

在尽述结构主义的意义观的同时，《翻译论》并没有忽略与结构主义意义观背道而驰的解构主义意义观。与结构主义的意义确定论的观点相反，以德里达为代表的解构主义学者认为，意义是不确定的，因而从"翻译，即译意"的原则出发，准确的翻译是不可能的。但《翻译论》的作者却从这种看似悲观的论调中看到了隐含其中的积极性因素，他认为那正是"在理论上为翻译开启了一扇'意义再生之门'"③。于是，《翻译论》提出了"在交流中让意义再生"的理念，对上一章的阐释学的观点做出了呼应，并同时提出了翻译中让意义再生的三大原则，即：(1)去字梏；(2)重组句；(3)建空间。④

---

① 许钧.翻译论.武汉：湖北教育出版社，2003：170-172.

② 许钧.翻译论.武汉：湖北教育出版社，2003：174.

③ 许钧.翻译论.武汉：湖北教育出版社，2003：159.

④ 许钧.翻译论.武汉：湖北教育出版社，2003：192-193.

## 四、翻译因素论

在国际译学界，关于翻译因素的探讨，最有影响的当属勒菲弗尔的两分说，即意识形态与诗学。《翻译论》在第四章“翻译因素论”中，综合了各家之言，提出了四分说的观点。这四个方面分别是“文化语境与社会因素”（第一节）、“意识形态与政治因素”（第二节）、“翻译动机与翻译观念”（第三节）和“语言关系与翻译能力”（第四节）。

作者认为，翻译首先是一个文化现象，翻译的发生是因为特定的社会发展到特定的历史阶段有一种“呼唤”，因而“在不同的社会发展阶段，有着对翻译的不同选择和需要”，“社会的开放和封闭程度对翻译的影响”和“社会的价值观对翻译的影响”不容忽视。此外，作者将社会因素和文化语境相区别，指出二者是一对“结合较为紧密”的概念，提出了文化语境对翻译的三种影响：“一个国家所处的文化空间或一个时代的文化环境对翻译的影响”“文化立场对翻译的影响”和“文化心理对翻译的影响”。

在第二节的“意识形态与政治因素”中，作者首先对形形色色的意识形态定义做了回顾，然后从勒菲弗尔的翻译因素两分说切入意识形态对翻译的影响。与勒菲弗尔的意识形态有所不同的是，《翻译论》将意识形态与政治因素紧密相连，而勒菲弗尔的意识形态因素则除了政治的因素之外，还有伦理的因素。从范畴的划分上看，在《翻译论》中，伦理方面的因素应该属于该章第一节的文化语境与社会因素。

第三节的“翻译动机与翻译观念”将翻译的动机和译者对翻译的认识视为影响翻译的因素。这一因素的提出呼应了德国学者提出的“目的论”。一般认为，目的论的提出是对勒菲弗尔的二分说的一个重要补充。《翻译论》在这一节里虽然没有讨论目的论，但二者的观点是一致的。翻译是由处在特定历史文化中的译者完成的，而译者一般多是特定社会的精英分子。无论是译者对原文的选择，还是对语言策略的选择，都是在一定的文化背景下受一定的目的驱动的，这个目的可以是对主流意识形态的支持，也可以是对它的反动，而这一目的导向便不可避免地会对翻译的过程产生一定程度的影响。

该章的第四节探讨“语言关系与翻译能力”对翻译的影响。这是一个很实在的问题，不同的语系有着不同的可译性程度，不同的译者有不同的翻译能力，考察翻译的因素怎可忽视这一最基本的问题？

## 五、翻译矛盾论

在《翻译论》这部著作中，第五章“翻译矛盾论”具有很强的论证性，尤其是该章的第二节和第三节。这一章由四节组成，讨论了三对矛盾，即“可译与不可译”（第二节）、“异与同”（第三节）和“形与神”（第四节），而第一节“翻译矛盾辩证观”为这三对矛盾的讨论搭建了一个理论平台——用辩证的观点来看待矛盾。在这三对矛盾中，根本性的矛盾就是第一对矛盾“可译与不可译”，其他两对矛盾在一定程度上其实是人们对这一对矛盾的另外两个不同的视角。

翻译的根本矛盾在于可译与不可译，这一问题既是语言问题，更是哲学问题。不可译性是一个哲学命题，要推翻这一命题，不经过严密的论证是不可思议的。作者的论证从不可译论出发，详述了穆南、德里达等人对不可译论的定义，否定了“现代语言学”对绝对忠实的追求，用穆南、德里达和本雅明的翻译观阐述了翻译的可能性不是简单地“复制”，而是“解放”和“再创造”，以译文的形式使原著获得“来生”（本雅明语），而“原著的‘来生’取决于从原著语言的囚禁中获得自由，不受原作语言的束缚，使翻译的语言‘能对原文的意图发出呼声，不是作为复制，而是作为一种表现自身的语言的补充，作为一种其自身的意图达到共鸣’”①。作者又用德里达的“比喻意义上的翻译”的观点和欧阳桢对“翻译是比喻”的阐释来支持本雅明的翻译观，认为实现本雅明所说的“来生”，正如本雅明自己所指出

① 许钧.翻译论.武汉：湖北教育出版社，2003：271-273.

的那样，是一种“逐字逐句的对译和不拘一格的自由”①的统一。

第三节“异与同”，从本质上讲应该是“可译与不可译”问题的拓展，但作者却并没有在上一节的平台上拓展这一问题，而是为这一问题的讨论重新搭建了一个文化的平台，在这一平台上讨论了“归化”和“异化”的矛盾，既抨击了“唯我独尊”的狭隘的民族主义翻译观，也不赞成“盲目崇洋”的态度。他指出“翻译，是文化的媒人，起着不同文化交流的中介作用，就是我们经常说的‘桥梁作用’”，无论是“无视异域文化”“轻视异域文化”，还是“仰视异域文化”，都是需要克服的态度。②

在解决了上面两个带有根本性的矛盾之后，第四节“形与神”这对矛盾其实就已经迎刃而解了，但作为一个在国内具有很大影响的“矛盾”，在这样一部高屋建瓴的著作中是不可能被忽略的。因此，在这一节中，作者在其中庸或辩证的方法论的惯性下，携前两节的理论成果，对这一对矛盾的来龙去脉做了全面梳理。作者的态度，可以一言以蔽之，“‘重神’并不意味着‘轻形’”③。

## 六、翻译主体论

《翻译论》的一大特点就是理论与实践紧密结合，在第六章“翻译主体论”中，作者来自实践的案例主要就是他对国内知名翻译家的访谈和研究以及他本人的翻译经验。在第一节“译者传统身份辨”中，他用著名翻译家杨绛和他所访谈的翻译家杨武能的经验之谈，引出了著名比较文学家欧阳桢的“透明”说和翻译理论家郭建中先生对这一“透明”的解析；在第二节“从忠实到叛逆”中，作者又用叶君健的经验之谈引出罗新璋、钱锺书、德里达等人对忠实与叛逆的理论提升；在第三节“创造性叛逆与翻译

① 许钧．翻译论．武汉：湖北教育出版社，2003：275．

② 许钧．翻译论．武汉：湖北教育出版社，2003：285．

③ 许钧．翻译论．武汉：湖北教育出版社，2003：312．

主体性的确立”和第四节“主体间性和视界融合”中，作者则用他本人翻译普鲁斯特的《追忆似水年华》的经验，引出他本人、谢天振、袁莉、贝尔曼、埃斯卡皮等人对这两个问题的理论探讨。四个小节讨论四个问题，整个探讨都是理论紧扣实践。对于众说纷纭的“谁是翻译主体”问题，作者在分析与综合了“译者主体论”“原作者与译者主体二元论”“译者与读者主体二元论”和“原作者、译者与读者主体三元论”的四家之说之后，采用了一个兼收并蓄的阐释学立场：

> ……在这一过程中，作者、译者、读者都有着其相对独立但又相互作用的地位，形成一个各种因素起着相互制约作用的活跃的活动场，而在这个活动场中，从传统的原作者独自和无限度的读者阐释，走向了作者、译者与读者之间的积极对话，而译者处于这个活动场最中心的位置，相对于作者主体和读者主体，译者主体起着最积极的作用。在这个意义上说，我们可以把译者视为狭义的翻译主体，而把作者、译者与读者当作广义的翻译主体。当我们在定义翻译主体性的时候，我们显然要考虑到作者、读者的主体作用，但居于中心地位的，则是译者这个主体。①

## 七、翻译价值与批评论

理论与实践相结合的特点在该书最后一章，即第七章“翻译价值与批评论”中继续发挥作用。有关针对《红与黑》的译本的调查和研究的成果，就被作为一个最终的依据而成为该章第六节“有益的尝试与永远的探索”的核心内容，用以支持作者关于翻译批评的见解。作者在该书这一作为收官或压阵的最后一节里，以围绕《红与黑》汉译所进行的大讨论为归依，验证了他在第五节对“翻译批评的原则与方法”的论述，认为翻译批评理

---

① 许钧.翻译论.武汉：湖北教育出版社，2003：351.

论与实践必须首先要着眼于探讨下面四个方面的问题:(1)树立科学的批评精神;(2)建立自主的批评理论体系;(3)探讨规范性的批评标准;(4)开放的批评视野与指导性的批评功能。至于如何开展翻译批评,《翻译论》在这一章的第四节“翻译批评的理论途径”中,向我们推介了法国学者贝尔曼的以文化视界为着眼点的阐释学途径、法国学者梅肖尼克以翻译诗学为出发点的“介入批评”以及加拿大学者布里塞的社会学批评途径。正如作者所说,“翻译实践呼吁翻译批评”(第三节),而由于国内翻译批评拘泥于“随意性”和“浅表性”的“片面性”裁决[①],因此引入西方科学的批评体系和规范对翻译的“社会价值”“文化价值”“语言价值”“创造价值”和“历史价值”(第二节“翻译价值面面观”)展开全面的批评是十分有必要的。也只有对译本展开这样全方位的考察,才能对翻译和特定的译本进行尽可能全面而科学的“定位”(第一节“为翻译定位”)。

## 八、结　语

《翻译论》是一部综述与论证相结合的著作,体现出了一种明确的跨学科研究意识。其所涉及的相关学科理论有哲学、语言学、文论、比较文学、文化研究;所涉及的当代翻译理论有解构主义翻译论、后殖民翻译论、女性主义翻译论、新历史主义翻译论、多元系统翻译论等。书中讨论的表面上看是七大问题,其实是七大轴心,以这七个轴心带出了几乎所有目前学界所关注的翻译问题。虽然我们不能说,译学所有的问题都在这部书里得到了让各方都满意的解决,但该作毕竟对以往纷繁复杂的各家之言做了一个较为全面的梳理和论述,为我们进一步深入思考和探讨这些问题,提供了不少历史文本的线索和空间。

(原载《中国翻译》2004 年第 4 期)

---

① 许钧.翻译论.武汉:湖北教育出版社,2003:401.

# 源于实，而反诸实

## ——许钧《翻译论》读后

姚小平

前些年，我曾发过一个愿：不翻译十部名著，绝不谈翻译理论。记得有一次在南京大学外国语学院讲学，谈到自己译洪堡的体会，我就那样说过。我想许钧先生一定也有印象，因为那次讲座他是主持人。我那样半认真半戏谑地说，是因为不满于有些翻译学者，放着大量外文要籍不译，成天谈译学理论，翻来覆去地把玩“信达雅”。我一直以为，翻译实践才是真本事，译学理论不过是花架子。现在回想起来，那都是年轻气盛时的想法，未免失之偏颇。译学理论与翻译实践的关系似乎不那么简单，应该重新思考。

再思考的结果是，我愿接受这样一种观点：翻译和翻译研究，或翻译实践和翻译学，或译事和译学，是两回事，不能混为一谈。这是奈达的观点，《翻译论》对此有介有评。① 这样看的话，对译界为何有人热衷于理论，很少涉足实践，而有人只管实践，全然不顾理论，就很容易理解了。原来这是两摊事情，不能掺和起来，至少如许钧所说，“不能过分机械地理解翻译理论对翻译实践的指导价值”②。话虽如此说，人们总还是期望理论家和实践家不要各自为政，希望理论不但把阐明“所以然”视为己任，还能起

---

① 许钧.翻译论.武汉：湖北教育出版社，2003：76.

② 许钧.翻译论.武汉：湖北教育出版社，2003：16.

一点导向作用,能为实践提供些许服务。假如有第三类译家,既钻研理论又投身实践,并且在两个方面都有建树,不也很好么?此前已蒙许钧惠赠他的两部法国文学译著——西蒙娜·德·波伏娃的《名士风流》(中国书籍出版社 2000 年版)和米兰·昆德拉的《不能承受的生命之轻》(上海译文出版社 2003 年版),现在我再读他的《翻译论》,忽然意识到原来许钧就属于这第三类译家,因此,他谈理论就有所依托,也有所针对。

其实奈达也主张翻译源于实践,而反诸实践:"翻译理论必须以翻译实践作为基础",意思是,有关翻译的指导原则"必须能够反映出令人称道的翻译家们实际上是如何翻译的"。① 他有一套完整的译论,但他起家于具体译事——对《圣经》的翻译。无论如何,要是理论家不但能够说出些道道,而且在实践上也是一把好手,会更受公众欢迎。一般说来,公众对理论要么兴趣不大,要么不以为然,所以坊间才有戏语:把政治交给政治学家来操持,是不安全的;把经济交给经济学家来管理,是不牢靠的;把言语活动交给语言学家来协调,是不现实的。同理,人们也不大会把翻译工作交给翻译学家来做。翻译一本书,得请翻译家,而不是请翻译学家。即使翻译学家乐意代劳,能否做好仍是问题。看来,就是一个"学"字,阻隔了理论和实践。翻译主要是一种艺术,翻译学首先是一门学问,有没有可能把两者统一起来,既当翻译家又当翻译学家?从许钧身上我们看到,这样的可能性是有的。

艺术也好,学术也好,都注重创新。翻译想来也该注重创新。怎样才算创新呢?一个词儿或句子,别人那样译,我这样译,译法不一,大概就是创新。这样的新不太容易创,即使有所创,也未必都比旧译好。而更难的是整篇作品,译法、风格全跟人家不一样。不过这样的事情极少,常见的是大体相似、局部有别。一部名著倘若有多个译本,难保不发生这种情况。例如一部《红与黑》,1944 年由赵瑞蕻初译,迄今已有译本十余种,大都产于 20 世纪 90 年代中期。那时有一股名著复译热潮,与商品潮同步,

---

① 许钧.翻译论.武汉:湖北教育出版社,2003:76.

致使复译本优劣掺杂,真伪难辨。1995 年,许钧曾采访赵瑞蕻,并撰文揭露某些译本存在拼凑、雷同、抄译现象,在翻译和出版界引发了一场关于名著复译问题的讨论。"面对受利益驱使的抄译、剽窃之风,道德批评的力量虽然显得单薄,但其积极作用是不可忽视的"①。该书最后一章就做了道德批评工作,最后一节特意回顾了《红与黑》的翻译史和十年前的那场讨论。这件事也能显出翻译家与翻译学家的不同:翻译家只需管好自己的译事,不必评论他人,而翻译学家就得担起分析译本、评说得失、判别是非的工作。这也是公众要求翻译学家承担的社会责任。做这项工作需要有眼力,更要有胆气。

其实翻译家也需要有胆气。一本外文书,首译者是探路,是创为,具十分胆气;再译者八分胆气,三译者五分胆气,依次递减,至七八译者,唯剩技巧加取巧,胆气全无了。译界有句老话,叫"翻译者即反逆者"②。我看这句话改一个字,就适用于当今有些名著的复译者——"翻译者即反刍者",前人吃过多遍的东西,他们再代嚼一遍,吐给公众,而美其名曰"新译"。当然也有不同的嚼法,也能嚼出味道,但终究是吃剩饭,不能跟头一两个译家尝鲜相比。最终的产品看外表都一样,摆上书架就是译著,可是过程完全不同。该书第二章专讲"翻译过程论",介绍了一些名家严密周全的翻译程序。反刍者,除了缺胆气,还缺这种程序。许钧本人曾经参与翻译法国作家普鲁斯特的名著《追忆似水年华》(译林出版社 1990 年版),《翻译论》中有一大段文字谈及那件译事,假如是复译,我猜他不会那么自豪。他也译过《邦斯舅舅》(见扉页的作者简介),对此书《翻译论》正文就略过不表。衡量一个翻译家,译笔好坏是一项标准,首译占多少也应是一项标准。而对于翻译学家,首译也同样重要。一个翻译学家如果没有像样的首译,还能就翻译实践端出一套理论的话,便很让人怀疑这理论能否有效地反诸实。

---

① 许钧.翻译论.武汉:湖北教育出版社,2003:418.

② 许钧.翻译论.武汉:湖北教育出版社,2003:329.

至于我自己,既不是翻译家也不是翻译学家。当然书还是译过的,有那么四五本,英文德文的都有,以学术的居多,并且碰巧都是首译。想来想去,在译事上自己还没有炼到能够反诸实的火候,所以还是愿意更多地源于实,不首译十部名著,仍不谈翻译理论。

(原载《外语教学与研究》2004 年第 4 期)

# 中西译学理论的集大成者

## ——许钧专著《翻译论》的诞生

王理行

一本书能集中西译学理论之大成？太夸张了吧？对于任何一部著作来说，这确实是夸张的说法，但仔细看过许钧的《翻译论》这部力作后，却又觉得好像还真有那么点意思。

许钧30多年如一日，孜孜不倦地与翻译打着交道，集翻译实践、翻译理论研究、翻译教学于一身。他个人已有30多本共1000多万字的文学与社会科学译著、7部译学论著与250多篇翻译研究论文，已带出翻译研究方向的数十位博士和硕士研究生。

《翻译论》的书名很是平实，但内行人一看便知道，非真正的行家、大家是不敢也写不出像《××论》之类的书的。

许钧在1992年推出了一部日后不断被译界同行引用的专著《文学翻译批评研究》。他当年便雄心勃勃地萌生了写作《翻译论》的计划，但具体着手时很快便发现力不从心，自己各方面的储备还远远不足。遭遇挫折后，他并未气馁，而是冷静下来，踏踏实实地不断丰富自己。1995年，他利用国内舆论对《红与黑》汉译的热衷，在全国翻译界发起了一场大讨论，力图从半个多世纪来问世的《红与黑》十几个汉译本中选取最具代表性的几个，通过这部具有代表性的世界文学名著的汉译所全面引发的问题，就相关译家的翻译思想、艺术追求和翻译实践做一个分析比较，用不同形式的批评和探讨，为澄清文学翻译的一些基本问题，探索文学翻译的成功之路，提供一些参考。这场讨论得到了包括《红与黑》汉译者在内的我国翻译界的积极参与和反应，并引起了国内学术界、文学界、出版界、新闻界乃至海外学界的关注，还吸引了众多普通读者的积极参与和热情支持。作为总结，许钧把讨论中的有关文章、书信、对谈、调查等编辑成《文字・文学・文化——〈红与黑〉汉译研究》出版。1997 年，他与张柏然先生联手从近 20 年来江苏译界学人的译论中遴选出 52 篇，主编了《译学论集》。1998 年，他主编的《翻译思考录》收录了近 10 年来我国知名学者、翻译家、作家、文学评论家对翻译思考的文章。从 1998 年开始的连续 3 年中，许钧教授在《译林》杂志《翻译漫谈》专栏中，就翻译，特别是文学翻译的一些基本问题，有针对性地与国内译坛一些卓有成就的著名翻译家，通过对谈的方式进行探讨，让各位具有一定代表性的翻译家结合自己丰富的翻译实践，畅谈各自对文学翻译的独到经验、体会和见解。先后参加对谈的翻译家有季羡林、萧乾等 20 位，涉及大小 9 个语种和各种文学样式的翻译。这 3 年对谈的结果，便是《文学翻译的理论与实践——翻译对话录》一书。可以说，20 世纪萦绕于广大文学翻译者心头、在中国翻译界争论不休的大多数主要问题，所涉及的各种具有代表性的论点，几乎都在《文学翻译的理论与实践——翻译对话录》中得到了探讨和阐发。在此意义上，该书堪称在某种程度上以独特的方式对刚刚过去的 20 世纪中国文学翻译做了一次梳理与总结。为了对翻译家丰富而复杂的思想进行更全面的研究，他还主编了 12 卷的“巴别塔文丛”，参与了“中华翻译研究丛书”的选题策划工作。

从 1996 年开始，许钧主持了“外国翻译理论研究”课题，与国内一批实力派中老年翻译学者通力合作，在掌握近 40 年来外国翻译理论研究的基本成果和资料、了解其现状、把握其趋向的基础上，按国别有选择地对外国翻译理论研究的成果做系统的研究和评介，推出了一套“外国翻译理论研究丛书”。

近年来，许钧越来越强烈地意识到，翻译学研究需要有跨学科的视野，因此，他自觉地在这方面进行补课，认真阅读了哲学、美学、语言学、社会学等学科的有关经典著作和代表作,吸取最新的研究成果,还和周宪先生合作主编“现代性研究译丛”和“文化与传播译丛”两套大型学术丛书,从而大大开拓了研究视野,充实了学术素养。

凭着20多年的翻译实践和翻译教学经验,为了写作一部对翻译活动进行全面整体思考与研究的《翻译论》,许钧花费了近10年的时间,从中国传统的翻译理论到最新的译学研究成果,到国外近40年来的译学探索成果,到相关社会科学的经典著作和最新成果,都进行了比较充分的准备和补课。由此可见,他呕心沥血地写出的33万余字的《翻译论》,是在国内外翻译研究界为个人的思考和探索所提供的学术平台和理论基础上展开的,是基于发展的观点,对国内外翻译研究界和相关学科对翻译活动的多方面探索进行了一次尝试性的整体思考、系统梳理和学术阐发,其中自然也包括他个人对翻译活动的认识和思考,是他对翻译活动所涉及的基本问题的分析与探索。全书分为“翻译本质论”“翻译过程论”“翻译意义论”“翻译因素论”“翻译矛盾论”“翻译主体论”“翻译价值与批评论”等7章,每章含4至6节,从中可看出许钧对翻译这一对象思考的广度。书中探讨每一个问题时,许钧都会看似信手拈来地把古今中外相关的具有代表性的论点加以引述和点评,最后亮出自己的思考和观点,从中可看出许钧对翻译这一对象思考的深度。其心平气和的论述风格背后不自觉地透出的是一种自信,对自己的研究对象具有较充分把握的自信。

《翻译论》梳理出了翻译研究的明晰的理论脉络,提供了丰富、可信和前沿的学术资料线索,为国内翻译研究界同行提供了一种学术参考,也可用作高等院校翻译研究方向的研究生的理论教程。

笔者明知“中西译学理论的集大成者”是夸张的说法,却仍然用它来做这篇小文的主标题,是因为《翻译论》确实给了我这么一个印象,许钧在写作过程的潜意识中大概也朝此方向努力过。当然,《翻译论》中最有价值的内容自然是许钧个人对翻译的思考和观点。以后步入翻译研究领域的学者,若从许钧的这部专著起步,不但可少走许多弯路,更可能在一定程度上走上捷径。由于许钧是在非常人可及的丰富的翻译实践的基础上进行翻译研究的，因而《翻译论》对从事翻译实践的人也会有颇多启发。

（原载《中华读书报》2004 年 7 月 7 日 20 版）

# 翻译研究的立体透视

## ——试评《翻译论》

刘华文

近几年,湖北教育出版社连续推出了两辑“中华翻译研究丛书”,其中纵向上的史论研究居多,专项文本翻译或译本比较研究也不在少数,但是许钧教授所著《翻译论》的出版却打破了这种格局。这本书的新意在于它既包含对中外翻译理论在纵向上的梳理,也更注重从横向上铺展对翻译观念的论述,这一纵一横构成了本书立体式的立论框架,为更加深入地透视和阐述翻译打下了良好的基础。

作者在第一章“翻译本质论”中就开宗明义地点出了翻译实践者在经验实践和先验理论之间取舍上存在的困惑,指出轻视翻译经验的理论升华不利于翻译事业的健康发展,同时也是与拥有悠久历史的翻译活动不相称的。为了确立翻译研究的学术地位,他认为还必须把翻译从学术界的边缘位置推向中心地位,这样才能真正确立翻译研究的学术身份。

与此同时,作者列举了各家对翻译的定义,对翻译的本质做出了全面的文献综述,包括符号学派、目的论、权力话语理论等,认为这些对翻译的理论表述是从不同角度对翻译的界定,它们相互补充,为翻译本质论的形成提供了参照系。通过概括这些特性,作者给出了翻译的本质论定义:翻译是以符号转换为手段、以意义再生为任务的一项跨文化的交际活动。这个界定肯定了翻译等同于原创的本体价值地位,摒弃了传统翻译理论把翻译看成是次生性的、复制式的语际转换行为的认识,具有重要的理论价值。

作者在这本书中还较为全面地展现了对翻译主体的认识轨迹。在他看来，“传统的翻译观念赋予译者以‘仆人’的地位”，这样的主体身份并不是真正意义上的主体。接受翻译的对象和翻译者之间的关系是“主仆关系”，翻译者必须忠实于翻译对象，而一旦翻译主体确立自己的主体地位就会被扣上“叛逆者”的帽子，就会得出这样的结论：“Traduttore, traditore(翻译者即反逆者)”。为了给作为叛逆者(反逆者)的翻译主体正名，在“叛逆”的前面冠之以“创造性”，这样翻译者的主体性地位才逐渐得到正视。

具体到翻译过程，除了社会因素、文化因素、实施翻译行为的翻译主体、接受翻译行为的翻译对象即原文客体、翻译行为的结果即译文之外，还牵涉到主体和客体的互动特征。如果说对翻译各要素分别做出的分析和论述是散点透视的话，作者在第二章“翻译过程论”中把主客体的互动归结为阐释行为则是把这些点集束起来予以聚焦，这就属于焦点透视分析了。散点透视是全面地、全方位地、系统地看问题，而焦点透视则是深入地、纵深地看问题。散点透视可以开拓认识问题的广度，而焦点透视则能够挖掘认识问题的深度。

《翻译论》一书的作者认为，在翻译过程中，原文作品的生命在翻译主体的阅读中复苏，作为读者的翻译主体，其“先有”“先见”和“先把握”与原文作品的客体性的“存有”发生碰撞、汇合和交融，脱胎为新生的事物。译文作品这个“视阈融合”之物就在同原文的似与不似之间超越了原文文本的辖制而拓展了意义空间。可见，作者把对翻译过程的研究聚焦在“阐释”这一点上，通过焦点透视的方法，把翻译上升到存在论和本体论意义上来予以论述，从而让翻译研究获得了形而上的理论价值。于是，经验和先验、科学和艺术、主体和客体、瞬间与永恒刹那间聚焦于此，实现了对翻译过程的纵深性认识。

作者利用纵向梳理和横向延展、散点透视和焦点透视构建了《翻译论》的理论框架，在这个框架中把理论和实践、经验和先验、主体和客体、创造和复制、原创和翻译、翻译和批评、中国译论和西方译论汇聚起来作为观照的对象，这种辩证的论说方式贯穿于整部书中，在第五章“翻译矛盾论”中表现得尤为突出。作者从翻译的可能性、翻译的结果和翻译的目的这三大方面，以纵向的方式辨析了束缚与自由、忠实与叛逆、形与神、异与同、可译与不可译等辩证关系，由此展开对翻译辩证论意义上的探讨。

本书作者在纵向和横向上对翻译做出的这些方方面面的立体性透视，都是为了证明翻译作为一项人类交流活动的价值和地位。无论是就翻译的社会价值和文化价值而言，还是就翻译的语言价值和历史价值而论，翻译研究都已经确立了自身的学术地位，成了当今的显学。《翻译论》既在理论结构的架构方式上给人以启发，同时也在研究对象的选取上为我们提供了范型。

（原载《外语研究》2005 年第 5 期）

# 译者的尴尬

## ——读许钧《翻译论》

倪梁康

“尴尬”大都带有两种含义:它首先意味着一种无所适从的感觉;其次意味着一种进退两难的神态。前者是内隐的,只有当事者本人意识到;后者是外露的,可以被他人发现和留意。译者的尴尬也不外乎如此,它或隐或露地包含在译者的翻译实践和翻译理论中。

译者的尴尬完全是由译者的身份认同问题所引发的。当翻译界还主张译者是一个伺候原作者的仆人时,甚至信奉一仆(译者)二主(作者、读者)的观点时,译者的身份是明确的,因此也无尴尬可言。“尴尬”产生在对这样一个理论问题的思考和讨论中:作为译者,我们对原作者的思想究竟应当抱忠实的态度,还是应当持背叛的立场?

对这个问题的回答,早些年里是无须长思的,甚至可以说是不言而喻的。但近年来忠实论者受到的质疑甚多,风气一反以往。或许只是由于时代变了,因而突显的问题层面有所不同而已。但是,许多在我看来属于忠实论阵营的翻译实践者和翻译理论家,的确都或多或少在理论上认同并转向背叛论。这是我在读完许钧的大作《翻译论》后又一次感受到的事实。

许钧的《翻译论》相当系统周全,没有长年大量的翻译实践和翻译理论研究的积累,这样一部论著是拿不出来的。他的翻译论具体说来有翻译本质论、翻译过程论、翻译意义论、翻译因素论、翻译矛盾论、翻译主体论、翻译价值与批评论，但没有见到他提出过翻译类型论。我未做过专门研究，不知是否可以把所有翻译粗略地分为三类：(1)技术类；(2)文学类；(3)思想类。

当然，这种分类是否还有遗漏，这个问题实际上并不重要。因为我在这里的主要意图是想说：如果以技术为主导的翻译与语言学的原理有关，例如与语际转换的规律有关，以文学为主导的翻译与文艺学的原理有关，例如与风格、神韵等问题有关，那么以思想为主导的翻译就与解释学的原理有关，例如与理解和诠释的可能和限度有关。思想翻译必定包含着诠释的因素，当然首先也就包含理解的因素，而我关注的正是思想翻译。

无疑，思想翻译比其他翻译类型更多地涉及意义问题，首先涉及对作者原意的理解，然后涉及对这个原意的转述。我想翻译界的学者们大都不会否认这样一个基本事实。再进一步说，如果与意义相对应的是思维，与转述或表述相对应的是语言，那么思想翻译在我看来首先也就是思维和语言的关系问题。

这个问题由来已久，古代西方的苏格拉底、柏拉图、亚里士多德讨论过这个问题，例如柏拉图所说的心灵与自身的对话；古代东方的佛教也讨论过这个问题，例如意业、语业、身业的关系；中国古代的思想家也在讨论，例如庄子所说的意与言的关系。到了近代，它更是成为一个关注的焦点，卢梭、赫尔德、洪堡、施莱尔马赫都把这个问题作为自己的思考重点。现代的维特根斯坦、胡塞尔、海德格尔也都仍然无法回避这个问题。更不用说当代的语言学和语言哲学、心理学和心智哲学，它在这些学科中依然占据着中心问题的位置。

关于思想翻译，前人已经说得很多了，有许多可以拿来做参照。我们这代人还能在此之外提供些什么新的东西呢？我对此把握不大。但我想，如果有，可能就是翻译理论界对译者身份的重新定位。忠实与叛逆，显然与这种对译者身份的重新界定有内在关联。

叛逆论之所以能够在翻译理论界占主导地位，很可能与当下的时代精神过多地偏好解释的权利有关。解释学中的读者中心论，在翻译论这里表现为译者中心论。很难说当代解释学的那几个原初倡导者们会乐于看到这个结果。

即便早个几十年,译者通常也还被要求以化身的方式融在译作之中。译者的主体意识虽然会随译者的自我意识的强弱程度不同而有或显或隐的宣露,但那是不自觉的,例如傅雷的译文风格并不是他本人刻意想要在译文中表露出来的。相反,在翻译一个与自己文笔风格不相容的作品时,译者还更有责任做出压抑自己的努力——当然,最好的方式是干脆不译那些与自己风格迥异的作品。倘若一个演员在演任何一个角色时都只想把他自己演出来,那么这个演员就很难说是出色的。翻译也是如此。别林斯基便说过:“如果普希金想翻译歌德,那么我们会期待,在翻译中显现出来的不是他自己,而是歌德。”在 2004 年年初于中山大学召开的“翻译与解释”研讨会上,我也曾直言不讳地对许钧说:“我买昆德拉的《不能承受的生命之轻》,并不是为了读许钧。”

这些要求应当是不言而喻的,甚至这里的重复都会显得多余。但另一方面又的确可以看到,在主张叛逆论的人中的确有一些像许钧这样的严肃学者,因而叛逆论的提出必定有它的理论基础。如果有人主张忠实或叛逆,那么首先要弄清,忠实或叛逆是针对什么而言的。在思想翻译中,例如在《圣经》的翻译中,如果译者的任务像本雅明所说的那样在于传达思想,那么语言表达上的叛逆就是可以容忍的。具体地说,以何种语言符号、表达方式、风格语气来传递同一个思想、转渡同一个意义,这是一个虽然不是无关紧要但终究还是第二性的问题。与此相反,对思想或意义的叛逆则不被允许,否则译者就是在创作而不是在翻译。这可以算是译者之为译者的身份同一性底线了。

这样的说法当然隐含了一个前提:思维和语言并不处在同一个层次上,至少它们是不能相互替代的。这个前提的成立可以依据维果茨基的研究成果。他曾借助于格式塔心理学家对类人猿的语言与智力以及发生心理学家对儿童的言语与智力的各项研究成果,得出这样一个结论:“思维与言语具有不同的发生学根源”,“这两个机能沿着不同的路线发展,彼此独立”。他尤其指明:“在思维与言语的发展过程中,思维发展有前语言阶段,言语发展有前思维阶段,两者的表现是非常明显的。”

维果茨基同时还指出,这是至关重要的一个论点:思维机能与言语机能的关系在类人猿那里“不是明确的和不变的”,但在儿童心理的发展中,这两种机能可以汇合,这时,“思维变成了言语的东西,而言语则变成了理性的东西”。正是在这一点上,人类与类人猿这样具有较高智慧的动物的关键区别显现了出来:唯有在前者那里,思维与言语才会相互汇合,并且借助于符号而不断得到双方面的提升。可以说,就是这个过程使人类越来越不同于类人猿和其他高级思维动物的。

当然,这种汇合并不是完全的融合。我们可以毫无疑问地确定:存在着“非言语的思维”(nonverbal thought)和“非智力的言语”(nonintellectual speech)。它们各自独立,不参与上述思维和语言的合并,只是间接地受到言语思维过程的影响。

如果我们接受维果茨基的这个研究成果,就不必再去考虑一些语言哲学家对思维与语言的同一性问题的思考,例如不再去回答维特根斯坦所提出的小孩子是否“会自发地进行思维,哪怕不学任何一种语言”的问题。也就是说,我们就可以接受思想和语言的非同一性前提。

在这个前提下,当我们谈及翻译的时候,我们可以区分这样两个基本的含义。第一个含义在于:思维或思想向语言的转渡。翻译(translate)或㛊(ersetzen)首先是指将思想转渡到语言,亦即将某些意会的东西转变为言传的东西。这个过程是由原作者本人完成的。这也是原作者能够成为原作者的基本条件。因此,海德格尔会说:“我们始终也在将我们自己的语言、母语转渡到它自己的语词之中。言说(Sprechen)与言谈(Reden)自身就是转渡……在每一个对话和自身对话中都贯穿着一个原初的转渡……这种转渡可以在语言表述不发生变化的情况下发生。”

这个过程看似简单,实际上的复杂性却并不逊于译者所要完成的转渡。因为从思维向语言的转渡在原则上包含着两个层面或两个阶段:其一,从思维活动向内部语言的转渡;其二,从内部语言向外部语言的转渡。

从上面的引文来看，海德格尔趋向于把思想与内部的言说或言谈等同起来。这意味着他在此问题上更多地处在施莱尔马赫而非胡塞尔的影响圈中。胡塞尔曾把意识活动与内心独白和外部传诉明确地区分开来。可以说，胡塞尔的看法更接近于维果茨基的研究成果。在维果茨基那里，这个从思维到语言的转渡还可以进一步分为四个方面：(1)动机(情绪、欲望)；(2)思维；(3)内部语言；(4)外部语言。它们可以说是连接心理学和语言学的四环纽带。为简单起见，我们在下面只将它们划分为两个环节：内部语言和外部语言。

尤契夫所说的“语言一旦发声就是谎言”，就意味着在一种语言向另一种语言转渡之前，在同一主体内部，思维(内部语言)向语言(外部语言)的转渡已经成为问题。通常所说的“词不达意”，就是对这个问题的一种表达。

现在来看海德格尔的翻译观，它在总体上仍然是有效的。翻译对于他来说不是重构，而是转渡，即转渡到原初被陈说的东西那里。这里含有多重的意思：首先是从思想转渡到内部语言，然后是从内部语言转渡到外部语言——这是作者的任务；然后从外部语言转渡到另一种外部语言——这是译者的任务。

这里已经提到了思想翻译的第二个基本含义：思想的转渡必须借助至少两种外部语言。它也是最一般意义上的翻译的词义，即：将一种外部语言转换为另一种外部语言。但如果我们同时顾及上述两个含义，那么在翻译中，我们就至少面临双重的转渡问题。事实上，如果从一种外部语言向另一种外部语言翻译的可能性需要证明，那么从思维向语言(粗略地说，即从内部语言到外部语言)转渡的可能性也需要证明。莱纳斯曾说：“两种不同的语言是两种不同的世界观。可以说，每一次真正的翻译都必须首先将思想剥离开陌生的语词，然后用本己的语词来重新装扮它。”在这里，语言被等同于思想和语词的结合体，而通常意义上的语言则被看作是语词。我们通常所说的翻译，在很大程度上只是针对这个“剥离”和“重新装扮”的过程而言的。

需要说明的是，在一般翻译中，上面所说的第一个含义往往被忽略。这主要是因为，这个从思想到外部语言的转渡过程，在从一种语言向另一种语言翻译的过程中被设定为是已经完成的。我们通常不会怀疑，原作者已经通过他自己的语言将他的思想表达了出来。

一旦这一点受到怀疑，译者的叛逆趋向就会产生。这时我们谈论的“背叛”，不是对原作者思想的背叛，而是对他的语言表达的背叛。如果译者相信，原作者的语言遮蔽了他所想表达的思想，那么译者对原作者语词、语句，乃至风格的叛逆都是合法的。但这个合法性程度最终还是有限的，它取决于译者的信念强度，这个信念是指：他是否通过原作者的语言，比原作者更好地理解了借助这个语言所表达的思想。

这里涉及了解释学的核心问题。一般说来，解释学否认一个可为所有人达及的客观意义的存在。它认为意义始终处在与意义领会者的互动之中。但解释学并不否认原意的存在，否则我们根本无法谈论意义的转渡。解释学所说的理解意义，相当于对一个思想的再构，这种再构当然不是原创，但也不可能是复制。斯贝曼说：“再构意味着，将一个思想再思考一次，但要思考得更好。根据艺术的规则真正地思考某些在开端上只是模糊地被揣测到的，仅只‘直觉地’被把握到的东西。只有能够如此被再构的东西才能被看作是一个真实地被思考的东西。”

就此而论，当一个译者去再构原作者的思想时，他有可能比原作者更好地（例如更为圆融地）思考其思想，并且比原作者更好地（例如更为通达地）表达其思想。

可是，即便在这种情况下，译者也很难赋予自己总体叛逆的权利。具体地说，译者可以具有对原作语言表述上的某些叛逆权利，但并不具有对原作思想理解上的叛逆权利。如果叛逆论者们承认这一点，那么我们之间的争论便可以休矣。若否，则我还要继续说两句。

我们的确可以承认，价值判断、传统成见预先包含在各种翻译和研究的观念中，不仅人文科学是如此，社会科学甚至自然科学也是如此，但这样是否可以得出，追求客观性对于科学家来说是毫无意义的呢？对文本的诠释与对真相的认识,道理是一样的。眼下学界对解释学原则的理解过度宣扬了“原意”不在的(严格地说,不“客观地”存在的)方面,却没有说明,“原意”的存在恰恰是各种诠释得以成立的前提。失去了“原意”,或者说,失去了对“原意”存在的信念,各种诠释之间的可比性也就不存在,诠释也就不再是诠释,而变为原创。以绘画为例,我们可以说,一个赝品比一个原作画得更好。但如果根本不存在原作,那么那个被认为是模仿的作品也就失去了作为“赝品”存在的权利。而译作的本质中便包含着“赝品”的成分,在这个意义上,译者与赝品作者一样,是不自由的。

那么译者有没有自己的自由呢?当然有,他可以自由地选择作者、语言、论题、理念、时代、作品、形式、风格等,但他不能自由地诠释。诠释的主观性并不等于诠释的随意性。这在译者这里就意味着,他必须尽可能地贴近原意,无论他是否能够达到它。这里所说的是我们在翻译中的努力取向:我们必须朝向原意的一极,而不是朝向随意的一极。

译者是否可以比原作者更好地理解原作者本人,这个问题往往取决于译者的主体意识的强弱。我在这点上始终持谨慎的态度。陈修斋先生曾说,“译者切不可以为自己什么都懂”,表达的也是这个态度。在我看来,译者的诠释权力很小,通常只是在原意模糊的情况下才出现。但即便是在这里,我们仍然还有用模糊来应对模糊的可能,在模糊的语言中选择一个比较接近原有模糊含义的翻译。只有当这种可能完全不存在时,举例来说,当我们不知“Bruder”指的究竟是“哥”还是“弟”,而我们又必须按汉语的习惯来告诉读者是“哥”还是“弟”时,即是说,只有当我们不得不放弃含糊,做出明确的抉择时,我们才有权利做出诠释。

根据上面的划分,今天我们可以在思想翻译的范围内对翻译的理想“信达雅”做如下的阐释:

信:思想的再构。对原作中所要表达的思想,尽可能如实把握。如前所述,它可以说是某种意义的再构,即:将一个思想再思考一次,但思考得更好。

达:语言的重述。用自己的语言尽可能如实地,甚至更通达地表达原作的意义,也就是译者所把握到的原作的思想。

雅:风格的复制。不是风格的修饰,而是尽可能如实地复制原有的风格,无论它本来是雅是俗,是晦是明。

最后再回到许钧的《翻译论》上来。许钧既是《翻译论》的作者,也是昆德拉代表作《不能承受的生命之轻》的译者。报载昆德拉在授权上海译文出版社翻译出版其作品时,要求只有一个,就是"忠实原著"。但译者许钧在他的《翻译论》中则把意大利的俗语"翻译者即反逆者"(Traduttore, traditore)视作一个"朴素的真理",坦然地予以接受,并且提出翻译中的"意义再生"的主张。这里似乎潜含着一场作者和译者间的实际交锋。

然而从媒体的介绍来看,许钧又自认是一个忠实论者,接近原著是他的翻译原则。他在韩少功翻译的《生命中不能承受之轻》与自己翻译的《不能承受的生命之轻》之间画出了一条界线:前者是"充满作家个人风格"的作品,后者可以说是"更接近原著"的译者作品。如此一来,昆德拉和许钧的交锋反倒像是许钧自己的实践与自己的理论之间的交锋了。

我们是否可以说,实践中的忠实论者、理论上的叛逆论者——这是许钧的尴尬,也是今天诸多译者的尴尬?

本文的意图不仅在于指出这种尴尬,而且还想为从理论上解释和解决这个尴尬提供一个尝试。

(原载《读书》2004年第11期)

# 小品《翻译论》

张　乐

《翻译论》是许钧先生数十年来对译学工作的思考和总结的结晶。本文从“论”入题，从宏观角度上通过书名、内容编排、研究思路等方面对该书进行了分析，认为本书对于翻译的宏观认识和系统梳理有相当大的帮助。

大凡“论”者，要么立论新颖，独树一帜；要么观点全面，广集众家之言；要么下笔千言，洋洋洒洒；要么惜墨如金，短小精悍。综观历来学者大家，以“论”为题者，每论及一事，必思之笃甚，研之笃深，故能成竹在胸，自信于心，而后付之于纸笔，遂熠熠生辉，广为推崇。抑或有胆大妄为者，草草下笔，止于毛皮，所言以点代面，以偏概全，似隔靴搔痒，故无法服众。

许先生以“论”为题，实为名副其实。写书最忌一蹴而就，须细致梳理文思脉络，慢工出细活。先生大作《翻译论》酝酿时间达 10 年之久。1993 年，在《文学翻译批评研究》一书完成伊始，他就已着手写此新书，打算就翻译活动做整体之思考与研究。然彼时尚存困难，有二。一为学术准备之不足。据作者自云，凭其当下之理论素养，对翻译过程、翻译因素、翻译矛盾、翻译主体、翻译价值等问题尚欠缺宏观之把握，故难以对何为译、为何译、译何为展开深入之研究。二是研究资料之欠缺。对国内传统之翻译理论研究资料与国外数十年翻译研究之状况，尤其是国外翻译研究流派发展及其主要观点，作者有待进一步了解与把握。故许先生先将此事暂放，开始有目的地进行学术准备与资料收集。在此期间，许先生负责了两项部级项目：一为“文学翻译基础问题研究”课题，另一为“外国翻译理论研究”课题。前一课题以翻译实践为基础，对其翻译经验从翻译之作用、对翻译之影响因素、翻译之标准及原则、翻译之过程、翻译之再创造性、翻译之主题性、风格之再现、形象思维与形象再现、内容与形式、神似与形似、翻译批评等 11 个方面着手，进行分类、分析、归纳研究与总结；后一课题则是在掌握近 40 年国外翻译理论研究的基本成果及资料、了解其现状、把握其趋向之基础上，对国外翻译理论研究的成果做系统研究与评介。此两方面的努力，为《翻译论》的写作打下了坚实的基础。此外，先生又对翻译学相关学科理论进行了深入了解，才真正将其心中久酿之见付诸笔端，完成了此 33 万多字之鸿篇巨制。许先生在学问上的态度之严谨、准备之充分，由此可见一斑。

以上从篇外(即其出书前的准备与众人对其书的概括评定)对许先生的书做了基本解释，若需论证其书名是否真正名副其实，还要从此书之结构内容编排(即篇内之容)求根索源。

还得从书名说起。“翻译论”三字和“On Translation”对国人来讲，意义无法等同。前者意义重点落在“论”字之上；而后者则在“翻译”(translation)之上。众人自不必对吾之言论有些许疑问。试想，若两者等同，则“论 = On”，这着实说不通。那么，书名《翻译论》之“论”究竟所指为何？其含义又有几层？据《现代汉语词典》，“论”作为名词有如下释义：(1)分析和说明事理的话或文章：舆论、立论，社论；(2)学说：唯物论、进化论、相对论。就意义层面而言，两种释义均可，既可理解为“分析和说明翻译的话或文章”，又可认为是“关于翻译之学说”。然细细思过，似又都不全面。“论”似可涵盖“论题”(真实性需证明的命题)、“论点”(议论中的确定意见及论证理由)、“论争/战”(在政治、学术等问题上意见相左而相互争论)、“论证”(论述并证明)与“论著”(带有研究性的著作)等含义。许先生自己在其绪言中曾说过：“在我们看来，《翻译论》中的‘论’字，既含有对翻译含义的认识和思考，也包含着对翻译活动所涉及的基本问题的分析与探索。”对翻译含义的认识和思考就涉及翻译之本质，而翻译活动所涉及的根本问题则包含本书所谈及的其他几个方面，这也是下面即将谈到的内容。

从内容编排来看，《翻译论》正文部分由七个章节组成，分别以“翻译本质论”“翻译过程论”“翻译意义论”“翻译因素论”“翻译矛盾论”“翻译主体论”“翻译价值与批评论”作为各章之大标题，一章一论。每一章又根据具体情况分为四到六个小节。章章都紧扣翻译之需要、值得思考与讨论之热点话题，都从理论的高度凸现了困惑国内外翻译理论界的重大基本问题。可见，书名之“论”在内容编排上得到了极好的体现。

从研究思路上看，许先生在做以上七方面之研究时，有明确的思维方法，具体概括为以下五个方面。首先，翻译作为人类的跨文化交流活动，是一项有多种因素参与的复杂活动，其研究力求克服就翻译论翻译之狭隘、技术性倾向，把翻译放置于大的文化交流背景考察与研究，以把握翻译之内涵与本质。其次，研究中，紧密结合翻译实践活动，从翻译活动所涉及的对基本概念之界定入手对翻译之基本理论问题做更全面、深刻与系统的了解与把握，尤其是在系统性上下功夫，将翻译理论研究推向系统化，以促进译学之建设。再次，注意处理好传统与创新、继承与发展的关系，既吸取传统译论之精髓，又体现现代译论之特点与成果。然后，在具体行文上，先生注意宏观与微观、评述与分析、梳理与归纳相结合，确保研究的系统性与学术性，并融入先生本人在中外翻译学者之理论研究基础上提出的理论思考与判断，使研究更有深度。最后，为译界同仁清晰地梳理出翻译研究的理论脉络，尽可能提供全面而具前瞻性的学术资料，并通过对翻译的基本问题展开讨论，拓展思维。笔者在读过此书以后，也欣喜地感受到自己对翻译基本问题有了更深入的认识。

许先生将翻译之本质作为第一章，置于此书之首，自有其道理。对翻译本质之认识与理解决定着其翻译研究者与实践者之翻译观，而一个人的翻译观又决定着翻译其他方方面面的问题，可以讲，翻译本质论这一章决定着其他六论章节的基调，作用举足轻重。在对翻译之历史性、社会性、文化性、符号转换性、创造性进行充分与深入探讨的基础上，先生层层

战。面对类似法国文学在中国的翻译和接受这样的译介学研究成果时，我们的心情常常是复杂的。既有担心，担心新著是否流于资料的罗列和堆砌，在研究视野、研究思路等方面是否有新意；更有期待，期待新著确实能为这个值得学界长久探索的课题带来新的内涵、新的进展。翻开许钧教授和宋学智博士合著的新作《20 世纪法国文学在中国的译介与接受》，细读之后发现，担心是多余的，期待也有了着落。

在全球化和多元文化背景下，翻译的文化属性迫切需要得到更多的关注，翻译活动也已经越来越被认同为“一种文化传播和文化阐释”①，巴斯奈特和勒菲弗尔更是颇有见地地指出“翻译是一种文化建构”。在翻译研究中，相比“怎么译”，以下诸多问题恐怕更具价值和意义，更值得深入思考与探寻：译介工作中，翻译家们如何选择作品？翻译和译学研究受到哪些因素的影响和制约？翻译作品的接受和传播如何在新的文化语境中得以实现？翻译文学在中国产生了何种影响？翻译文学对中国当代文学观念以及作家的创作起到了怎样的作用？这一连串问题所揭示的不仅是翻译研究的新视野、新内容，也是许钧教授和宋学智博士在新著中研究和探索的路径。借助法国文学这朵奇葩在中国大地的绽放，两位著者透过对译介情况的梳理、分析和评述，让我们领略、感悟和思索翻译研究与文化研究的交融、法国文学与中国文学的碰撞、客观史实与理性分析的契合。

## 二

著者在本书的“代结语”中坦言，“六年前向教育部人文社会科学研究规划基金申请这个研究项目时，兴奋点主要集中在对课题意义的把握

① 王宁.文化翻译与经典阐释.北京：中华书局，2006：13.

上”①,同时明确指出,此研究的意义和价值主要体现在以下几个方面:(1)在文化意义上认识文学翻译的实质和作用;(2)从目的语文化和接受者这一新的角度来评价20世纪法国文学;(3)借20世纪法国文学这一明镜,为国人进一步认识本国文学的地位和发展历史提供帮助;(4)总结法国文学在中国翻译的成绩与不足,有助于以后的文学翻译工作,促进我国与外国文学、文化的交流向健康方向发展。② 因循著者对此课题研究意义的深刻而富有创见的认识,我们认为,本书在研究内容、研究思路和研究方法上至少有以下特色。

(1)翻译研究与文化研究的相互渗透与交融。“当代西方翻译研究的一个最本质的进展是越来越注重从文化层面上对翻译进行整体性的思考,诸如共同的规则、读者的期待、时代的语码,探讨翻译与译入语社会的政治、文化、意识形态等的关系,运用新的文化理论对翻译进行新的阐释,等等,这是当前西方研究中最重要、最突出的一个发展趋势”③,20世纪80年代末出现的翻译研究的“文化转向”便是最好的证明。同样,在文化研究领域,任何跨越两种或两种以上语言和文化的研究都离不开翻译的中介这一事实也日益受到重视,文化研究本身甚至被理解为“一种超越了语言字面之局限的文化的翻译”④,于是,20世纪90年代末,文化研究的“翻译转向”也水到渠成地产生了。翻译不应再被传统地视为简单的语言转换行为,而是“两种文化之间的互动”,这一认识具有重要意义,可以说,它“为翻译研究与文化研究的相互渗透和互为补充铺平了道路”⑤。相比之下,国内的翻译研究,尤其是传统翻译研究,在很大程度上长期局限于对翻译技能与方法的探寻,没有超越单纯、狭隘的语言转换层面,“把翻译理

---

① 许钧,宋学智.20世纪法国文学在中国的译介与接受.武汉:湖北教育出版社,2007:456.

② 许钧,宋学智.20世纪法国文学在中国的译介与接受.武汉:湖北教育出版社,2007:456-457.

③ 谢天振.翻译研究新视野.青岛:青岛出版社,2003:12.

④ 王宁.文化翻译与经典阐释.北京:中华书局,2006:13.

⑤ 王宁.文化翻译与经典阐释.北京:中华书局,2006:7.

论仅仅理解为对'怎么译'的探讨,也即仅仅局限在应用性理论上"①。诚然,对翻译技巧与方法的探讨,对翻译实践经验的总结,是翻译研究永远不能忽视的经典主题,但翻译的内涵与价值远远不能被局限在单一的语言框架内,而应从广阔的文化层面加以审视。因为,显而易见,一旦两种语言发生碰撞,它总是在两种文化传统的背景下进行的。随着翻译研究的深度和广度不断加大,人们对翻译的认识逐渐丰富,视野日益开阔,翻译研究不应再囿于对翻译作品本身的关注,而要充分重视"文化研究"这一翻译研究的"重要维度",把目光投射到翻译的整个动态过程,包括译介、传播、认同与接受等相互关联、相互影响的环节。

注重翻译活动的跨文化交流本质,以开阔的文化视界,把 20 世纪法国文学的译介放在文学、文化交流的背景下进行考察,并结合 20 世纪中国不同阶段的政治、经济、社会等因素,考察、分析并评价 20 世纪法国文学在中国的译介历程、接受情况及影响,这不仅是本书作者在"代结语"中的自我阐明,更是书中贯穿始终的研究思路与研究精神。事实上,坚持翻译的文化观,以宏大的文化视野,从文化交流的高度去探寻翻译史和具体翻译活动中的重要问题,这不仅是许钧教授在翻译研究中的鲜明的学术主张,也是他一贯注重理论创新的重要体现。正如他在另一部力作《翻译论》中所强调的,只有翻译文化意识日益觉醒,翻译文化价值得以全面深刻展现,人们对翻译的认识与理解才能不断深入与提高。②

正是在翻译研究与文化研究相互渗透与交融的学术视野下,我们看到了法国存在主义在中国跌宕起伏的"存在"历程,在 20 世纪 40 至 60 年代这短短的二三十年间,法国存在主义在中国特殊的文化背景下,受政治、社会等因素的影响,经历了从热烈到冷淡、从肯定到批评的几番冷热交替。40 年代初,我国(文)学界对法国存在主义表现出极大的兴趣和热情,"能够借此新哲学唤起吾民个体的生存意识和生命价值,最终唤醒那

---

① 王宁.文化翻译与经典阐释.北京:中华书局,2006:6.

② 许钧.翻译论.武汉:湖北教育出版社,2003:384.

些依然沉睡的民众”①。而40年代末,“西欧文学的没落倾向”遭到严厉批判,“其中最受非难的就是存在主义”。导致这一“非难”的原因是,萨特认为马克思主义是一种“严正而带欺骗性的学说”②。到了50年代中期,存在主义文学又被视为进步文学,萨特也再次被纳入“进步作家”阵营。这一转变的根本原因在于,萨特在政治上与法共保持接近,以实际行动成了共产党的“同路人”,政治因素再一次对文化、文学的选择发挥了决定性的导向作用。到50年代末,“对存在主义译介的一个重要现象就是转以批判为宗旨,萨特已经从50年代中期的‘进步作家’又变成了反面人物”③。理由很简单,萨特再次出言不逊,指责“马克思主义构成的知识已经停滞了,变成了一种僵化的教条”,这样一来,“萨特就结束了他与共产党‘同路人’的关系,他对马克思主义的大不敬必然在我国要遭到人们旗帜鲜明的批判”④。

(2)从法国文学对中国文学观念及作家创作的影响中凸现文学翻译的价值。尽管翻译文学的地位问题仍然不断地引起各种争执和忧虑,文学翻译的价值却是毋庸置疑的,在人类精神文明的传承与发展中,在全球化所带来的文化趋同性和文化多样性中,文学翻译一直发挥着极为重要的作用。翻译虽然在一定程度上总要受到目的语文化价值的制约,但同时,“作为一种跨文化交流活动,它在本质上必然要对影响它的所有因素产生反作用”⑤,因此,翻译不可避免地也要作用于目的语文化,对它的发展产生不容忽视的重要影响。可以说,文学翻译不仅促使了异域文学与

---

① 许钧,宋学智.20世纪法国文学在中国的译介与接受.武汉:湖北教育出版社,2007:84-85.

② 许钧,宋学智.20世纪法国文学在中国的译介与接受.武汉:湖北教育出版社,2007:86.

③ 许钧,宋学智.20世纪法国文学在中国的译介与接受.武汉:湖北教育出版社,2007:91.

④ 许钧,宋学智.20世纪法国文学在中国的译介与接受.武汉:湖北教育出版社,2007:92.

⑤ 许钧.翻译论.武汉:湖北教育出版社,2003:372.

中国文化的相遇与相知，赋予了异域文学作品在不同历史时空中的崭新生命，同时也为中国文学史的书写创造了新的契机。正是借助翻译，一代又一代的中国作家才得以从法国文学中获得精神的力量，汲取创作的养分。可以说，从异域文学对中国文学的影响中透视文学翻译的重要价值，这是译介学研究中不可忽视的重要课题，也是促进翻译研究与文化研究相互渗透的重要途径之一，而异域文学对中国文学发生作用的一个重要表现就是翻译作品对作家的精神和创作两方面产生的直接影响。

除去前文论及的在客观分析 20 世纪法国文学在中国的译介特点的基础上着力探索翻译的历史、文化条件这一研究重点之外，本书研究的另一个鲜明主旨在于，从文学和文化交流的角度，关注 20 世纪法国文学被译介到中国后对中国文学、文化以及作家所产生的影响，凸现文学翻译在中法两种文学、两种文化的交流、碰撞与交融中的重要作用和意义。例如，在“杜拉斯在中国的奇遇”一章中，作者专门辟出一节探寻杜拉斯的作品在译介到中国之后对当代中国作家的创作所产生的影响。在 20 世纪法国文坛，杜拉斯可以算得上是最具特点也最富魅力的女作家之一，不仅在法国颇受喜爱，也深深吸引了无数的中国读者。她的作品，无论是题材、体裁，还是创作主题、叙述方式、叙述语言、叙述结构等，都具有不同凡响的艺术感染力，“在中国当代年轻作家尤其是年轻女作家中，产生了广泛的影响”①。如果说，杜拉斯对中国当代作家的影响集中在创作形式和艺术手法等纯文学层面，那么，罗曼·罗兰带给中国作家的则主要是精神上的力量。在鲁迅、巴金、茅盾、胡风、梁宗岱等与罗曼·罗兰之间“有缘可探”的中国作家中，“几乎每一位都主要地从精神、道德和思想上接纳了罗兰及其作品”，罗兰作品中蕴含的巨大的精神力量不仅推动了他们的创作，更促使他们“在创作活动中去实践那种人格与风格的一致”②。毋庸置

---

① 许钧，宋学智.20 世纪法国文学在中国的译介与接受.武汉：湖北教育出版社，2007：401.

② 许钧，宋学智.20 世纪法国文学在中国的译介与接受.武汉：湖北教育出版社，2007：230-231.

疑,若没有翻译,杜拉斯在中国将不会拥有如此美妙的奇遇,罗曼·罗兰在中国也无法觅得如此众多的知音。

(3)全面客观的史料梳理与系统深刻的理性分析相结合的研究方法。如果说,本书在研究内容和研究思路上注重翻译与文化并重,力图在中法文学与文化相知、相融的美妙图景中展现翻译的价值和文学的魅力,那么,本书在具体的研究方法上采用的则是史论并重、总体把握与个案分析相结合的方法,强调在全面、可靠的史料中融入深刻、理性的分析。正如著者所言,本书研究遇到的最大困难就是资料的搜集与梳理。在千头万绪的繁杂资料中去伪存真,选择真正有价值的内容加以重点分析,这绝非易事。而对于此类译介学研究而言,必须以翔实的历史资料为基础和依托,具体考察文学译本在目的语文化环境中的阅读、流传、接受和影响,以及文学与政治、社会、文化等各方面相互关联的情况,进而加以深入分析与客观评述。在这一点上,前辈学者已经做出了榜样,“他们极端重视钩沉材料的过硬功夫和严谨求实的科学态度,及由此而开创的影响研究的传统必须予以继承”①。许钧教授和宋学智博士正是本着继承与创新统一的学术意识和研究精神,不仅继承了中法文学宝库中的珍贵遗产,更秉持了先驱者们严谨扎实的作风和科学求实的态度,在对 20 世纪法国文学在中国译介情况的梳理中力求把握好两个尺度:一是注重准确掌握史实,着力搜索第一手的可靠资料;二是尽可能全面地梳理资料,力求在充分掌握资料的基础上融入自己的历史思考和文化观,进行重点突出、详略有致的系统论述。因此,对资料有更广阔的开掘,对个案有更深入的分析,这不仅是两位著者学术自觉的体现,也是本书表现出的鲜明的研究特色之一。例如,在论述罗曼·罗兰对中国作家的影响中,著者首先关注到的是其中的共性,即作家们在精神、道德和思想上与罗兰的契合及对他的接纳。而经过更深层次的挖掘,著者发现,路翎对罗兰的接受却并没有因循同样的轨迹,他“在文学创作上受罗曼·罗兰的影响,比在精神思想上受其影响

① 钱林森.光自东方来——法国作家与中国文化.银川:宁夏人民出版社,2004:1.

更为突出”①，并进而沿着“从纯文学的角度接近罗兰”这一别有价值的思路，以路翎的小说《财主底儿女们》为例，“从人物塑造与心灵刻画，创作的题材与体裁，以及小说的内容、创意与结局等方面，具体考察《约翰·克利斯朵夫》在路翎创作《财主底儿女们》的过程中所起的‘伴侣’作用”②。

## 三

综上所述，《20 世纪法国文学在中国的译介与接受》资料翔实，旁征博引，史论结合，两位著者凭借深厚的学养和科学的态度，对 20 世纪法国文学在中国译介的情况进行了细致、全面的梳理，以广阔的文化视野着力探索翻译的历史、文化条件，深入考察 20 世纪法国文学被译介到中国后对中国文学、文化以及作家创作所产生的影响，并就翻译对我国文学和文化交流所做的贡献进行了客观的评述。无论在研究思路、研究内容，还是研究方法上，这部著作都具有鲜明的特色，体现了著者一贯的学术探索精神——翻译与文化并重、继承与创新统一，为译介学研究注入了新的活力，带来了新的进展，开辟了新的道路。

（原载《中国比较文学》2008 年第 2 期）

① 许钧，宋学智. 20 世纪法国文学在中国的译介与接受. 武汉：湖北教育出版社，2007：232.

② 许钧，宋学智. 20 世纪法国文学在中国的译介与接受. 武汉：湖北教育出版社，2007：232.

# 《20 世纪法国文学在中国的译介与接受》评介

高　方

近年来,中外文学译介、接受与交流问题,越来越受到翻译学与比较文学学者的关注。在法国文学翻译研究领域,许钧教授和宋学智教授合著的《20 世纪法国文学在中国的译介与接受》作为国家“十五”重点图书,于 2007 年 10 月由湖北教育出版社出版。本文结合中外文学互译与交流问题,对该书的基本框架和内容、研究思路、主要特色和学术价值做一简要评介。

“20 世纪法国文学在中国的译介与接受”为许钧教授承担的教育部人文社会科学研究项目,其研究的目的非常明确:采用文化双向交流的视角,以 20 世纪法国文学在中国的译介与接受历史、现状和特点的梳理与描述为主线,着重探讨 20 世纪法国文学何以进入中国语境,有何选择标准,在译介过程中遭遇了怎样的“异”的考验,翻译家与文学研究专家在译介与接受过程中起了何种作用,有何因素在制约或影响 20 世纪法国文学在中国的译介与接受等一系列与翻译有着重大关系的理论问题。许钧教授在该书的后记中明确指出:“法国文学源远流长,流派纷呈。在 20 世纪,中国的法国文学研究与翻译工作者一方面对从中世纪到 19 世纪的法国文学进行了有选择的译介,另一方面他们关注 20 世纪法国文学的发展,重视对 20 世纪法国文学的译介工作,取得了令人瞩目的成绩。但在译介工作中,翻译家们如何选择作品?哪些因素对翻译和研究工作起着不可忽视的影响作用？整个译介工作又有哪些特点？20 世纪法国文学在中国产生了何种影响？对中国当代文学观念、对中国作家的创作起了怎样的作用？若能在对 20 世纪法国文学在中国的译介情况进行全面梳理的基础上，对上述问题进行一番探索和研究，那会有多方面的意义和价值：首先，这样的研究有助于理解翻译，在文化意义上认识文学翻译的实质与作用；其次，有助于从目的语文化和接受者这一新的角度来评价 20 世纪法国文学，这对于法国文学研究者来说，是一个重要的角度；再次，借 20 世纪法国文学这一明镜，或许可以给国人进一步认识本国的文学的地位与发展历史提供一点帮助。此外，通过研究，我们可以进一步了解中法两国文学之间的交流状况，认识其意义。同时，通过研究，可以总结法国文学在中国翻译的成绩与不足，有助于改善以后的文学翻译工作，使我国与外国文学、文化交流向健康的方向发展。”①

鉴于这一认识，《20 世纪法国文学在中国的译介与接受》一书的两位著者在研究中有着清醒的理论追求：该书不是对 20 世纪法国文学在中国的翻译情况的简单罗列，也不以对 20 世纪法国文学在中国的接受状况进行微观的分析为目的，而是通过 20 世纪法国文学在中国的翻译与接受状况的研究，试图在翻译的接受与影响的研究方面在理论上有所突破与发现。

在以往类似的研究中，重点一般都投向对翻译情况的全面梳理，如花大气力做尽可能完整的翻译作品书目，这样做的好处是可以为后人的研究提供资料性的帮助，但为什么会翻译这些作品？这些作品翻译的历史条件或安托瓦内 · 贝尔曼所说的“历史性”何在？在作品的选择过程中，有何因素发挥了作用？如果不对这些问题加以回答，那么就难以站在文化交流的高度对文学翻译的地位与作用有个正确的认识。鉴于此，许钧教授与宋学智教授在研究过程中，特别注重对现象背后起着无形或有形

---

① 许钧，宋学智. 20 世纪法国文学在中国的译介与接受. 武汉：湖北教育出版社，2007：456.

作用的一些重要因素进行理论的思考，试图为今后类似的研究提供理论的参照意义。两位著者的这一理论追求，从全书的框架设计与内容安排就可看出。《20 世纪法国文学在中国的译介与接受》一书分为上下篇。上篇“思潮篇”对 20 世纪法国文学主潮的特点以及变化进行梳理，将焦点集中于在 20 世纪西方文学流派中具有独特地位的超现实主义、存在主义、新小说和荒诞派戏剧，对这些流派在中国的译介与接受问题加以重点探讨。上篇共 4 章，章名分别为：“超现实主义在中国的传播”“法国存在主义在中国的‘存在’历程”“‘新小说’在中国的探险之路”和“荒诞派戏剧在中国的回响”。下篇为“人物篇”，共 10 章，有针对性地选择具有代表性且在中国有较大影响的 20 世纪法国作家，结合 20 世纪中法两国的社会历史和文学的发展状况，分析 20 世纪法国文学在中国的译介特点，在深入考察其引进中国的历史和社会背景的基础之上，对其在中国文化语境中的译介、传播、认同与接受的过程进行考察与分析，同时以发展的眼光，对 20 世纪法国文学在中国的译介和接受的得与失，经验与教训进行客观的分析和评价，为法国文学在我国的进一步译介、传播和研究，拓展新的思考空间。

《20 世纪法国文学在中国的译介与接受》一书的考察重点是 20 世纪法国文学在中国的译介与接受。在类似的研究中，人们容易把翻译与接受分成两个部分来做，但实际上，翻译与接受是在一个过程中不断发展、互为促进的。翻译本身就是一个理解与接受的动态过程。著者试图通过研究，为 20 世纪法国文学的认识与理解提供一个新的视角与新的参照。在著者看来，歌德所倡导的“世界文学”，只有通过翻译，通过各民族文学的广泛接触与相遇，才可能真正达到。而相逢和相遇中的各国文学可以凸现自身的相异性，由此而构成一块“明镜”，以更好地认识自身。同时，通过翻译活动的认知性与创造性因素，可以促进文学间的积极交流。在这个意义上，通过对 20 世纪法国文学在中国的译介与接受的重点考察，可以发现文学之间的交流是在一个复杂而具有动态性的系统中展开的，在这个系统中，历史、社会、文化因素与经济、政治等因素起着重要的作用。在“思潮篇”中，我们可以清楚地看到，文学翻译与接受国的历史、社会、文化和政治环境是非常紧密地结合在一起的。著者指出：“我们回头看一看20世纪法国文学在中国译介所走过的路，我们可以清楚地看到社会因素、政治因素和意识形态因素对翻译起着重要的制约作用。柳鸣九长期从事法国文学研究，他对政治因素与意识形态对外国文学译介的影响有着深切的体会。在《一个漫长的旅程》中，柳鸣九再次提及了他在《凯旋门前的桐叶》一书自序中说的一段话：‘从林琴南以来，中国人愈来愈多地接触、认识了大量的外国文学名著佳作，时至今日，对外国20世纪以前的文学已经咀嚼、体味了一个多世纪，但对外国20世纪的文学的接触、认识却要少得多。民族灾难、战争纷争、社会动乱、自我折腾，使得中国人在这个世纪无暇及时追踪外国20世纪文学的发展，即使社会条件允许追踪一时，也完全是在政治道德要求与意识形态戒条的禁锢之下。直到改革开放时期，中国人才得以在较为宽松的状态下接触与译介外国20世纪文学。’法国20世纪的荒诞派戏剧、存在主义文学和新小说在中国的译介历史，充分说明了这一点。”①

在研究中，两位著者特别注重考察20世纪法国文学对我国文学界的影响，而这种影响最重要的是体现在文学观念上。通过研究，他们发现，在20世纪法国文学主潮中，对我国文学界影响最大的，是法国存在主义：“法国存在主义作为一种文学思潮，对我国新时期文学的影响，既不同于其前的意识流，也不同于其后的新小说和荒诞派戏剧。换言之，这种影响主要不是创作形式和艺术手法的影响，而是文学观念和创作思想的影响，是对传统文学‘反映论’或‘镜子论’观念的反思和质疑，对‘文学是人学’主张的进一步彰显和对文学的社会功能的特别强调。新时期的‘伤痕文学’和‘反思文学’，对人的异化、人的孤独和人生荒诞的描写以及对人性本质的探索和对人的尊严的呼唤，可以视为存在主义人学观的某种反映。

① 许钧，宋学智.20世纪法国文学在中国的译介与接受.武汉：湖北教育出版社，2007：27-28.

而萨特的‘介入文学’则是对文学的社会功能的鲜明指认。”①

在对 20 世纪法国文学的译介与接受的考察中，两位著者不仅从文化交流的高度审视翻译活动，以发展的眼光来看待中法文化交流的过程，而且特别关注接受国的文化语境及其经济、社会与政治状况与法国文学译介和传播的互动关系。文学交流不是完全平等的交流。具体到中法文学的交流，通过研究，他们发现一个民族对他者的关注，源自一种内在的需要，是认识自身、丰富自身的需要，也是以“他者”为鉴、更好地把握自身的需要。在“人物篇”中，我们可以看到，被选择的 10 位法国作家与中国语境有着特别的关系。中国翻译界对法国 20 世纪文学的选择与翻译不是盲目和被动的。在译介与接受的过程中，中国学者或译者从自身的视野或立场出发，对 20 世纪法国文学的认识带有中国人独特的印记。20 世纪法国文学流派纷呈，出了许多在世界范围内都有影响的作家。从全书的写作来看，许钧教授和宋学智教授在书的绪论中对 20 世纪法国文学在中国的译介做了一个全面的历史回顾，对 20 世纪法国诗歌、戏剧、传记、小说和文学理论的汉译做了系统的梳理。在此基础上，两位著者特别注重从中国语境出发对法国文学和中国文学之间的互动关系进行探讨。著者所关心的不仅仅是法国作家在法国的地位和影响，也不仅仅是他的作品在中国翻译的多与少，而是特别关注对中国思想界、文学界产生普遍影响的作家。由此，法朗士、罗曼·罗兰、纪德、普鲁斯特、莫洛亚、莫里亚克、圣埃克絮佩里、尤瑟纳尔、杜拉斯和罗兰·巴特等 10 位作家进入了他们的研究视野。从“人物篇”的 10 章的研究重点看，法朗士的人道主义，罗曼·罗兰的英雄主义，纪德对于人类心灵的关注，普鲁斯特对于生命的追寻，莫洛亚对大师生命的重铸，莫里亚克对人性的剖析，圣埃克絮佩里对于现实世界的清醒认识，尤瑟纳尔对历史的反思，杜拉斯对东方形象的建构和罗兰·巴特对写作的重新审视，每位作家都以其独特性吸引了中国

---

① 许钧，宋学智.20 世纪法国文学在中国的译介与接受.武汉：湖北教育出版社，2007：120-121.

的研究者和读者,与中国语境产生了独特的关系,发生了重大的影响。两位著者对这些富有代表性的作家在中国的译介与接受历史的梳理与反思,在整体上构成了20世纪法国文学一个较为全面的谱系,在个体上则凸现了中国语境对他们的独特理解与阐释。在这个意义上,宏观的把握与微观的剖析相结合,构成了全书明显的特色。在方法论上,也为今后类似的研究提供了重要的参照。另外需要指出的是,对20世纪法国文学在中国的译介与接受的梳理,需要有丰富翔实的第一手资料作为研究基础,在这一方面,两位著者做了大量的工作。特别是在影响研究这一部分,他们对中国的法国文学研究者的工作予以了全面的关注,对自20世纪20年代以来,中国学者对20世纪法国文学的评介与研究成果做了较为详尽的发掘与整理,并能以历史发展的目光予以客观的分析与评价,体现了著者扎实、严谨、求实的学风。

(原载《外语教学与研究》2008年第6期)

# 一部兼收并蓄、承前启后的译学研究新指南

## ——评《翻译学概论》

曹丹红

《翻译学概论》的出版无疑从认识论和方法论的角度对翻译领域的学术研究具有重要意义。它同时也是一本教材，它面向全国高校内的翻译本科专业、翻译硕士专业、外语专业翻译方向的所有师生，目的在于为后者“提供一部既具有理论指导价值又具有翻译研究方法论参照意义的著作”。

自 20 世纪 80 年代末有学者旗帜鲜明地提出要在中国建立并发展翻译学至今，翻译学研究在国内已经走过了 30 多个年头。这一期间，人们从争论是否存在翻译学、是否有必要建立翻译学到如今普遍承认翻译学独立的学科地位，从译介西方译学理论到开始自觉思考翻译学的内涵，从摸索性地探讨翻译学学科的构建到现今确立较为成熟的翻译学研究方向和课题，这一切均见证着翻译学研究在中国的变化和发展。正当学界认为有必要对过去 30 年的翻译学研究做出回顾与总结时，2009 年 10 月，《翻译学概论》由译林出版社适时出版了。该著作由许钧、穆雷主编，由王克非、许钧、刘军平、刘云虹、林克难、郑海凌、谭载喜、廖七一、穆雷共同编著完成。这些学者是当今国内翻译学研究领域内最活跃的学者，是该领域的中坚力量，他们见证了中国翻译学过去 30 年的发展轨迹，并且一直在积极思考中国翻译学今日和未来的发展方向。

《翻译学概论》具有鲜明的写作特征，同以往出版的同类型著作相比，体现了以下几个特点。

## 一、融贯中西的比较视野

《翻译学概论》的特点之一是它所体现出来的中西比较视野。这种中西比较视野主要表现在两个方面。

第一,《翻译学概论》全面介绍了中西方翻译学发展状况和主要理论体系。西方学者的著作有一个通病,就是对东方的历史和现状普遍欠缺了解和关注。例如 2001 年由卢特里奇(Routledge)出版社出版的英国学者杰里米·芒迪的《翻译学导论——理论与实践》。这本具有翻译学教材性质的著作因内容相对全面、论述深入浅出而受到广泛好评,然而芒迪的视野显然是有局限性的,正如他本人在“中文版序言”中指出的那样:“对本书的一个合理批评就是:书中未能给某些语言文化极其丰富的翻译传统以应有的位置,汉语和阿拉伯语就是两个最明显的例子。”①我们知道,中国的翻译活动和翻译理论研究有着与西方同样悠久的历史。不仅如此,中国的翻译理论研究在很多方面都表现出了自身的独特性。因此,许钧、穆雷主编的《翻译学概论》将中国翻译理论研究的历史和现状纳入其中,充分体现了中国学者融贯中西的开阔视野。

第二,《翻译学概论》的中西比较视野重点突出了“比较”二字。在“当代中国翻译理论研究”和“当代西方翻译理论”两章之后,编撰者安排了“中西翻译理论比较”一章,在我们看来,这一章具有特殊的意义。正如编者指出的那样:“到了国际文化交流与交往日趋频繁的……特别是在第二次世界大战结束以来的当今信息时代,翻译文化不断受到重视,翻译研究得以发展成为独立学科,我们就没有理由仍然停留在特定翻译传统、特定翻译理论体系、内部研究的阶段,而应跨越单个传统和体系,开展更大范围的研究。”②也就是说,中国翻译学界的“比较”视野是中西文化交流发展

---

① 芒迪.翻译学导论——理论与实践.李德凤,等译.北京:商务印书馆,2007:1-2.

② 许钧,穆雷.翻译学概论.南京:译林出版社,2009:112.

到一定程度,中国学者自主创新及批评意识日益增强之后的必然现象。这一视野不仅有助于我们认识到中西翻译理论的相似性,更有助于我们在掌握上述相似性的基础上,进一步归纳出翻译学的性质、研究对象、研究内容、研究方法等方面的普遍原则。因为翻译学作为一门独立的学科,它不是西方独有的,也不标榜中国特色,而是适用于各种文化语境,而翻译学的这种普适性只能通过比较的视野获得。另一方面,比较视野也让我们看到了中西翻译理论的相异性。反思相异性产生的根源,有助于我们吸收西方翻译理论中合理的视角和方法,以弥补中国传统译论中存在的缺陷和不足。同时也能凸显中国传统译论的优点和长处,并将其介绍给不了解中国翻译实践与理论研究传统的外国学者,逐步实现一门融贯中西的翻译学在全世界范围内的建立和发展。鉴于此,《翻译学概论》的编撰者说,“比较翻译学的加盟是翻译学研究这个反思、充实、完善过程不可或缺的一环”①。

## 二、系统而完整的内容

在《翻译学概论》第一章“概论”中,编撰者指出,“任何一套完整而系统的翻译理论都应当是普通翻译学、特殊翻译学和应用翻译学研究的结晶”②。《翻译学概论》本身的内容安排正体现了编撰者试图构建一种包括理论和方法在内的完整而系统的翻译理论的努力。让我们先来看看《翻译学概论》的内容。第一章“概论”阐述了翻译学的基本概念,包括翻译学的性质、研究范围、体系及其与其他学科的关系,可以视作是《翻译学概论》的第一部分。第二章简要介绍了当代中国翻译理论,第三章简要介绍了当代西方翻译理论,这两章可以视作是著作的第二部分,探讨了当今翻译理论研究中的热点问题和最新研究成果。第四章“中西翻译理论比较”

---

① 许钧,穆雷.翻译学概论.南京:译林出版社,2009:113.

② 许钧,穆雷.翻译学概论.南京:译林出版社,2009:25.

可以视作是著作的第三部分，对中西翻译理论做出了比较，并在比较的基础上引出翻译学应当或者说可以探讨的问题，为下文的内容做出了铺垫。第五、六、七章分别为“哲学与翻译研究”“语言学与翻译研究”“文学翻译理论”，可以视作是著作的第四部分，涉及普通翻译学或者说理论翻译学的范畴，并为如何从事翻译理论研究提供了方法指导。第八、九、十章分别为“翻译批评”“翻译教学研究”和“信息技术手段与翻译”，可视作著作的第五部分，涉及应用翻译学的范畴。

尤其值得一提的是“理论翻译学”部分，即第五、六、七章的编写，我们发现，在继承传统的基础上，《翻译学概论》的编写体现出了自身的特色，这一特色使其有别于以往一些同类型著作。例如，在杰里米·芒迪的《翻译学导论——理论与实践》中，我们看到，在第一章“翻译学的主要方面”和第二章“20 世纪前的翻译理论”之后，余下的篇幅按照 20 世纪西方不同的翻译理论流派划分成了 9 章，每一章介绍了被划分到该流派之下的不同理论家的贡献。这样的编排方式虽然有利于我们对西方现当代翻译流派有一个比较清晰的了解，但无形之中也割裂了这些流派之间可能存在的联系，我们很难想象对“翻译异质性：翻译的隐(显)形”(第九章)的探讨不被包含在其他翻译理论中，也很难想象多元“系统论”(第七章)同“功能翻译理论”(第五章)的完全分离。① 再来看许钧、穆雷主编的《翻译学概论》，在第五、六、七章中，编撰者将翻译理论研究的内容归为了三类：哲学与翻译研究、语言学与翻译研究、文学翻译理论。这三大方向是对以往翻译理论的总结和归纳，实际上，如果考察古今中外的译论，我们会发现，多数译学理论几乎总能被归入这三大导向中的其中一种。即使是看似独树一帜的“文化学派”理论，实际上也能被归入翻译的哲学研究导向中，因为“文化学派”的操纵、改写理论实际上与意识形态密不可分，而意识形态研

① 埃文-佐哈尔在《多元系统论》中明确指出：“多元系统论给翻译研究开辟了一条描述性的、面向译语系统的、功能主义的、系统性的新途径，推动了翻译研究的文化转向，催生了一个跨国界的翻译研究学派。”参见：埃文-佐哈尔.多元系统论.张南峰，译.中国翻译，2002(4)：20.

究正是哲学研究的一大分支。而基于语义学、系统功能语法学、语用学和篇章分析理论的翻译研究无疑都与语言学有着密不可分的关系。第七章的标题与前两章有所不同，不是“文学与翻译研究”或者“诗学与翻译研究”，而是“文学翻译理论”，编撰者在该章引言中阐明了这一原因：首先是因为“我国的翻译理论研究，有以文学翻译为基础的传统”；其次是因为文学翻译本身所具有的特殊性，“文学翻译是一个融入译者思想、情感、理想、想象和审美体验的较为复杂的艺术再创造过程，通过对它的研究，我们能够较深刻地把握翻译活动的本质，对翻译活动的过程、影响翻译的因素、翻译中的矛盾、译者的地位等翻译研究的根本问题有一个全面的认识”①；最后，是因为文学翻译实际上是一个很复杂的活动，它涉及语言学、诗学、美学甚至文化学等多重理论。基于文学翻译活动的重要性和复杂性，我们赞同《翻译学概论》的安排，即将文学翻译理论作为“理论翻译学”研究的一个独立分支，这是《翻译学概论》与同类型翻译学著作的一个重要区别，它充分体现了《翻译学概论》编撰者独到的目光。与此同时，将理论翻译研究分为这三大导向，实际上也为从事翻译理论研究的学者提供了多种具有可能性的视角和方法，为翻译理论研究规划出一个基本框架已成形，但局部仍有待继续深入、完善的场域。总的来说，以研究导向也即问题为线索的编排和书写方式取代以派别、学者及其理论为线索的传统编排方式，使得《翻译学概论》的整个论述过程重点突出、条理明晰，具有了更强的逻辑性、系统性，这对读者来说具有方法论层面的指导意义，因为这样系统的编排和书写方式有利于读者清晰地了解翻译学的问题，也有助于有志从事翻译研究的读者选择符合自身兴趣和能力的研究课题。

① 许钧，穆雷. 翻译学概论. 南京：译林出版社，2009：245.

## 三、继承传统、立足当下、开拓未来的编写宗旨

在《翻译学概论》的前言中，主编许钧教授指出，在当前的形势下，出版一部谈论翻译学的书，“我们需要对历史上，特别是过去 30 年的研究成果进行梳理、反思与总结”，因此，这部《翻译学概论》首先奠基于国内外翻译学过去几十年的研究成果之上。然而，它并不单纯是一种梳理和总结，它更大的特色在于立足当下，密切联系实际，对当前翻译学领域内出现的热点问题及时做出反应和反思。这一特色和倾向尤其体现在第九章“翻译教学研究”和第十章“信息技术手段与翻译”之中。

应该说国内外不少同类型著作对于翻译教学和信息技术手段在翻译中的应用这两个主题都有所涉及①，然而，这些著作或者由于出版年代较早，其中的相关内容已无法完整展现当前的研究状况，或者只侧重这两个问题的某些方面。相比之下，《翻译学概论》在这两个主题上表现得更为全面、系统，体现了与当前翻译领域实际情况的紧密结合。从翻译教学这一主题来看，近 30 年来，翻译事业在全球取得了长足发展，设立翻译专业或者翻译方向的高校数量日益增多，学习翻译理论和实践的学生不仅人数在增多，层次也在不断发生变化，对译者的培养也已从单纯的技能训练提高到了全方位的素质和能力教育，因此，霍姆斯在《翻译研究的名与实》一书中提出的作为应用翻译学一部分的“译员培训”（包括教学评估方法、测试技巧和课程设计三大内容）②已无法准确地概括整个翻译教学活动。事实上，翻译教学在整个翻译事业中占据重要地位，因为它不仅要为市场

---

① 例如：从国外同类型论文或著作来看，霍姆斯的论文《翻译研究的名与实》(1972)提到译员培训和翻译辅助工具的问题，沃尔弗拉姆·威尔斯所著《翻译学：问题与方法》(1982)涉及了翻译教学与机器翻译问题；从国内学者的著作来看，杜建慧等著的《翻译学概论》(1998)阐述了机器翻译和翻译人才培养问题，桂乾元所著《翻译学导论》(2004)阐述了机器翻译问题。

② Holmes, J. S. *Translated ! Papers on Literary Translation and Translation Studies*. Beijing: Foreign Language Teaching and Research Press, 2007: 77.

培养应用型翻译人才,更要为翻译学的进一步发展输送研究型人才。正是因此,翻译教学活动日益受到人们的关注和重视,在 2009 年年底召开的中国译协第六次会员代表大会暨新中国翻译事业 60 年论坛上,黄友义、唐继卫、许钧等人对翻译硕士教育工作重要性的强调①从一个侧面证实了翻译教学活动所受到的重视。在这样的背景之下,《翻译学概论》专门辟出“翻译教学研究”一章,将其作为翻译学的一个方面,这一举动充分证明了本书编撰者们的洞察力和前瞻性。该章全面探讨了翻译教学可能或应当涉及的问题,包括区分教学层次、确立教学体系、形成适合各层次的翻译专业人才培养模式、制订师资培训计划等多方面内容。从实践层面来看,对翻译教学应包含内容的明确有利于更好地促进教学活动朝更规范、更成熟的方向发展;从理论层面来看,该章实际上也为有志从事翻译教学研究的学者提供了可能性的视角和方法,进而通过理论研究来促进教学实践活动的发展。

再来看第十章“信息技术手段与翻译”。实际上,与这个主题相关的研究,例如机器翻译、翻译语料库、翻译记忆等专项研究都已在国内外经历了一段发展过程,也取得了令人瞩目的成果。但是,由于翻译活动历来被视作翻译主体的创造性活动,因此人们往往看重翻译活动的主体性和创造性,机器和信息技术因其机械性而受到一定程度的轻视甚至排斥;在学理方面,人们往往注重对翻译活动与人相关的特征的探讨,对信息技术手段与翻译的关系并没有给予太多重视,这也解释了此类探讨常常缺席于诸多翻译学导论类型的著作的原因。然而,随着科学技术的日益发展及其与人类关系的日益密切,信息技术手段在翻译实践领域的应用,正如其在其他领域内的应用一样变得不容忽视,因而《翻译学概论》专门辟出一章讨论信息技术手段与翻译的关系具有深刻的现实意义。正如编撰者所指出的那样,“在翻译教学过程中,如何把握新的发展趋势,建立和完善培养机制,继承前人的智慧,开创新的辉煌,这无疑是我们每个翻译研究

① 有关发言,参见《中国翻译》2010 年第 1 期。

译专业人才培养模式和翻译教师的培训与发展等内容。翻译学科建设能否后继有人，能否有一支高素质的翻译与翻译研究队伍，翻译教学起着至关重要的作用和影响。因此，《翻译学概论》一书对翻译教学给予了充分的重视。它指出，构建完整的翻译教学体系，是翻译学作为一门独立学科存在的重要标志之一；而翻译教学研究不仅要研究翻译教学与翻译学的相互依存和互动关系，研究翻译教学的概念、原则和理论，更要研究翻译教学的过程、对象、目标、方法、内容等一系列与之相关的实际问题。①

第十章为“信息技术手段与翻译”，主要介绍了机器翻译和语料库与翻译研究。中国传统的思维方式导致各领域的学术理论研究重悟性，重综合、抽象和概括，缺乏系统、严密的逻辑论证和实证研究。② 因为译学要上升成为科学体系，就必须要正确描述和解释翻译活动，必须要依靠科学的认识论和先进的技术方法，所以该书以相当大的篇幅介绍了翻译研究与科学工具的结合成果。以往的翻译研究多以定性为主，理论阐释居多，而缺乏数据和量化的支持。翻译研究要想向前迈出一大步，从直觉到科学，从感性到理性，从个性到共性，从局部到整体，就必须要把在实践基础上总结的个人经验归结到系统的科学上来，用科学的方法进行验证和说明。

## 二、《翻译学概论》的写作特点

与其他同类型的著作相比，该书具有如下特点：融合性、体系性和开放性。

### （一）注重融合性

《翻译学概论》一书的融合性体现为在把握翻译学现状和发展的基础上，

---

① 许钧，穆雷．翻译学概论．南京：译林出版社，2009：305．

② 杨平．对当前中国翻译研究的思考．中国翻译，2003(1)：4．

融合中西视野,对中西方翻译学的主要流派做了较为全面与深刻的研究。

在国际文化交流与交往日趋频繁的 21 世纪,特别是在“二战”结束以来的当今信息时代,翻译研究受到了人们的普遍关注。翻译研究发展成为一门独立学科,并跨越单一传统和体系,因此翻译研究若仅仅依靠一个领域的理论或方法,是无法揭示其性质及活动规律的。在翻译研究中,不同翻译传统、不同翻译理论体系和不同学科势必要进行有机的结合。《翻译学概论》一书在把握翻译学现状和发展的基础上,融合中西视野,对中西方翻译研究主要流派进行了较为全面与深刻的研究。翻译研究,作为一门独立的学科,应该是全人类的共同事业,所以该书并未将翻译学简单地划分为“西方翻译学”和“具有中国特色的翻译学”,而是比较中西译论的相异性和相似性,在建设全球化的翻译理论体系的思想中注入了中国翻译理论和传统译学研究的精髓,把中国翻译事业的建设与中华民族文化的振兴联系起来,在吸取中西翻译学研究特色的基础上,丰富了翻译学科价值观的色彩,并致力于构建和发展一门具备全球性视野的翻译学学科。

《翻译学概论》除了对中西翻译理论进行整体性的描写外,它的融合性还体现在对当代西方翻译理论研究的不同流派的详尽、客观的描述。出于对流派的历史时间顺序和研究范式转换等因素的考虑,《翻译学概论》将其划分为语文学翻译研究、语言学翻译研究、多元系统理论、翻译的哲学研究与翻译的文化研究。世界各国的翻译理论发展至今,已经进入了彼此融合的时代,随着科学技术的发展,跨语言、文化交流的加强,不同翻译理论体系之间在未来发展中会出现更多的共同点。翻译是一项人类社会共同的活动,任何语言间的翻译一定存在许多共同的东西,而这些共同的东西又往往是跨民族、跨语言文化的。①

《翻译学概论》一书还体现出了当代翻译研究从静态到动态的发展方向。从对结构主义语言观的扬弃到多元系统论的动态结构主义的嬗变,从对源语和源语文化的关注到对目标语和目标语文化的思考,从关注翻

① 许钧,穆雷.翻译学概论.南京:译林出版社,2009:156.

译产品到关注翻译过程的转移，等等，这些转变无一不体现出当代翻译研究的一派动态、多元、融合的景象。

### （二）追求体系性

《翻译学概论》的编撰者明确指出翻译学科的建设并不是一些具体问题研究的简单相加，而是需要有一种整体意识，从宏观上把握，将翻译研究的成果理论系统化。因此，《翻译学概论》一书的体系性体现在以基本理论问题为中心，采用历时、发展的目光审视与思考翻译问题，凸现翻译学的内涵和学科特色，注重揭示理论发展过程中各种流派或理论之间内在的、历时的联系。

就翻译的本质而言，翻译是涉及两种语言之间转换的思维活动，以另外一种语言的再现形式呈现。但是研究两种语言之间的转换规律，不仅仅只依靠语言学的理论依据，还应该兼收并蓄，超越单一学科的界限，从哲学、美学、符号学、文艺学、心理学等学科的研究途径为切入点，来规范其研究范式与翻译范畴。但是每一个学科、每一种理论流派所认识的翻译研究在某种程度上说都是片面的、不完整的，揭示的仅仅是翻译活动的一个侧面，无法深刻反映翻译活动的全貌。

作为一本面向本科生和研究生的翻译学基本教程，《翻译学概论》全面而系统地描写了翻译作为一门学科的发展历程及其学科分类。该书以基本理论问题为中心，采取中西比较的方法，在比较分析中凸现翻译学的内涵及学科特色，在严格把握翻译学理论脉络的基础上，分别从哲学、语言学、文艺学等角度阐释了它们与翻译研究的关系，并以此为理论线索来安排全书的框架和主要内容。

从哲学角度看，语言及思维共性为翻译活动提供了可译性的基础。翻译与哲学水乳交融，有着千丝万缕的联系，尤其是语言哲学中涉及不少翻译问题。同时，翻译理论的建构也包含了哲学思辨和哲学方法论的运用。① 随着现代翻译学的发展，哲学逐渐成为翻译理论的元学科。翻译研究所关注的核心问题，其理论框架和概念范畴都离不开哲学的视野。翻译研究的基本原理、基本内核与哲学休戚相关，其深层理论及活水源头来自于哲学。②

从语言学角度看，“演绎式”的语言学研究为以往的“印象式、随感式、点评式”的翻译研究指明了一条科学性、系统性的发展道路。语言学翻译研究相对于传统的经验主义研究，主要的区别是其系统性和科学性。语言学翻译研究以语言学为基础，试图从研究过程中总结出一些带规律性的东西来指导翻译实践。无论是宏观的文化研究，还是微观的认知研究都需要借助语言学的研究成果；而且也正是由于语言学研究无法解释一些翻译中的现象，才促使翻译研究学者选择新的角度对翻译进行新的审视。

从文学角度看，复杂的、艺术的、创造性的审美再现对翻译研究中的审美观念、审美标准、译文风格等提供了切实可行的科学方法及原则。文学翻译是一种艺术化的翻译，是译者对原作的思想内容与艺术风格的审美把握，是用另一种文学语言恰如其分地完整再现原作的艺术形象和艺术风格，使译文读者得到与原文读者相同的启发、感动和美的享受。

此外，《翻译学概论》将翻译批评、翻译教学研究和机器翻译等内容一并纳入翻译研究的范畴。翻译教学是应用翻译学的重要组成部分，也是普通翻译学和特殊翻译学理论具体应用于翻译实践的一部分。它不仅能够连接理论与实践，成为检验应用理论是否正确的一个工具，而且关系到翻译事业是否后继有人，甚至关系到整个翻译学的学科建设是否基础牢靠。不可忽视的一点是，自 1997 年广东外语外贸大学英文学院成立翻译系，至 2009 年全国共有 19 所高校被批准设置翻译本科专业，以及在全国 40 所高校设立翻译硕士专业学位，翻译教学已经在中国的翻译研究中占领了一个极为重要的阵地。

---

① 许钧，穆雷.翻译学概论.南京：译林出版社，2009：162.

② 许钧，穆雷.翻译学概论.南京：译林出版社，2009：163.

翻译研究的系统性和科学性还体现在研究方法的系统性和科学性以及翻译研究与信息科学技术的有机结合上。20 世纪 90 年代以来,翻译语料库、机器翻译和计算机辅助翻译工具的开发得到了迅速发展,这些信息科学技术使翻译研究呈现出一派新的面貌。中国的传统译学研究往往被认为是思辨式的、感悟性的或概括性的,而客观性和理论的深度都有所不足。而语料库的应用则使翻译研究从直觉式变为具体的可操作研究,将小规模、人工的、局限于个别语言的、个别文体类型的研究变为大规模的、系统的、比较性的和目的明确的科学研究。①

## (三)坚持开放性

翻译学在近 40 年的迅猛发展充分证明了,理论创新才是学科发展的真正出路。翻译本身在西方社会引起越来越多的关注与重视,翻译理论研究也在深度与广度上迅速拓展,新的观点和流派层出不穷,如翻译等值论、多元系统论、目的论,还有后结构主义、后殖民主义、解构主义、女性主义翻译理论等,呈现出色彩斑斓的多元化翻译理论景观。在 20 世纪翻译理论发展的百年历程中,尤其值得一提的是,近 40 年来,翻译学从应用语言学或比较文学的一个分支终于发展成为一门独立的严肃学科。而学术界对翻译研究也投入极大的热情,专门研究翻译的各种学术期刊、著作和博士论文越来越多,不断地在证明这门新生学科所具有的蓬勃生命力。

虽然《翻译学概论》是一本翻译研究的入门书,但是编著者却十分注重从一开始就培养学生独立思考问题和解决问题的能力。独立思考首先意味着不能人云亦云,而要批判地看待任何现存理论。为此,编著者在每一章的最后都列出 10 个思考题。这些问题涉及翻译学的基本问题,也涉及翻译学研究的新课题,旨在启迪学习者对翻译活动、翻译研究做出自己的独立思考,以激发学习者继续深入地进行思考和研究,并为有志从事翻

---

① 罗选民,董娜,黎土旺.语料库与翻译研究——兼评 Maeve Olohan 的《翻译研究语料库入门》.外语与外语教学,2005(12):52-56.

译研究的读者提供新的思考空间和线索。

值得一提的是，在每一章的后面，都附有与该章内容密切相关的参考文献和使读者能够从多角度、全方位把握和认识每一章节的重点内容，将每一章节的内容放置到一个更为广阔的社会历史、文化背景里，使读者能够“一览众山小”，更好地认识和理解这一部分翻译研究所具有的特征及规律。此外，编著者在书后还特别提供了多达 19 页的总书目。该书目不仅包括书中所提及的重要论文或著作，还涵盖了重要的中外翻译理论参考书，将 20 世纪以来出版的与翻译有关的研究著述几乎全部囊括其中，全面翔实，对从事翻译理论教学和研究的工作者具有很高的学术参考价值。

此外，《翻译学概论》注重翻译理论术语的规范化，术语系统的规范与成熟是学科建设的前提和基础。对译学术语系统的规范和确立予以高度的重视，须在考虑到东西方表述方式不同这一现实的前提下，尽量设法形成一套比较统一、相对明确而且有内在联系的一个基本的术语系统，以利于中外学术交流和译学研究的健康发展。所以，《翻译学概论》在最后完整列出了本书中出现的汉英、英汉术语对照表。

## 三、结　语

《翻译学概论》一书对中西翻译学进行了回眸、反思、总结，同时又对 21 世纪翻译学研究进行了展望。该书作为大学本科生和硕士生学习翻译学的入门教程，以通俗易懂的语言对西方翻译学的产生、发展和壮大进行了梳理。在展望和思考未来的同时，我们有必要回顾和审视过去所走过的路。作为 20 世纪翻译研究的概述与总结，许钧和穆雷主编的该书系统地检阅和总结了西方翻译理论研究的百年探索，真实地再现和展示了翻译学作为一门新生学科从萌芽、独立到壮大的发展历程，对翻译研究工作者来说不失为一本不可或缺的好书。

（原载《中国翻译》2010 年第 2 期）

# 译者之为：构建翻译的精神世界

## ——《傅雷翻译研究》述评

蓝红军

认识自我是贯穿人类认识论发展的一个重要的哲学命题，“认识自我”甚至被视为“哲学探究的最高目标”①。无论是苏格拉底的“认识你自己”，笛卡尔的“我思故我在”，还是老子的“自知者明”，或是荀子的“日参省乎己”，无不说明人类对认识自我的重视。对于翻译学而言，翻译之“自我”就是译者，认识译者是翻译研究的一项终极使命。翻译学对译者的研究，其意义在于将人作为获得翻译知识的基点，通过揭示翻译中主体与客体的对象性关系，去理解翻译何以发生和发展，进而理解人类自身的存在。在过去的研究中，我们发现了译者的主体地位，论证了译者主体性的客观存在，描写了译者主体性的影响因素、制约条件以及具体表现，揭示了译者与其他翻译主体的间性关系等。我们对译者了解得越来越多，社会的发展也越来越彰显出翻译在世界全球化和本地化进程中的作用，但我们也发现，翻译进入新时期之后，翻译行业分工日趋精细，机器翻译发展日新月异，译者的地位已悄然发生了变化，译者主体性的发挥受到了越来越多的限制。

在这一时代语境下，认识译者的任务变得更加重要起来。译者有哪

---

① Cassirer, E. *An Essay on Man*: *An Introduction to a Philosophy of Human Culture*. New York: Doubleday & Company, 1953: 16.

些主体身份？译者的主体价值究竟何在？译者未来的主体性出路何在？这些成了目前翻译学者亟待回答的问题。困惑之中，笔者欣喜地阅读到浙江大学许钧教授、浙江越秀外国语学院宋学智教授和四川外国语大学胡安江教授合著的《傅雷翻译研究》①。该著通过对著名翻译家傅雷的系统研究，拓展了译者研究的维度与空间，为“译者何为”提供了新的答案，也为译者走出自身主体性困境提供了重要的启示。

## 一、发现翻译精神主体

译者是谁？这个问题看似简单，有翻译就有译者，译者就是翻译的施为者。然而就像人类始终难以完全认识自我一样，真正认识译者也绝非容易。

人类经历了漫长的过程之后才“发现”译者的存在。我国到了南北朝时期才开始有对译者的明确记录，齐梁时代释僧祐的《出三藏记集》中“述列传”部分记录了 32 位佛经翻译者的生平，是现存最早的关于译者的传记史录。② 当时在人们眼里，佛经译者是近乎神一般的存在，人们记录下佛经译者的“丰功伟绩”，发现的不是佛经译者的“人性”而是展示其宗教方面的“神性”。20 世纪 80 年代，作为常人的译者才开始成为翻译描写的一个热点，其标志是各种翻译家词典相继出版。然而集中于对译者群体画像，反映出人们认识到的译者是一种“类”主体，而非个体主体。

对个体译者的专题性研究标志着个体译者主体性的真正觉醒。《朱生豪传》③、《翻译家严复传论》④、《傅雷传》⑤、《翻译家周作人》⑥等著作聚

---

① 许钧，宋学智，胡安江. 傅雷翻译研究. 南京：译林出版社，2016.
② 袁锦翔. 名家翻译研究与赏析. 武汉：湖北教育出版社，1990：2-4.
③ 吴洁敏，朱宏达. 朱生豪传. 上海：上海外语教育出版社，1989.
④ 高惠群，乌传衮. 翻译家严复传论. 上海：上海外语教育出版社，1992.
⑤ 金梅. 傅雷传. 长沙：湖南文艺出版社，1993.
⑥ 王友贵. 翻译家周作人. 成都：四川人民出版社，2001.

焦个体译者,但这些大多属于记录译者生平、梳理译者成果的传记类研究,其更为关注的不是译者在翻译过程中的行为选择,而是译者的翻译生涯概貌。这些研究长于对译者相关史料的收集与整理,而略于对译者个体活动与社会背景之间关系的分析。另外一些研究将对个体译者主体性的揭示推向了更高的层次,如《许渊冲与翻译艺术》[①]、《诗魂的再生:查良铮英诗汉译研究》[②]、《梁启超"豪杰译"研究》[③]、《朱生豪的文学翻译研究》[④]等在对译者生涯介绍的基础上对译者的翻译思想、语言特色与风格进行分析,并基于翻译作品诠释与解读译者的个体主体性特征,论述译者如何实现其翻译目的。可以说,翻译研究已走在了认识"自我"的路上。

在译者被发现之前,译者主体性处于被遮蔽的状态,人们认识到的译者,是身上加了责任和义务而没有被赋予权力和权利的原作的"仆人"。在被发现之后,译者开始逐渐彰显出其本身具有的主体性。现在,我们不仅发现了作为社会人的译者,还揭示了译者主体性在翻译实践中的体现。学者们描写了译者语言转换过程中的各种规律性特征,解释了多种译者行为,这一切都围绕着一种认识——译者是翻译实践主体,这也是我们长期的译者研究所取得的最重要的理论认识。

正是基于对译者作为实践主体的工作机制的揭示,人类才得以培养出数量众多的翻译工作者,开发出各种现代翻译工具,从而将一些原本需要译者通过学习而内化的能力外化到技术设备之上,将译者的部分翻译能力延拓到非译者的身上,提高了整个人类的翻译主体性,但其代价就是作为实践主体而存在的译者被日益工具化,个体译者的主体性被人开发出来的技术世界所反制。在信息化条件下,译者处理文本、进行语言转换的速度和效率提高了,但其作为主体的存在却被机器矮化了,当机器的运行取代了译者的实践时,作为实践主体的译者已经陷入主体性被束缚、被

---

① 张智中.许渊冲与翻译艺术.武汉:湖北教育出版社,2006.

② 商瑞芹.诗魂的再生:查良铮英诗汉译研究.天津:南开大学出版社,2007.

③ 蒋林.梁启超"豪杰译"研究.上海:上海译文出版社,2009.

④ 朱安博,等.朱生豪的文学翻译研究.北京:国防工业出版社,2014.

围困的境地。那么,在技术肆虐的原野,译者该何去何从?译者还可以找到其主体性的天空吗?

《傅雷翻译研究》为此提供了答案。该著为我们全面展示了傅雷的翻译世界,以傅雷为个案揭示了译者的另一重身份——翻译精神主体,从而为我们指示了译者永恒的价值所在——通过翻译构筑人类的精神世界、发挥翻译应有的精神主体性。

翻译精神主体并非译者的新身份。哲学告诉我们,人的主体身份并非单一的,"人的主体性包括两个方面:首先人是实践主体,其次人又是精神主体"①。那么不难理解,译者既是翻译的实践主体,也是翻译的精神主体。但正如译者的存在是显而易见的,而人们却经过了漫长历程之后才发现译者主体一样,翻译精神主体虽然是译者固有的身份,却是我们对译者身份的新认识。强调译者主体性,把译者看作翻译活动的中心,注重译者的能动性、自主性和创造性,这包括把译者置于通过翻译进行跨语交际与信息传播的社会实践主体的地位上,把译者看作可以能动地作用于外在于人的语言和文本世界的人,也包括把译者置于通过翻译影响和改造他人的思想、实现自我精神追求的精神主体的地位上,把译者看作可以主动地作用于他人和自我内在精神世界的人。作为实践主体,译者通过翻译活动满足自身的生存需求、安全需求、社会交往需求和消极尊重需求,而作为精神主体,译者通过翻译活动满足自我实现需求和自我超越需求。

目前,翻译研究中对个体译者的专题研究为数颇多。傅雷是影响深远的翻译巨匠,研究傅雷的学者也可谓不少,但有别于其他研究的是,《傅雷翻译研究》是从译者如何发挥翻译精神主体性的角度全面地展示傅雷的翻译思想、翻译精神、翻译实践和翻译影响的。许钧教授在书中反复强调对傅雷的身份定位——"不仅仅是翻译家,而且是一个思想家,他传播的是思想的圣火"②,"傅雷首先是一个翻译家……同时,他又是一位思想

① 刘再复.论文学的主体性.文学评论,1985(6):11.
② 许钧,宋学智,胡安江.傅雷翻译研究.南京:译林出版社,2016:4.

家。而恰恰在这个意义上，我们看到了翻译的作用。傅雷所要塑造的，是我们国人的一种精神”①。也就是说，作为翻译实践主体，傅雷处理的是翻译中的语言和文字，而作为翻译精神主体，傅雷构筑的是精神家园，传播的是思想，塑造和影响的是国人的精神世界。于傅雷而言，翻译家和思想家并非两种分开的主体，而是翻译赋予傅雷的两者兼具的身份。将傅雷定位于通过翻译建构人的精神世界的翻译主体，这是《傅雷翻译研究》的研究起点，因而该著并非只展示傅雷的翻译成就，探讨其翻译艺术、策略、技巧及语言特色，也不是单纯对傅雷的翻译思想和观点进行归纳总结或考证阐释，而是通过深入探索傅雷翻译中精神追求与艺术追求的融合，探索其翻译背后的思想与精神意义，来揭示傅雷作为译者的生命价值。

主观能动性是人的主体性最重要的体现。《傅雷翻译研究》对于傅雷作为翻译精神主体的目的性有着非常明确的揭示。“傅雷选择翻译作为其终身的事业，是因为翻译可以立命，寄托精神理想。……他希望通过翻译活动振兴民族，给予国人精神上的勇力”②；“(期望翻译)能够对身陷苦闷之中的年轻朋友有所助益，帮助他们从中汲取与黑暗社会抗争的勇气和信心”；“在黑暗的岁月中，傅雷试图借助翻译，寻找光明希望。……以伟大的人道主义精神激起人们对于世界的爱，对于人生的爱，乃至对于一切美好事物的爱”；“在举国惶惶、中华民族面临巨大灾难的危急时刻，傅雷期冀借助翻译，为颓丧的国人点燃希望”；“当‘现实的枷锁’重压着人生、国人在苦恼的深渊中挣扎之时，傅雷则又一次寄希望于翻译，试图借助翻译之力为痛苦的心灵打开通往自由的道路。……给彷徨于歧路的国人指一条路，给脆弱的心灵以保护，给禁锢的灵魂以自由”；“希望彼时善恶颠倒、是非不辨、美丑不分的世界，能够从中吸取教训”③。正是这种精神上的追求为傅雷在自己的翻译世界孤独而虔诚、热情而执着地耕耘提

① 许钧，宋学智，胡安江．傅雷翻译研究．南京：译林出版社，2016：214．
② 许钧，宋学智，胡安江．傅雷翻译研究．南京：译林出版社，2016：1．
③ 许钧，宋学智，胡安江．傅雷翻译研究．南京：译林出版社，2016：4-5．

供了绵绵不绝的动力。该著第四章“傅雷翻译选择论”专门展示了傅雷为了实现翻译之“为我性”和“为他性”而进行的翻译道路选择、翻译文本选择和翻译话语选择。另外，该著还以傅译《都尔的本堂神甫》《邦斯舅舅》《约翰·克利斯朵夫》和《老实人》等具体译例展示了傅雷通过译文影响读者、感染读者、与读者产生视界融合的创造性。

通过《傅雷翻译研究》，许钧教授等为读者展示的是傅雷作为译者的“人”，作者关注的是洋洋大观的傅译作品之后的精神伟力，思考的是“何为翻译”“为何翻译”“翻译何为”等译学元问题。通过展示傅雷的翻译到底带给了中国以及中国读者什么，该著回答了我们的翻译应该带给中国、带给人类以什么——“为输入优秀的外国文化遗产，弘扬中华民族的文化，拓展我国读者的视野，振兴中华民族而做出贡献”①。

译者是一种历史性的存在，译者主体性的澄明也是一个历史性的过程。从最初发现译者的存在，到发现译者主体性，从发现译者类主体，到发现个体译者主体，从发现作为实践主体的译者，到发现作为精神主体的译者，我们的发现译者之旅不断取得发现。但人对自身作为主体及其主体性的认识也受到具体历史条件的约束，我们以往的翻译研究重点关注的是对译者作为翻译实践主体的研究，而忽略了译者作为翻译精神主体的身份。人们在长期的翻译实践中一直将翻译当作社会建构的力量在加以利用，学界也已经认识到翻译对社会文化发展的重要作用，但却没有将译者视为翻译精神主体系统而深入地研究过。

认识到译者作为翻译精神主体的身份，有助于我们更好地了解目前译者主体性困境产生的原因，从而寻找到译者的未来发展之路。译者主体性困境是技术进步所带来的必然结果，个体译者所遭遇的主体性困境是因为其语言转换和文字处理能力受到了机器的冲击，这种困境来源于译者翻译实践主体性与翻译精神主体性的分离，机器能够取代的只是译者作为翻译实践主体的无精神内涵的工作，而无法取代译者作为翻译精

① 许钧，宋学智，胡安江．傅雷翻译研究．南京：译林出版社，2016：6．

神主体的作用。译者未来的发展之路不是去与机器竞争,更不能妄图阻挡技术革新的潮流,而是将机器能做的事情交由机器,译者则回归“人”的世界,在翻译的精神世界发挥自身的主体作用。

译者是翻译精神主体,这是《傅雷翻译研究》为我们所揭示的。而在当前时代背景下,译者该如何发挥翻译精神主体性,则是《傅雷翻译研究》促使我们思考的课题。

## 二、构建翻译精神世界

译者何为?主体是相对于与其构成对象性关系的客体而言的,因而对译者何为的回答将译者置于其主体性所作用的外在世界加以考察。因对象性关系的差异,翻译呈现出不同的世界,在翻译的不同的世界中,译者之为并不一样。

作为翻译实践主体,译者的主体性可及的对象世界包括翻译的语言世界、文本世界、生活世界、技术世界等。在翻译的语言世界里,译者拥有认识、把握和运用语言规则和语言转换规律性特征的意识和能力;在翻译的文本世界里,译者具有原初文本解读的主动权和阐释文本建构的话语权,译者之为表现在对文本话语的选择、语篇结构的操控与文本叙述方式的改写等;在翻译的生活世界里,译者则根据自身资源、兴趣爱好、翻译能力、价值立场对翻译进行语言与文本的选择与操控,通过对主体间、主客体间关系的调整,对物质条件的利用,对权力的反抗与服从,以及对社会文化的维护与颠覆等以适应翻译的社会需求,获取生存条件和社会资源,获得精神和物质的回报。

随着时代的发展,翻译又衍生出新的世界,即由现代信息技术、语言技术和管理技术等构成的翻译技术世界。翻译技术将翻译中语言转换的规律性发掘到了极致,拓展了非译者的语言转换能力,提高了翻译机构的工作效率,提高了整个社会的翻译主体性。在技术世界里,译者职能被分解,部分工作被机器代替,译者必须不断地学习新的技术,适应自己被日渐边缘化的地位，维持自我身份认同。在技术世界里，传统译者的存在空间越来越小，其在翻译语言实践、文本实践和社会实践中所具有的完整的主体性已经被切分成了现代翻译行业中不同工作者的部分的主体性。翻译技术世界的出现既融合也改变了人们对翻译的语言世界、文本世界和生活世界的认识，它满足了人们对翻译服务消费增长的需要，也成了翻译产品生产的刺激手段。这种目的与手段互为一体的世界造成了译者主体性的裂变，译者在控制翻译技术的同时也强化了自身对翻译技术的依赖。

要在技术发展日新月异的翻译世界里巩固个体译者的主体地位，必须实现译者对技术的超越，或者说，必须找到翻译世界的另一维度——译者主体性不受技术限制的翻译世界，才能完善和发展个体译者的主体性。译者主体性的彰显不受技术进步的影响、译者主体地位从未被技术所异化的世界就是翻译精神世界，即译者作为翻译精神主体之主体性所及的对象世界。

《傅雷翻译研究》为我们展示的就是翻译精神世界——译者以充满人文情怀的翻译精神为读者构筑的翻译世界。阅读《傅雷翻译研究》，读者会很容易注意到“翻译”和“精神”在书中出现的频率，也不难发现“翻译精神”是书中强调的一个概念。该著所揭示的傅雷的翻译精神是其“艺术精神”和“人格精神”的统一，是傅雷通过翻译行为和翻译作品所寄寓的关怀人类精神家园、追求真善美、塑造理想人格的人文精神。这种精神是中国传统的文学精神、文化精神和民族精神等在翻译中的集中体现，反映了千百年来中国译者的理性智慧的结晶和形而上的哲理品格。

翻译精神首先是一种理想精神。理想精神在翻译中的产生与存在，是译者努力超越现实生活、提升存在价值的结果，它合乎人类生存与发展的愿望，为人们提供崇高价值的召唤，包含了译者对精神世界的深刻体验和对美好生活的倾情向往。《傅雷翻译研究》第一章第一节就引用了法国作家斯达埃夫人论“翻译的精神”的话，“人所能为文学做出的最大贡献就是把人类精神的杰作从一种语言传到另一种语言"①,以述评结合的笔墨展现傅雷对翻译理想的追求:"人类有史以来,理想主义者永远属于少数,也永远不会真正快乐……但是没有他们的努力与痛苦,人类也许会变得更渺小更可悲";"园丁以血泪灌溉出来的花朵迟早得送到人间去让别人享受";"把自我置于民族进步与社会发展中寻求自身的人生境界"②;"使大家心中都有一股生与爱的欢乐,使大家不顾一切地去生活,去爱"③。

翻译精神其次是一种拯救精神。拯救精神源于译者的忧患意识和博爱情怀,是译者直面时艰、同情苦难、建构人性的体现,它反映出译者致力于通过翻译改变国民精神面貌、帮助民众获得精神自由的责任感。《傅雷翻译研究》专门论述了傅雷的公共意识,包括"以翻译唤醒一个沉睡中的国家""以翻译挽救一个萎靡而自私的民族""以翻译彰显忧国忧民之心"④。该著以详细的副文本资料为读者展示了傅雷拯救国民的精神动力,如:"在此风云变幻,举国惶惶之秋,若本书能使颓丧之士萌蘖若干希望,能为战斗英雄添加些少勇气,则译者所费之心力,岂止贩卖智识而已哉"⑤;"现实的枷锁加在每个人身上,大家都沉在苦恼的深渊里无以自拔;我们既不能鼓励每个人都成为革命家,也不能抑压每个人求生和求幸福的本能,那末如何在现存的重负之下挣扎出一颗自由与健全的心灵,去一尝人生的果实,岂非当前最迫切的问题"⑥;"唯有真实的苦难,才能驱除浪漫底克的幻想的苦难;唯有看到克服苦难的壮烈的悲剧,才能帮助我们担受残酷的命运;唯有抱着'我不入地狱谁入地狱'的精神,才能挽救一个萎靡而自私的民族"⑦。

翻译精神还是一种求真精神。首先,求真精神是译者价值体系中不

---

① 许钧,宋学智,胡安江.傅雷翻译研究.南京:译林出版社,2016:1.

② 许钧,宋学智,胡安江.傅雷翻译研究.南京:译林出版社,2016:1-2.

③ 许钧,宋学智,胡安江.傅雷翻译研究.南京:译林出版社,2016. 17.

④ 许钧,宋学智,胡安江.傅雷翻译研究.南京:译林出版社,2016:16-17,19.

⑤ 许钧,宋学智,胡安江.傅雷翻译研究.南京:译林出版社,2016:5.

⑥ 许钧,宋学智,胡安江.傅雷翻译研究.南京:译林出版社,2016:5.

⑦ 许钧,宋学智,胡安江.傅雷翻译研究.南京:译林出版社,2016:17.

可缺少的部分，它体现了译者对翻译本质的深邃洞察，译者冲破文化阻滞、否定非人性、摈弃腐朽的勇气，以及译者对真理和道义的维护。翻译之所以需要求真精神，在于翻译是一个需要译者自律的领域，翻译是跨语交际双方在无法使用同一种语言进行沟通和交流的情况下发生的，译者有着天然的语言优势，如果没有译者对诚信的信仰，翻译将成为败坏交际伦理的活动。其次，翻译作为精神世界的建构活动，其产生的精神作用应是崇尚真理，拒绝人性颓废堕落，批判腐败虚伪和道德异化的。《傅雷翻译研究》对傅雷的翻译求真精神有着深刻的揭示和无比的尊崇，从其对原作的理解，对读者的关怀，到“神似论”中的忠实观，再到拒绝与诡谲的世界同流合污的态度，可以说，许钧教授和他的团队长期研究傅雷，就是受到傅雷求真精神的感染。当今翻译行业发展迅速，但因利益的驱动，翻译中只讲目的不择手段、率尔操觚粗制滥造、近利媚俗品质低下的情况屡见不鲜，因而许钧教授 2008 年在国家图书馆做讲座时说傅雷的求真精神是“那么的可贵”，“我们宣传与弘扬傅雷广阔的胸怀以及求真的勇气，因为这些正是我们这个时代所需要的”①。

翻译精神也是一种艺术精神。艺术精神是翻译关怀人性的基本体现，它并非每位译者都有的品质，却是古今中外优秀译者孜孜以求的境界。虽然对于具体译者来说，艺术精神并非一种自觉意识的结果，但翻译具有不断拓展人类的精神世界和现实审美能力，使人获得人性的丰满与完善的可能，而将这种可能变为现实是译者的责任。对于文学译者而言，艺术精神尤为重要，它要求译者将翻译视为艺术创作，而非技巧或技术，它能使感性与理性、经验与超验、译者个人情感与社会文化心理获得融通。译者艺术精神的形成依赖于其文化底蕴、审美感受力和在审美体验中获得的人生启悟与思想超越。《傅雷翻译研究》对傅雷翻译中的艺术精神有着高度的评价，“他已然把自己的精神追求融合在具体的艺术追求中”“在翻译活动的过程之中，充分调动起自身的艺术热情和文学才华，忘

① 许钧，宋学智，胡安江．傅雷翻译研究．南京：译林出版社，2016：217．

我地投入,并且最终把自己的人品融化在译品当中,把自己的精神力量连同艺术心血,一道化成极富魅力的感人文字,变幻出深刻的人文情怀以及永恒的生命力量"①。该书辟出多个章节讨论傅雷的诗学思想、美学理想以及文艺思想,以全面解读傅雷翻译的艺术精神构成。

人类在悠久的翻译史中秉持了对真、善、美的追求,也积淀了对交流、信任、创造等的价值认同,形成了诚信、存异、超越等伦理观念,数次翻译高潮的发生都源于人类自身的精神需要,翻译活动最终都指向人的信仰和灵魂,指向人性的完善和理想生命境界的构建。不管承认与否,翻译精神总是客观地存在于一个民族的翻译实践之中,同译者乃至一个民族的特定的人格形态、生存状态、理想信仰、思想传承、文化心理、价值观念及精神崇尚息息相关。同人类整体精神的发展一样,翻译精神也是一种动态的、历史的现象,其内在含义丰富而多元,是多种精神和智慧的融合,由不同时代的译者共同创造、传承与发展。翻译精神既显现为译者对自身的现实处境和精神状态的反思,又显现为其对人类的终极关怀和价值理想的叩问。正是在人的精神价值的追求上,翻译与文学、艺术、哲学等具有共同的价值目标。不同的是,翻译的精神诉求遵循语言转换思维的特点,隐含在译者的各种翻译选择之中,存在于译作所传达的译者真切的人生体验和对生命意义的思考上。

## 三、结　语

翻译精神是许钧教授一直倡导译界加以深刻体认的一个概念,他将翻译精神视为影响翻译存在与发展的重要的内在根据,也将翻译精神世界视为翻译的本质维度之一。历代优秀的译作不只是再现原作的内容信息,更是语言表现手法的创新,是充满人文情怀的翻译精神世界的构建。当前,翻译的存在方式随着社会发展而不断变化,技术在极大地改变着翻

① 许钧,宋学智,胡安江.傅雷翻译研究.南京:译林出版社,2016:5.

译方式的同时,也深刻地影响译者的生存和发展。越来越多的人重视翻译的经济性和消费性,人人都做翻译,处处都有翻译,技术性的翻译活动在一定程度上造成了翻译审美创造和精神价值追求的弱化甚或缺失。但不管翻译生产与传播方式发生何种变化,翻译作为满足人的精神需要的创造性活动,其价值不会泯灭。因此,译者应明确自身翻译精神主体的身份,承担起建构文化精神的责任,既要关注翻译在职业化时代所发生的变革,又要防止翻译的泛技术化倾向对翻译精神世界的侵蚀。

《傅雷翻译研究》不仅为我们展现了傅雷的翻译精神世界,让我们认识了傅雷的翻译精神,更为重要的是,让我们认识到通过翻译构建人类的精神世界才是翻译具有人文价值的标志。而一代又一代的译者所创造的丰富的翻译精神世界,为我们的翻译研究留下了可资吸收借鉴的丰富的理论资源。

(原载《中国翻译》2017 年第 1 期)

# 从翻译世界到翻译中国

黄友义

2018年是中国改革开放40周年，值得纪念的领域很多，其中一个非常需要纪念的领域就是翻译。回顾40年历程，翻译界可以自豪地说，没有改革开放，没有翻译界的全力参与和辛勤耕耘，就不会有翻译事业的大发展。

翻译与改革开放的关系，尤其是翻译在改革开放中的作用和发展非常值得研究与传播。许钧教授主编的《改革开放以来中国翻译研究概论(1978—2018)》最近由湖北教育出版社出版，具有十分重要的现实意义。该书列入了国家“十三五”重点规划出版项目，是中国翻译研究院重大研究项目成果，具有相当高的理论价值。

40年来，中国的翻译实践和研究经历了两轮高潮。第一轮跟改革开放同步，译者们大力翻译国外先进科学技术资料、先进文化作品、先进管理经验专著等。与此同时，翻译教育得到快速发展，为国家的建设培养了源源不断的外语人才。

第二轮高潮出现在21世纪初，目前还在继续发展和变革之中。随着中国国力增强和国际影响力加大，中国经济文化等领域迅速走向世界，特别是近年来中国理念、中国方案在构建人类命运共同体的过程当中出现了大量对外翻译，产生了广泛的国际反响，极大地增强了中国的话语影响力。在这轮翻译高潮中，翻译专业教育、翻译资格考试、翻译人才培训、翻译服务等领域快速发展。

近年来，翻译界的发展出现了一些明显的新趋势。第一个变化是从过去的“翻译世界”转为在继续“翻译世界”的同时，更加重视“翻译中国”。改革开放的起步就是学习国外的先进文化、先进管理方法和先进技术。广大翻译工作者花费巨大精力，把这些先进的国际知识展示给国民，直接推动了中国经济社会的转型和发展。如今，中国经济成果遍布世界，中国的影响广泛传播，这个过程不可能通过中文来实现，主要得依靠翻译来完成。

第二个变化是从过去的单一题材翻译转成多题材翻译。长期以来，翻译的重头是文学，文学的包容和魅力将是翻译的永恒主题。然而，随着改革开放的深入，需要翻译的题材范围越来越大。比如中国特色社会主义理论和实践、大型对外建设项目、中国技术和中国标准的输出、时政信息、中国影视剧的对外翻译比重逐年增大。

第三个变化是从少数西方语种的翻译转为多语种的翻译。无论传统的外国文学翻译还是西方技术和管理的输入翻译，涉及的基本是英法日德俄等少数语种。然而，中国逐步走向世界舞台中央，特别是“一带一路”建设起步以来，中国与广大发展中国家的交流日益频繁，一度不被重视的非通用语种或者人们常说的小语种翻译量逐年增加，出现了小语种翻译人员供不应求的现象。

第四个变化是从单纯的人力翻译转为人力和人工智能翻译的结合。新技术始终在推动翻译业态的变革。40 年来，老式打字机首先被电动打字机取代，而互联网的出现进一步改变了翻译的工作模式。过去翻译人员严重依赖的纸质词典如今很少被人使用。最近几年，人工智能翻译技术更是深刻改变着翻译界的思维、工作和发展模式。人们拥抱新技术，开发新技术，利用新技术，推动翻译模式升级成为业界常态。

如今，“一带一路”建设正在长度和广度上延伸。“一带一路”建设走多远，翻译任务就有多重；中国翻译发展如何，就在一定程度上决定了“一带一路”建设走多远。

40 年前，中国在国际上的声音非常微弱。现在，中国需要向世界宣传自己，世界需要倾听中国的声音。作为世界经济大国，中国面临着对外讲好中国故事、传播中国理念、赢得国际社会理解的急迫任务。构建中国国际话语体系的任务摆在了中国面前,更摆在了广大翻译工作者面前。

在新时代,翻译面临新挑战,需要有新作为。新时代给翻译研究、翻译教育和翻译实践提供了史无前例的发展和升华的机会。翻译界需要深刻认识历史提供的机遇,抓住机会,挑起自己的历史重任。

这一切的一切都离不开翻译研究,无论是从最初介绍国外翻译理论、挖掘我国历史上的经典翻译理论还是在新时代创新中国翻译理论,引导翻译实践,理论研究工作的支撑作用都巨大。

《改革开放以来中国翻译研究概论(1978—2018)》第一次系统地对改革开放 40 年来中国的翻译事业和翻译研究状况做了细致权威的梳理,勾勒出中国翻译研究的发展轨迹,展示了翻译事业的发展和变革,既是对 40 年中国翻译研究探索、创新历程的一个总结,也是对未来建设的指引。

许钧教授是 40 年翻译发展的见证者、实践者、贡献者,他率领的撰写团队集中了当前中国最活跃、最具学术地位的翻译学者。整个团队既有亲身经历了改革开放 40 年伟大实践的翻译教育以及翻译研究者,如许钧和穆雷教授,也有在过去二三十年来一直从事翻译研究的学者,他们既有理论,又有实践经验,是最权威的撰写队伍。他们在从事翻译教育以及翻译实践的同时,勤于思考,重视总结,是翻译界的有心人、思想者。凭借深厚的理论功底、大量的翻译教育以及中译外和外译中的实践经验,撰稿者给读者展示的是理论的升华和实践的总结。特别需要指出的是,该书选题的策划者唐瑾编审,长期关心中国翻译研究,为中国翻译理论研究成果的出版与传播做出了重要贡献。

总结过去,是为了将来。这部翻译重头著作的撰写和出版具有十分重要的现实意义、极高的学术价值和急需的指导作用,必然会推动中国翻译事业与翻译理论建设更加健康的发展,以便帮助翻译界更好地服务于国家的战略。

(原载《光明日报》2018 年 12 月 9 日第 5 版)

# 当代中国译学:不惑之年的思考

## ——评《改革开放以来中国翻译研究概论(1978—2018)》

谭载喜

## 一、引 言

孔子曰:“吾十有五而志于学,三十而立,四十而不惑,五十而知天命,六十而耳顺,七十而从心所欲,不逾矩。”(《论语 · 为政》)当下即为当代中国翻译研究的“四十不惑”。所谓“不惑”,是指“遇事不感迷惑”。就当代中国翻译研究而言,也就是指经过国家改革开放40年以来的成长,而成为独立自主的学科之后,它已获得了足够的资质、能力和底气,来对与之相关的诸多译事译论和译学迷思,进行“明辨是非”的释疑解惑,对征途中遇到的种种问题不再感到困惑。由湖北教育出版社出版、许钧教授主编的《改革开放以来中国翻译研究概论(1978—2018)》(以下简称《概论》),可以说就是当代中国翻译研究进程中这一“不惑之年”的“不惑之作”。该书的出版相当及时,从书名到编写形式再到所呈现的内容,我们都可把它看作见证中国译学发展40年的重要的总结篇,同时也是探讨中国译学如何由此迈向更好未来的前瞻篇。无疑,《概论》一书,除了是各篇章作者的研究成果,更是主编许钧教授长期倾力于译学研究的学术贡献。本文拟从该书“改革开放以来中国翻译研究概论”的主题出发,在首先对作品主要特点做一综合概评的基础上，就中国翻译研究在当下及今后发展中需要重点关注的问题，来谈谈由《概论》引发的几点个人思考。

## 二、《概论》的特点与亮点

《概论》刚一出版，即受到翻译学界的重视。出版信息一时间传遍微信朋友圈，有转发消息的，也有转载书中部分章节的，学界朋友和读书大众通过高科技的现代通信手段，很快就对作品的基本内容有了一个大致的了解，同时无不表现出对作品要“先睹为快”的热忱。这是归功于“微信革命”而产生的、极具当代“中国特色”的即时读书“朋友圈”反应，也可以说是《概论》出版后引起的第一波社会反响。

专家的正式反应也同样迅速，同样积极。黄友义教授撰写了《从翻译世界到翻译中国》、谢天振教授撰写了《展示翻译研究成果》（朋友圈转发文为《记录从翻译大国到翻译强国的历史进程》），两篇书评先后发表于《光明日报》和《中国新闻出版广电报》。两位教授均对《概论》赞赏有加。黄友义认为，《概论》一书“系统地对改革开放 40 年来中国的翻译事业和翻译研究状况做了细致权威的梳理，勾勒出中国翻译研究的发展轨迹，展示了翻译事业的发展和变革，既是对 40 年中国翻译研究探索、创新历程的一个总结，也是对未来建设的指引”①。同样，谢天振对《概论》的编写与出版也做了充分的肯定，认为它“全方位地梳理了改革开放 40 年来国内的翻译学学科建设、理论建设、翻译史研究、翻译批评研究、口译研究的发展成就与趋向、中国文学‘走出去’与中译外研究、技术手段与翻译研究、中国的翻译职业发展、翻译学术出版等方方面面，最后一章还对国内翻译研究存在的问题进行了专门深入的分析和展望”②。因而可以说，《概论》的出版进一步展现了这样一种状况，即：“我国翻译学理论建设和翻译学

---

① 黄友义．从翻译世界到翻译中国．光明日报，2018-12-09(5)．

② 谢天振．展示翻译研究成果．中国新闻出版广电报，2018-12-21(7)．

科建设‘完成了从传统到现代的形态蜕变,进入了多元、多范式、多学科途径的现代译论发展阶段’。”①

笔者认同专家们的评论,也为许钧教授被列作“中国翻译研究院重大研究项目”的这部译学作品拍案叫好。因为这正是笔者在应邀为《外国语》及庄智象教授主编的《往事历历·40年回眸:知名外语学者与改革开放》撰写忆叙中国译学发展的相关文章②时,所期望读到的其他学者对中国翻译研究发展40年的总结,以及他们对中国译学如何由此迈向未来,迈向那“知天命”“而耳顺”和“从心所欲,不逾矩”等未来阶段的前瞻。许钧教授主编的这部译学作品,洋洋50万字,恰好满足了笔者心中的这个期盼。故此,笔者愿在黄友义、谢天振两位教授的书评的基础上,再来补充一点本人读完整部作品后感受到的它所显现的主要特点。

《概论》在“绪论”一章指出,该书的“撰写设想和整体目标”是力图做到四点:“一是整体把握,对我国改革开放40年以来翻译研究所取得的成就进行全面梳理、总结和分析。二是重点评述,有选择地总结评述在改革开放的宏大背景下中国翻译研究在基础性领域所取得的成绩。三是紧贴时代,密切关注进入信息化和职业化时代之后翻译和翻译研究所面临的挑战和机遇,总结中国翻译研究在若干新兴领域中所取得的突破性、前瞻性成果,评说这些成果对翻译学科建设、翻译行业发展、国家文化战略实施的影响和推动。四是展望未来,在新时代,基于对中国翻译研究的整体把握,在中国社会不断发展与进步、中外文明互学互鉴的语境下,提出对中国未来翻译研究的展望。”③在笔者看来,经过主编及各个章节作者的共同努力,《概论》的上述四个“撰写设想和整体目标”,应该说是完全达成

---

① 谢天振.展示翻译研究成果.中国新闻出版广电报,2018-12-21(7).

② (a)谭载喜.中国翻译研究40年:作为亲历者眼中的译学开放、传承与发展.外国语,2018(5):2-8.(b)谭载喜.中国翻译研究40年:亲历者眼中的译学开放、传承与发展//庄智象.往事历历·40年回眸:知名外语学者与改革开放(卷2).上海:上海外语教育出版社,2018:1-2.

③ 许钧.改革开放以来中国翻译研究概论(1978—2018).武汉:湖北教育出版社,2018:3.

了。换一个角度，即从作品读者和评论者的角度来看，笔者又认为《概论》的最大特点同时也是它的最大亮点所在，可用以下五个词组来形容：研究适时、总结系统、涉猎丰富、论述中肯、意义突出。下面，我们对这五个特点和亮点，逐一做简单阐释。

先谈第一点。作为“中国翻译研究院重大研究项目”，许钧教授组织的该项研究是十分及时的、适时的。2018 年，恰逢改革开放 40 周年。我们知道，正因为有了改革开放，才有了 40 年来中国经济的腾飞和国家在社会、文化等各个领域所发生的翻天覆地的变化。同时笔者也深深地感受到，也正是有了国家的改革开放，才使得包括笔者和《概论》主编在内的许许多多中国译学领域的学者，有机会从一开始即跟随国家“改革开放的跳动脉搏”，“见证及亲历着 40 年来我国翻译研究领域的开放、传承与演进”，也正是有了国家的改革开放，才“成就了翻译学在中国的发展”①。就是说，过去这 40 年，既是中国经济突飞猛进的 40 年，同时也是包括中国翻译研究在内的文化事业向前大发展的 40 年。而今天我们在翻译学界纪念和庆祝中国改革开放 40 周年，理所当然地应当拿出我们作为翻译和翻译研究工作者的“成绩单”和继续发展的“愿景图”来。因此可以说，《概论》的出版，是翻译界尤其是翻译研究界，向中国改革开放 40 周年献上的具有一定代表性的这样一份中国译学发展 40 年“成绩单”和未来“愿景图”。这一“献礼”无疑是适时的、及时的。当然，它的适时性、及时性不仅仅在于“献礼”的形式层面，更重要的是在于它的内容层面。《概论》作为笔者眼中中国译学 40 年发展的“总结篇”和未来发展的“前瞻篇”，以较为完整和合理的结构，对中国译学发展的相关话题做了踏实而有益的研究。正如下面会进一步讨论到的，这些对中国译学发展的“适时”“及时”研究值得我们充分肯定。

《概论》的第二个主要特点和亮点是，就其具体作为对中国翻译研究

---

① 谭载喜. 中国翻译研究 40 年：作为亲历者眼中的译学开放、传承与发展. 外国语，2018(5)：2-3.

40 年发展的“总结篇”而言，笔者认为，它的总结是系统而较为全面的。之所以这么认为，皆因三个具体因素。一是全书连同绪论共 13 章，每一章都包含了对于 40 年以来该章话题所涉研究工作和发展状况的回顾和总结。二是由绪论引出话题开始，从“翻译学学科建设”与“翻译学理论建设”，到“中国传统译论的阐发”“外国译论的引介与反思”“翻译史与译论史”与“翻译批评研究”，再到“中国口译研究的发展、成就和趋向”，再到“中国文学‘走出去’与中译外研究”，再到“技术手段与翻译研究”“中国的翻译职业发展”与“翻译学术出版”，最后到“新时代翻译研究值得思考的问题与探索展望”，话题层层递进，环环相扣。而这样的总结路线，基本准确地对应了当代中国翻译研究的发展路线图，也就是由当初的“而学”(即由 20 世纪 80 年代起始我们的译学理论及学科意识“启蒙”)，到后来的“而立”(即我们对外来翻译理论的“批判性接受”和对本土翻译思想的用心“梳理挖掘”)，再到如今的“不惑”(即对中国译学全方位的理性“反思与发展”)等多个阶段的发展路线图。三是《概论》中上述这些篇章话题的立题，其本身就是一种总结，因为这些研究话题和范围所及，虽然未有百分百，也不可能百分百地反映当代中国翻译研究领域的全部样貌，但它作为一个有多重话题而“层层递进，环环相扣”的有机整体，却也基本全面而系统地呈现出当代中国译学主要特征之所在，因而也就能自然而然地代表这是对 40 年来中国译学发展方方面面的“总结”。

第三，《概论》各篇对相关内容的涉猎和挖掘是丰富的、全面的。如上所述，该书是一个由多重话题构成的整体，而又由于其研究话题的多重性，各个话题(即各篇章)多由不同研究者来完成，因而无论主编如何努力协调、统一，各篇在研究或行文风格上都会或多或少出现这样或那样的不一致。这自然是多人合作产品中难以避免的，或曰弱点，然而它同时却又可能成为此种产品的一个强项。此强项在《概论》中的一个最主要表现，就是各篇所呈现的内容和数据，基本做到了是相关作者尽其所能而涉猎得到的、能反映该篇话题较全面貌的内容和数据。不论是第一、二章关于翻译学学科和翻译理论建设话题的研究，第三、四章关于中国传统译论和外国翻译理论的讨论，还是第五、六、七章关于翻译史、翻译批评和口译问题的探索，又或者是其他关于中国文学文化“走出去”、现代技术应用于翻译和翻译研究、翻译职业发展和翻译学术出版等问题的研究和讨论，无一不反映出“涉猎广泛、资料丰富、内容全面”的特点。该特点还有一个重要的“标配”，就是各篇各章都建基于各自相关的较新而完整的引用资料、数据表格和其他支撑之上，并且全书末尾还另附有统一的详尽参考文献，方便研究查阅。

第四，该书既定名为相关研究的“概论”，就意味着它不是一种对历史事件或对未来愿景的简单罗列，而是要在“概”述译学事实或史实和展望未来发展的基础上，对相关的译学问题展开较深层次的“论”述。这个“论”字，是指要由翻译和译学的“形而下”入手，然后进入翻译和译学的“形而上”范畴，对它们进行理论层面的深化和升华。在这一点上，《概论》的主编和各单篇作者的工作也都做得相当或相对到位。例如，各章都分为三节，其中一般都安排了一节或相当大比例的篇幅，来就相关话题展开理论反思或发展前景的思考，因而使得读者既能了解到相关领域的发展状况，又能通过作者的讨论，而了解到作者自己在相关问题上的思想立场，以及获得对相关理论及其话语发展的更深层次的了解和掌握。

《概论》的第五个主要特点，在于书的总体意义和价值。严格说来，任何一部学术作品的意义或价值不能叫“特点”。但出于以下三个考虑，把《概论》的学术意义和价值视为其主要“特点”，似乎也很恰当。首先是前面已经提及的，《概论》由主编组织撰写，为“中国翻译研究院重大研究项目”，并同时是湖北教育出版社的“‘十三五’国家重点图书出版规划项目 · 湖北省学术著作出版专项资金资助项目”，这从经费和机构支持层面说明了该书得以出版的重要意义。此其一。其二，除主编本人以外，参与《概论》撰写的作者还有 12 位。这是一支由活跃在第一线的翻译研究者组成的队伍，他们对各自撰写的话题领域均十分熟悉，对各领域的发展动态亦有相当大的把握，因而使各个篇章的撰写能得到足够的质量保障。这样一来，《概论》在各个层面都展现出了超乎单一作者所能达到的质量水平和学术特色。其三，与此相关的一点，就是这种由众多研究者围绕同一中心主题，分题展开研究和书写，通过主编的通盘设计和协调，所表现出来的学术主题的整体性、思想理论的连贯性和组织结构的衔接性、互文性，又都优于由不同单篇论文集合而成的一般文集。因此笔者认为，这些既是《概论》的学术意义和价值所在，同时也是它不同于其他译学作品而值得点赞的一大特点。

在充分肯定作品的正向特点和亮点之后，我们同时也会关心它可能存在哪些或可称为“薄弱环节”的地方。笔者从《概论》的宏观层面来看，感觉其篇章内容似有适当扩展的空间。虽然现有的十二三个篇章话题已覆盖足够宽的译学范围，但仍有一些研究领域极其重要，却在《概论》中有所缺位，如“翻译教育与教学”和“电子翻译/机器翻译”(或“人工智能翻译”)等领域。更具体一点说，诸如“翻译教育与教学”之类的话题最好能独立成章，而不宜将其勉强置于“翻译职业发展”之下(窃以为“翻译职业发展”倒可置于“翻译教育与教学”的话题之下)。再如，“电子翻译/机器翻译”(或“人工智能翻译”)可说是翻译领域最具当代性的一个发展，是“技术手段与翻译研究”之类的话题所不能涵盖的，因而也最好考虑有独立篇章来讨论。当然，见仁见智，这些也未必是《概论》的“薄弱”之点。但无论怎样，它反映了笔者的一个看法，提出来或可供编著者在作品再版修订时作为参考，足矣。

总而言之，《概论》的撰写和出版，是翻译研究领域十分有意义的一项工作。笔者在此借用《概论》在“绪论”结尾部分的一句话，来描述《概论》本身的意义所在，即它“对这 40 年来中国翻译与翻译研究所走过的发展历程加以回顾、反思、总结，无论在理论层面，还是在实践层面，都具有重要的现实意义与学术价值”①。

---

① 许钧.改革开放以来中国翻译研究概论(1978—2018).武汉：湖北教育出版社，2018:21.

## 三、由《概论》引发的几点译学思考

首先是关于翻译的本质思考。在论及有关当代中国翻译研究的发展特色和未来走向的问题时,笔者曾于 2017 年 12 月 1—2 日在北京举行的"'一带一路'中的话语体系建设与语言服务发展论坛暨 2017 中国翻译协会年会"以及在部分大学讲座场合先后谈到这么一个事实,即,翻译学自 20 世纪 80 年代作为独立学科出现于中国译学领域,在近 40 年的演进过程中,经历了标志较为明显的多个阶段:现代译学理论意识觉醒、规模引进外国译学思想、译学反思与传统话语挖掘、积极参与国际对话等。而所有这些,既昭示着中国语境下译学发展的原始中国动力,又蕴含着新时期、新环境下中国译学研究需要始终坚持的发展初心。始终坚持和不忘译学初心,这也是笔者 40 年来从未放松的一个追求和基本译学观。

读了《概论》之后,笔者的这个追求和译学观,更是在心中得到了强化。笔者认为,中国学者今天围绕中国译学发展 40 年这个主题展开研究,发表诸如《概论》之类的译学著作或文章,无不是为了通过对过往的回顾,对当下的审视和对未来的展望,来从各个层面尤其是哲学层面,回答中国乃至世界翻译研究中的"我是谁""我从哪里来""我到哪里去"的问题,亦即"翻译是什么"(翻译本质)、"翻译历史"(自然也包括近 40 年当代中国翻译研究作为独立学科从无到有的发展历史),以及"将来翻译走向何方"(包括中国译学如何更好地迈向"知天命""而耳顺"和"从心所欲,不逾矩"等各个未来阶段)的问题。

或许有人会说,翻译研究发展至今,关于翻译"我是谁"的问题已经解决。其实不然或不尽然,人们对这个问题的讨论一直在路上。近年一些译学研讨会或期刊文章所讨论到的主题,即能充分说明这一点。例如,2017 年 4 月在巴黎举行的"第一届世界翻译学研讨会"(1st World Congress on Translation Studies),会议主题第一项为对翻译理论发展现状的探讨,其中包括从理论层面对翻译本质问题的讨论。2015 年 3 月在广州、2016年5月在上海先后举行的两次研讨会，更将会议主题明确地定为“何为翻译？——翻译的重新定位与定义”。这些研讨会以及随后由学术期刊发表的相关论文，其中包括谢天振、仲伟合、许钧、王宁、廖七一、穆雷、邹兵、蓝红军、谭载喜、黄忠廉、方仪力①等人的文章，均对如何看待、定义或重新定义翻译的问题提出了各自的观点和主张。虽然如此，也不能说我们对于翻译本质的认知就已经完全到底了、一致了。其实，就人文社会科学领域而言，认知多元、思想多元、表述多元是常态。我们所应追求的是把各自对事物的认知尽量说清楚讲明白，看看哪一种认知和解释更靠近事物的本质所在，更具说服力。

回到翻译的“本质”即“我是谁”“何为翻译”的问题，仔细研读各类涉及翻译本质讨论的文章，我们看到的多半是对“以语言[文本]意思对等转换为目标”即所谓“语言中心主义”的词典基本定义的批评和对翻译中非语言因素的强调。② 笔者认为，各个专家所谓必须以新的，即以“文化”的，超越“语言”的视角，去审视翻译，“重新”定位与定义翻译，这些无疑都有道理。但问题是，我们已经发现传统的或“语言中心主义”的定义“已落后于时代的发展”，却鲜有人尝试提出能为学界广泛接受的“词典式”、超越“语言学解释的”再定义。

---

① (a)谢天振.现行翻译定义已落后于时代的发展——对重新定位和定义翻译的几点反思.中国翻译，2015(3)：14-15.(b)仲伟合.对翻译重新定位与定义应该考虑的几个因素.中国翻译，2015(3)：10-11.(c)许钧.关于新时期翻译与翻译问题的思考.中国翻译，2015(3)：8-9.(d)王宁.重新界定翻译：跨学科和视觉文化的视角.中国翻译，2015(3)：12-13.(e)廖七一.范式的演进与翻译的界定.中国翻译，2015(3)：16-17.(f)穆雷，邹兵.翻译的定义及理论研究：现状、问题与思考.中国翻译，2015(3)：18-24，128.(g)蓝红军.何为翻译：定义翻译的第三维思考.中国翻译，2015(3)：25-30，128.(h)谭载喜.翻译学：作为独立学科的发展回望与本质坚持.中国翻译，2017(1)：5-10.(i)黄忠廉，方仪力.基于翻译本质的理论翻译学构建.中国翻译，2017(4)：5-10.

② (a)王宁.走出“语言中心主义”囚笼的翻译学.外国语，2014(4)：2.(b)谢天振.现行翻译定义已落后于时代的发展——对重新定位和定义翻译的几点反思.中国翻译，2015(3)：14.

西方译学领域除奈达①、雅各布逊②、卡特福德③等人提出的形形色色却基本属于语言学范畴的定义之外,倒有两个较为经典的“非语言中心主义”的定义,一是诺德,另一是图里的定义。这两种定义分别表述如下:

> [Translation is] the production of a functional target text maintaining a relationship with a given source text that is specified according to the intended or demanded function of the target text (translation skopos)④.
>
> ([翻译即]生产出一种与特定源文本有关系的功能性目标文本,这个关系是根据目标文本应达到或需要达到的功能[即翻译目的]来加以说明的。——笔者译)
>
> [A translation is] any target language text which is presented or regarded as such within the target system itself, on whatever grounds (Toury, 1985: 20)./ Translations are facts of target cultures; on occasion facts of a peculiar status, sometimes constituting identifiable (sub) systems of their own, but of the target culture in any event.⑤
>
> ([所谓翻译作品,是指]在目标体系中被展现为或被视为翻译作品的任何一个目标文本,不论根据如何。/翻译作品是目标文化的产

---

① Nida, E.A. & Taber, C. *The Theory and Practice of Translation*. Leiden: E. J. Brill, 1969: 12.

② Jakobson, R. On linguistic aspects of translation. In Brower, R. A. (ed.). *On Translation*. New York: Oxford University Press, 1959: 232.

③ Catford, J. C. *A Linguistic Theory of Translation*. London: Oxford University Press, 1965: 20.

④ Nord, C. *Text Analysis in Translation: Theory, Methodology, and Didactic Application of a Model for Translation-oriented Text Analysis*. Amsterdam: Rodopi, 1991: 28.

⑤ Toury, G. *Descriptive Translation Studies and Beyond*. Shanghai: Shanghai Foreign Language Education Press, 2001: 29.

品，有时是地位独特的产品，有时它们自成标识明显的[次]体系。但无论何种情形，它们是属于目标文化的产品。——笔者译）

如果说奈达等人关于翻译的语言学定义，实质上与传统词典定义并无太大区别，强调的是语言之间的“文本转换”和“意义对等”或“意义对应”，那么诺德和图里对翻译的界定，舍弃“对等”甚至“对应”这个传统翻译定义中的核心概念，便更加接近国内学界强调要从文化角度来“定义”或“重新定义”翻译的主张。事实上，谢天振教授曾在《译介学》一书中相当富有创意而大胆地指出：“翻译文学……应该是民族文学或国别文学的一部分，对我们来说，翻译文学就是中国文学的一个组成部分。”①虽然谢教授当时谈的是翻译文学的国别或文化的归属，但他这个观点与图里把“翻译作品”界定为“目标文化的产品”的思想，颇有异曲同工之妙。不过笔者在此更为关注的，不是“翻译文学”或“翻译作品”是否应归属目标文化的问题（在这一点上笔者觉得谢教授是很有道理的），而是是否应认同图里，把翻译者“随心所欲地”（用他的话说是“on whatever grounds”[不论根据如何]）呈现于目标体系/目标文化中的“任何一种目标文本”都视为“翻译作品”。

显然，如果对这样的翻译定义不加以修饰或范围限制，笔者是无法认同的，因为那样就会给各类可能彻底背离原作本意的“目标文本”披上“合法”或“合格”翻译的外衣，也会让并无源文本的“伪翻译”“假翻译”堂而皇之地成了“真翻译”。图里这个完全基于“目标文本/目标文化取向”的翻译观，当然也并非没有他的道理。事实上，任何一个图书市场都会有各式各样（自）称为“翻译”（或“变译”）的作品存在，这是一个实实在在的文化存在。而读者大众，也只要看到书的封面或扉页上标有“翻译”或“译”的字样，一般是不会在意它们到底是不是真的翻译。就像想乘高铁旅行的乘客，他们首先关心的，一般都会是有没有高铁可乘，乘坐起来是否舒适，而不会关心或特别关心所乘高铁是由谁在哪里制造的，制造者有没有制

---

① 谢天振．译介学．上海：上海外语教育出版社，1999：239．

造许可,等等。

为什么存在这种状况？怎么去理解和应对这种状况？这个问题看似复杂,其实十分简单。这是因为我们在试图“定义”或“重新定义”翻译时,混淆了“我是谁”和“我要做什么”或“我(或我的替身)要在移居地(目标文化)做什么”的问题。要回答翻译定义中的“我是谁”问题,必须既考虑源文本/源语文化,也要考虑目标语言文化的双重因素,考虑“转语”和“转文化”过程中的目标文本必须至少在一定程度上“对等”或“忠实”于源文本。在这一点上,我们撇开至今谁都无法完全推翻的严复所提的“信”的原则,单以几款名噪当下的口译/翻译机为例(包括讯飞翻译机、苹果翻译机iTranslate和大禹即时同步口译机等),即能说明“对等”或“忠信”的原则应当始终被确立为翻译(至少就翻译本体而言)中的一个“核心”原则:凡听完那些翻译机演示的人(特别是通双语者),无不为它们的良好表现拍手称好。原因是,无论是英中还是中英的对译,它们在演示中都表现出了产出结果高度地“对等”于原发信息。假如各款翻译机在演示中,表现出的是译文与原文在意义上不一致,甚至高度不一致,那么我们很难想象双语专家们会为之称好,或会愿意向用户推荐。此外,在翻译教学、翻译质量测评、各类译员挑选等各种活动中,我们也很难不以“译文是否对等或忠实于原文”作为重要原则之一,来指导我们的翻译教学和考评。

但是,如果目标文本的生成“目的”,不是正确、准确传递原发方的信息甚至情感等,而完全或主要是取悦、服务接受者或接受文化的单向所需(不关心原发方说了什么,只考虑接收方自己想要什么),那么,所谓“翻译”当然可以超越“翻译”的自身本质所在,而进入完全“原创”的范畴,以“不对等”(或“不忠实”“欠忠实”甚或“伪忠实”)的“译文”面目出现在目标体系中。这,就是广义“翻译”(包括“伪译”)的层面。在这个层面,只要“翻译者”喜欢,就能像原创一样,无论怎么“故意误解、曲解”或“有目的地干预"源文本,或用翻译操控学派代表人物之一赫曼斯①至今仍然坚持的话说,无论怎么"操控"或"随意改写"源文本,这都是正确的、无可指责的。但从笔者的角度看,这已不是在谈论严格意义上的"翻译"问题了。②

然后是关于译学疆域拓展和跨界研究的思考。《概论》在第十二章论及"翻译研究的发展趋势与探索重点"时,提出要"克服翻译研究的泛文化倾向与翻译研究的本体性回归"③并"拓展翻译研究的本质内涵,加强翻译研究与其他学科的互动性"④。对于这一点,笔者与《概论》的立场相当一致。拙文《翻译学:作为独立学科的发展回望与本质坚持》以及前面一节所阐述的,从根本上说,也就是在表达这么一种翻译研究需要坚持"本体性"、克服"泛文化倾向"的立场。但是,我们的这一立场却又不能被误解成封闭保守、不愿拓展翻译研究疆域的立场。恰恰相反,我们的研究需要在始终坚守翻译本体和不忘译学初心的前提下,不断扩大研究范围,夯实研究内容,从而使其学科疆域不断拓展,使它的独立学科地位得到不断的巩固和发展。

那么,究竟怎样来夯实、拓展呢？应该说,这 40 年来中国翻译研究所走的路、所做的事都是正确或基本正确的,所以应该沿着这条路线继续走下去、做下去。例如,只要我们不偏离"翻译转换"(指翻译本体即语际翻译而言)的"语言性"这一翻译的基本属性,不"太过强调翻译的'文化'性、超越'语言'性"⑤,那么我们在翻译研究中,理所当然应当对文化问题展开研究,并且是全方位的研究。诸如图里及西方功能学派、操控学派所做出的种种研究,包括翻译"目的论""实用主义""目标文化至高无上论"等,自

---

① Hermans, T. (ed.). *The Manipulation of Literature: Studies in Literary Translation*. London: Croom Helm, 1985.

② 谭载喜.翻译学:作为独立学科的发展回望与本质坚持.中国翻译,2017(1):10.

③ 许钧.改革开放以来中国翻译研究概论(1978—2018).武汉:湖北教育出版社,2018:443.

④ 许钧.改革开放以来中国翻译研究概论(1978—2018).武汉:湖北教育出版社,2018:448.

⑤ 谭载喜.翻译学:作为独立学科的发展回望与本质坚持.中国翻译,2017(1):9.

然也都是拓宽译学内涵和研究范围的努力，只是需要在译学领域中做到各自有正确和适当的定位。

要拓展译学疆域，一定会离不开“翻译研究与其他学科的互动性”这一话题。事实上，这是当代翻译研究一开始就已被提出来的一个话题，并为翻译研究者普遍认同，因为：“翻译学从语言学、文艺学、交际学、符号学、人类文化学、思维科学、应用数学和计算机科学等社会科学与自然科学的角度，对翻译进行多层次、多角度、全方位、立体化的研究和探讨，形成一门综合性、交叉性的研究翻译的新的边缘学科。”①这里的所谓“边缘学科”，说得更准确一点，是“前沿学科”或“跨界学科”。这就意味着，跨界性或跨学科即是翻译研究本来具有的学科特性，我们在此只是将这个内涵特性明确说出来而已。《概论》的不少章节也都是围绕这个特性而书写的，如“技术手段与翻译研究”一章关于“语料库”“键盘记录技术”“眼动仪”等应用于翻译研究的讨论等。

笔者同时欣喜地注意到，近 40 年来中国译学领域的跨界研究一直在不断进步，除上述详细报告的研究外，还有一些是书中略有提及或没有提及的其他跨界研究。如将模糊数学理论、达尔文生物学“适应选择”理论、现代生态学、阐释学、语言学、心理学、交际学、布迪厄社会学理论、各种文化政治理论、中国古典哲学(如老子、《易经》)等运用于翻译研究的各种努力。这些都是我们可以继续做下去的。只要我们持之以恒，不以讲大话、空话式的方法去做，我们的跨界研究也就会获得更好的成就。

最后是关于译学研究范式和方法创新等问题的思考，这与上面的思考有着较为密切的关联。笔者认同这么一个观点，即：中国的翻译研究既要延续改革开放的精神，凡有参考价值的外来译学理论和思想我们仍要继续引进和学习，同时也需要更多地产生自己的思想和理论。在包括气势正隆的中译外、中国文化“走出去”工作在内的当下翻译实践与研究中，我们也同样需要踏踏实实地、不过于张扬地去做，不满足于国人彼此之间

---

① 穆雷.用模糊数学评价译文的进一步探讨.外国语，1991(2)：66.

的自娱自乐，而是看重中译外工作的科学性、合理性和实效性。所有这些，都是一个需要创新思维、创新方法，同时更需严谨科学态度和踏实劳动付出的过程。正如《概论》各篇在呈现各自思想时所表现出的那样，我们在研究中需要遵循的原则和范式、方法，应当尽量与国际译学研究领域的通常原则和方法接轨，做到有调查、有数据、有分析、有论证。而不是一门心思要“一鸣惊人”，通过“空洞”“虚妄”“大话式”的叙述和描写，来凸显自己的研究如何“创了新”，或是“盲目跟风”“鹦鹉学舌”“唯西人思想马首是瞻”，这些都是我们在创立自己的研究范式、创新研究方法和发展自我思想体系时所必须避讳的。

笔者认为，我们在译学领域试图创建新的什么“学”时，有一点需要认识清楚，就是：在“翻译学”（简称“译学”）这个学科总名称之下，我们可以采取各种各样的范式、手段、方法、角度作为研究的切入点、落脚点，这些范式、手段、方法、角度是多元的，永远可以创新的。我们也会因此不断提出新的思想和研究范式，建立起相关的学科分支，如同语言学之下分支出来的“应用语言学”“社会语言学”“心理语言学”“神经语言学”“语料库语言学”以及解释语言的具体理论模式（如转换生成语法、“格”语法）等。而所有翻译学分支的产生，都只是为了从不同的角度，来对回答“何为翻译”“如何翻译”“为何翻译”等各种可能出现的译学问题，提供各自可行的解释模式和方法。

笔者认为，在今后的译学发展中，我们“应当尽量在继承传统思想与立足当下研究之间、在弘扬民族特点与尊重翻译普遍性特征之间、在引进外来翻译思想与开发本土理论资源之间、在理论源于实践与实践升华出理论的认知之间取得平衡”①。只有这样，我们的翻译研究才能在中华文化的沃土上不断开花结果。

---

① 谭载喜．中国翻译研究40年：作为亲历者眼中的译学开放、传承与发展．外国语，2018(5)：8．

## 四、结　语

继续本文开头的比喻：伴随中国改革开放进入硕果累累的不惑之年，当代中国译学也显然迎来了自己的硕果累累的不惑之年。相信国家改革开放永不停步，中国译学也将继续御风前行，以更大的辉煌走向世界，走向“知天命”“而耳顺”，进而“从心所欲，不逾矩”，中国将以译学强国身份跻身世界先进行列，迈入永续发展的未来。

作为结束语，笔者愿借南木（吴运楠）先生为拙著《西方翻译简史》作序时引用过的18世纪德国启蒙思想家莱辛的一句名言，既以此表示笔者对《概论》所做贡献的钦佩，同时也对笔者在个人译学发展道路上最敬重的前辈南木先生表达无限敬意：“对真理的追求要比对真理的占有更可贵。”

（原载《中国翻译》2019年第2期）

# 记录从翻译大国到翻译强国的历史进程

## ——评《改革开放以来中国翻译研究概论(1978—2018)》

谢天振

一直以来我国翻译界的不少人士都颇以自己的国家是一个翻译大国而自得甚至自豪。这里所谓的“翻译大国”,其含义不外乎翻译的历史悠久绵长,翻译作品的数量汗牛充栋,翻译的从业人员众多、内容类别丰富,等等。这当然不假。然而放眼国际翻译界,我们不难发现,“翻译大国”并不会自然而然地等同于“翻译强国”。这里所谓的“翻译强国”指的不光是翻译的体量,诸如翻译的规模、数量、历史等,还更注重这个国家的翻译研究和翻译理论能否对世界上其他国家产生影响,这个国家的翻译教学理念、课程设置、培训手段等是否处于国际前沿和先进行列,这个国家的翻译行业、出版等能否领先于其他国家,等等。正是在这个意义上,我认为由许钧教授主编的《改革开放以来中国翻译研究概论(1978—2018)》(以下简称《概论》)一书具有非常独特的意义和价值,因为它全面、深刻、具体地记录了改革开放以来,我们国家怎样从一个翻译大国发展成了一个让国际同行为之刮目的翻译强国的历史进程。

与此同时,在另一层面上,改革开放 40 年以来,我国的翻译研究无论是作为国内社科界、人文学界的一个学术研究领域,还是作为高校一门从无到有的独立学科,都是发展最快、成果最为丰硕、国际影响最大的研究领域和学科之一。对这 40 年来的翻译研究进行全面、深入、细致的梳理和评析，不仅是从一个独特的角度彰显了我国改革开放的伟大成就，同时也迎合了深入推进国内翻译学术研究、提升完善国内高校翻译学科建设的需要。

《概论》一书系“十三五”国家重点图书出版规划项目，是中国翻译研究院重大研究项目成果，全书近 50 万字，除“绪论”外，设 12 章，可以说是全方位地梳理了改革开放 40 年来国内的翻译学学科建设、理论建设、翻译史研究、翻译批评研究、口译研究的发展成就与趋向、中国文学“走出去”与中译外研究、技术手段与翻译研究、中国的翻译职业发展、翻译学术出版等方方面面，最后一章还对国内翻译研究存在的问题进行了专门深入的分析和展望。

综观全书，首先给人留下深刻印象的是关于中国(不含港澳台)翻译学学科建设的描述。众所周知，长期以来，中国(不含港澳台)高校以前只有外语学科而没有翻译学科，国家需要的翻译人才都是通过外语专业毕业生进入工作单位后采取师傅带徒弟的方式或是送到国外去进修的方式培养的。从 20 世纪 80 年代中期开始，国内翻译学界的有识之士开始奔走、呼吁、论证，经过近 20 年的努力，终于构建起了本、硕、博完整的翻译人才培养教育体系。正如《概论》所引数据表明的，截至 2018 年 4 月，中国(不含港澳台)的翻译本科招生单位已经有 272 所高校，翻译硕士专业学位培养点有 249 所高校，翻译学博士培养点超过了 40 所高校。培养出来的翻译人才不仅满足了国内各政府部门科研机构对翻译人才的需求，其中的佼佼者还被国际组织包括联合国翻译部门所录用。中国翻译学学科如此迅猛的发展、庞大的规模及其先进的教学理念、培养设施和手段，让国际翻译界同行也对之赞叹不已。

其次，《概论》用三章篇幅(第二至第四章)对中国翻译学理论的建设、发展的阐述和分析也让人眼前一亮。《概论》对这几十年来数十部国内学者对中国传统译论进行阐发研究的介绍，如罗新璋编的《翻译论集》，充分展示了我国丰富悠久的翻译思想和发展轨迹。而对这几十年来我国译学界通过对外国翻译理论的引进与反思，一步一步构建起了我国自己的翻译理论话语体系过程的描述，如谭载喜的《翻译学》，不光是展现我国翻译界所取得的翻译理论建设成就，更是对我们学界的理论自信和文化自信的一个具体生动的注解。正如《概论》所指出的，我们翻译学理论建设和翻译学科建设，“完成了从传统到现代的形态蜕变，进入了多元、多范式、多学科途径的现代译论发展阶段”①。从 20 世纪 50 年代整个中国译学界只有苏联学者费道罗夫的一本小册子《翻译理论概要》，到 80 年代引进当代西方译论而“言必称奈达”，再到 90 年代末和新千年我们推出了一本又一本令国际译学界注目的中国学者原创的翻译理论著作，这一历程再生动不过地展现出我们从一个翻译大国发展为一个翻译强国的历史进程了。

再次，《概论》还敏锐地注意到了当前国内翻译界借助当代最新科技手段对翻译进行的研究。《概论》在第九章“技术手段与翻译研究”中指出：“当代学术研究开始由单一学科参与的纯学科研究转向多学科共同参与的跨学科交叉研究，尤其是科技与人文学科交叉与融合的趋势越来越显著，包括科学仪器和数据分析技术等在内的技术手段相继应用于人文学科研究。以翻译研究为例，语料库技术、键盘记录技术和眼动仪先后直接应用于翻译研究之中，导致翻译研究方法发生重要变革，而且丰富了翻译学研究的内涵。”②而让人倍感兴奋的是，国内翻译界在这一领域所做的研究，“不仅丰富了我国翻译学研究的内涵，拓展了其外延，而且对国际翻译学研究做出了重要贡献”③。《概论》指出：“自 2010 年以来，我国学者相继在国际重要学术期刊上发表多篇语料库研究论文。这些论文的主题涵盖语料库创建、翻译语言特征、译者风格、翻译规范等多个方面。”④不仅如

---

① 许钧.改革开放以来中国翻译研究概论(1978—2018).武汉:湖北教育出版社,2018:15.

② 许钧.改革开放以来中国翻译研究概论(1978—2018).武汉:湖北教育出版社,2018:313.

③ 许钧.改革开放以来中国翻译研究概论(1978—2018).武汉:湖北教育出版社,2018:326.

④ 许钧.改革开放以来中国翻译研究概论(1978—2018).武汉:湖北教育出版社,2018:326-327.

此,国内学者还在出版机构 Springer 出版了“翻译研究前沿”(New Frontiers in Translation Studies)丛书中的图书,内容涉及语料库翻译学的基本框架和研究内容、语料库文体学、翻译汉语语言特征等。

最后,《概论》对国内翻译职业化发展概况的描述也值得关注。翻译职业化是当今国际翻译界的最新趋势和世界潮流,而中国翻译界正是得益于 40 年来我国改革开放的国策以及近年来的“一带一路”倡议,从而为中国翻译职业化赢得了极为有利的发展契机。《概论》指出,“一带一路”倡议至少涵盖 64 个沿线国家和 56 种官方级通用语言,加上近年来国家鼎力推进的“走出去”战略,为了提升中国的国际话语权,要用语言体现国家意志、民族品格、改革开放的骄人成就和社会主义核心价值观,向世界“讲好中国故事,传播好中国声音”,集全社会之力推动翻译职业化已经成为国内业界的大势所趋。《概论》以确凿的数据进一步展示了中国翻译职业化的发展轨迹:“据统计,我国大陆地区 1980 年注册的翻译公司仅有 16 家,1991 年达到 767 家,1992 年猛增至 1432 家。”①进入 21 世纪后,我国翻译行业的发展更是进入“快车道”,“企业数量由 2002 年的 8179 家迅速增长到 2011 年的 37197 家”②。中国翻译职业化的发展速度明显走在了国际翻译界同行的前列。

由以上所述可见,《概论》以丰富翔实的事实、确凿有力的数据、深刻周密的理论阐释,为我们勾勒出改革开放 40 年来我们国家从一个“翻译大国”发展为一个“翻译强国”的历史进程。《概论》作者为我们提供了一份非常珍贵的历史记录,我相信它一定会赢得国内翻译界和广大读者的欢迎。

(原载《中国图书评论》2019 年第 5 期)

---

① 许钧.改革开放以来中国翻译研究概论(1978—2018).武汉:湖北教育出版社,2018:390.

② 许钧.改革开放以来中国翻译研究概论(1978—2018).武汉:湖北教育出版社,2018:390.

# 文学生命的继承与拓展

## ——《不能承受的生命之轻》汉译简评

高　方

1987 年,由作家韩少功和他姐姐韩刚根据英文版合作翻译的《生命中不能承受之轻》,由作家出版社推出,一版再版,总印数达 100 万册之多,对法籍捷克作家米兰·昆德拉的作品在中国的传播与接受起到了重要的作用。2002 年,上海译文出版社首次获得米兰·昆德拉授权,由南京大学许钧教授根据法文版重译《不能承受的生命之轻》;该书于 2003 年 7 月由上海译文出版社出版,与读者见面,首印 15 万册以后,一个月内一印再印,达 25 万册,在国内读书界引起了广泛的关注。据不完全统计,在该译本问世后的两个月内,有关该书的报道和讨论文章有 100 余篇。前后两个译本的译者韩少功与许钧就该书翻译问题的对话①,他们对翻译的不同理解,对文本的不同处理,更是激起了广大读者对翻译的观念、障碍和方法等有关问题的关注,引发了有关翻译传播与接受问题的深层思考。

文学复译是文学生命的继承与拓展,也是文化的积累。本文通过对米兰·昆德拉的代表作《不能承受的生命之轻》两个汉译本的简要对比与评价,结合两个译本的译者的有关观点,对文本层面的差异及其成因加以分析,同时对两位译者的翻译观、翻译追求和影响翻译的因素做一探讨。

---

① 许钧,韩少功.关于《生命中不能承受之轻》:新老版本译者之间的对谈.译林,2003(3):202-205.

## 一、翻译选择、翻译观与翻译原则

《不能承受的生命之轻》是法籍捷克作家米兰 · 昆德拉的代表作，该书于 1982 年问世，1984 年出版英译本，1985 年和 1987 年该书的法文版和中文版分别在法国和中国与读者见面，此后陆续翻译成 20 余种语言在世界各地出版，广为流传，是全世界公认最受欢迎的畅销书之一。美国《华盛顿时报》的书评认为，该书“是 20 世纪最伟大的小说之一，昆德拉借此坚实地奠定了他作为世界上最伟大的在世作家的地位”①。法国作家路易 · 阿拉贡更是认为昆德拉的作品具有不朽的力量，使人们看到“在这个世界上所信仰、寻求和热望的一切都将恢复其人性的面貌……而对不朽的东西，即使死神也无能为力”②。然而，对昆德拉的理解与接受，是一个历史的过程。1985 年，当韩少功从一位美籍华裔女作家那里借到这部书时，国内的文学界对昆德拉的了解几乎等于零。而韩少功“基于对社会主义文化事业的责任感，基于对人类心灵种种奥秘的坦诚和严肃，基于对文学研究和文学创作的探索精进”③，以一个作家特有的敏锐目光和判断力，认为若能将这部书介绍给广大中国读者，无疑是有价值的。

(1)对于文本的选择。萨特在《什么是文学?》中指出：“一旦人们知道想写什么了，剩下的事情是决定怎么写。往往这两项选择合而为一，但是在好的作者那里，从来都是先选择写什么，然后才考虑怎样写。”④翻译是一种跨文化活动，翻译与创作一样，存在着一个翻译文本的选择问题。选择什么文本来翻译，对于翻译者来说，不仅仅涉及本人的兴趣和爱好，更

---

① 韩少功. 前言//昆德拉. 生命中不能承受之轻. 韩少功，韩刚，译. 北京：作家出版社，1987：前言 4.

② 昆德拉. 不能承受的生命之轻. 许钧，译. 上海：上海译文出版社，2003：腰封.

③ 韩少功. 前言//昆德拉. 生命中不能承受之轻. 韩少功，韩刚，译. 北京：作家出版社，1987：前言 13.

④ 萨特. 萨特文学论文集. 施康强，等译. 合肥：安徽文艺出版社，1998：84.

可以折射出其对翻译的理解，对文本价值的理解和对翻译目的的追求。就《不能承受的生命之轻》这部作品而言，若从文本的选择角度看，韩少功与许钧的考虑显然是有一定差别的，追求的目标也有差异。

韩少功选择米兰·昆德拉，有文化层面上的考虑，也有文学层面上的考虑。他在《生命中不能承受之轻》中译本的前言中明确指出："东欧位于西欧与苏俄之间，是连接两大文化的接合部。那里的作家东望十月革命的故乡彼得堡，西望现代艺术的大本营巴黎，经受着激烈而复杂的思想文化双向冲击。和中国人民一样，他们也经历了社会主义发展过程中的曲折道路，面临着对未来历史走向的严峻选择。那么，同样正处在文化重建和社会改革热潮中的中国作者和读者，有理由忽视东欧文学吗？"[①]韩少功认为，新中国成立后，我国对西欧、美国、苏俄、日本文学比较重视，而对东欧文学少有关注，原因有多种，但在他看来，其中"也许有文学'大国崇拜'的盲目短视"。而对于处在文化重建和社会改革热潮中的中国而言，把目光投向与中国具有相同境况的东欧，选择反映这一历史的文学作品来翻译，把它介绍给中国读者，不能不说是站在历史、文化高度上的一种积极选择。但是文学文本的选择，仅仅限于文化层面的考虑是不够的。韩少功的选择，还基于对昆德拉这部重要作品的文学价值的认识，尤其是对昆德拉敢于进行文学革新和探索的精神的肯定："《生命中不能承受之轻》显然是一种很难严格类分的读物，它是理论与文学的结合，杂谈与故事的结合，还是虚构与纪实的结合，梦幻与现实的结合，第一人称与第三人称的结合，通俗性与高雅性的结合，传统现实派和现代先锋派的结合。"[②]鉴于此，韩少功在与许钧的对话中指出："他的这本小说写得好，眼界和技巧都有过人之处，比照当时中国一些流行的伤痕文学尤其是这样。中国与捷克是两个很不同的国家，但都经历过社会主义实践的曲折。看看捷克作

① 韩少功.前言//昆德拉.生命中不能承受之轻.韩少功，韩刚，译.北京：作家出版社，1987：前言3.

② 韩少功.前言//昆德拉.生命中不能承受之轻.韩少功，韩刚，译.北京：作家出版社，1987：前言11-12.

家怎样感受和怎样表达他们的社会生活，对中国的作家和读者应该是有启发的。”①

相对于韩少功，许钧在翻译文本的选择上，没有韩少功基于文化和文学双重考虑基础上所表现出的积极性。从某种程度上说，许钧接受上海译文出版社的邀请翻译该书，是在韩少功对原文本的价值深刻理解的基础上，对韩少功的选择的一种认同。正如许钧本人所说的，韩少功在 20 世纪 80 年代选择翻译昆德拉的《生命中不能承受之轻》，“不仅仅需要文学的眼光，更需要文化的意识和政治上的勇气”②。相比较而言，就文本的选择，韩少功是有自觉追求的勇敢的先行者。而许钧为了“拓展文本解读的可能性”而接受重译，只是一个继承者、拓展者。显然，前者的贡献要大于后者。

(2)对翻译的理解。《不能承受的生命之轻》的两位译者，一位是当代中国文坛具有相当大影响的作家，一位是有着丰富的翻译实践，多年来从事翻译教学与研究的翻译家和翻译理论家，他们对翻译有着怎样的理解呢？他们对翻译的理解对他们的具体翻译活动，即文本处理是否有着直接的影响？许钧对翻译的理解与认识，可见于他在近年来发表的一系列论文，特别是在《外语教学与研究》2002 年第 1 期发表的《试论译作与原作的关系》一文中。他的观点非常明确，他在与韩少功的对话中指出：“翻译虽然看上去是一种语言的变易，首先要克服的是语言的障碍，但翻译决不是简单的语言层面的转换，它是对原作生命的一种延续或扩展。拿本雅明的话说，翻译是原作的再生。”③对此观点，韩少功不仅是认同的，而且还走得更远。他针对许钧所提出的这一问题，表达了自己的看法：“意大利哲

① 许钧，韩少功. 关于《生命中不能承受之轻》：新老版本译者之间的对谈. 译林，2003(3)：202.

② 许钧，韩少功. 关于《生命中不能承受之轻》：新老版本译者之间的对谈. 译林，2003(3)：202.

③ 许钧，韩少功. 关于《生命中不能承受之轻》：新老版本译者之间的对谈. 译林，2003(3)：202.

学家克罗齐说得更极端些,说翻译不是再生品而是新生品(not reproduction but production),但大体意思与本雅明差不多吧,都是强调翻译对原作有所变化和有所置换的一面。这当然是对的。文字不光是字典上定义了的符号,其深层的文化蕴含超乎字典之外,在词源、语感、语法结构、修辞方法、理解和使用习惯等多方面很微妙地表现出来,因此用译文严格地再现原作几乎不可能。我们的译本当然也只能给出一个汉语语境中的昆德拉,译者理解和表达中的昆德拉。把文言文翻成白话文,把某种方言翻成普通话,都难以做到'月亮还是那个月亮',中、西文之间翻译的再生性质更可想而知。何况昆德拉的这本书是用捷文写作的,英语本和法语本本身就是翻译,我们借二传来三传,因此这个汉语昆德拉肯定不再是个纯种捷克人了,肯定有其他文化的气血充盈其中的。"①从他们两位对翻译的认识中,我们可以看到明显的一致性,那就是翻译不是机械的文字变易,而是一种再创造活动,通过文字转换,拥有自己新的生命。但问题是,"翻译是一个脱胎换骨、灵魂转世的过程。在这个过程中,由于语言的转换,原作的语言土壤变了,原作赖以生存的'文化语境'必须在另一种语言所沉积的文化土壤中重新构建"②。在重新构建的过程中,如果说译作是原作的"再生"或"新生",且如韩少功所说"译文严格地再现原作几乎不可能",那么两位译者又如何能保证译作对原作生命的继承呢?这便涉及翻译的基本原则问题。

(3)翻译的原则。许钧认为,如果把翻译当作再生,那是因为在新的文化环境中,译作必然具有新的生命要素。但是,译作与原作的血缘关系不能割裂。要做到这一点,必须要有明确的翻译原则和可行的翻译方法。就《不能承受的生命之轻》而言,许钧指出,"昆德拉非常看重他的作品的

---

① 许钧,韩少功.关于《生命中不能承受之轻》:新老版本译者之间的对谈.译林,2003(3):203.

② 许钧,韩少功.关于《生命中不能承受之轻》:新老版本译者之间的对谈.译林,2003(3):203.

翻译问题,而他对翻译有一个严格的要求,那就是忠实”[1]。确实,在《被背叛的遗嘱》一书中,昆德拉曾以《城堡》第三章中一段话的几个法文译本为例,通过对比与分析,指出法译本对卡夫卡的背叛,进而强调“忠实翻译”的必要性。[2] 然而,如何做到忠实呢?许钧与韩少功对此翻译原则有着各自的看法。韩少功的说法很形象:“我理解的‘忠实’与前面说的‘再生’并不矛盾。土豆一个个结出来,有‘再生’的大小优劣之分,但我们不能拿一个南瓜当土豆,这就是要‘忠实’。”[3]韩少功的这一“南瓜”与“土豆”的比喻说法,我们可以理解为所谓的“忠实”是本质意义上的忠实,就是译小说,必须保证还它以小说的品格。在《生命中不能承受之轻》的前言中,韩少功以自己的实际翻译体验,说明了要达到忠实的困难:“在翻译过程中,最大的信息损耗恐怕在于语言,在于语言的色彩、气韵、节奏、语序结构。我和韩刚同志在翻译合作中,尽管反复研究,竭力保留作者明朗、缜密、凝重有力的语言风格,但我们中西文水平都有限,失误恐怕难免;加上表音文字与表意文字之间的天然鸿沟,在语言方面仍有种种遗珠之憾。尤其西文中丰富灵活的虚词系统,有时很难找到相应的中文表达方式。”[4]作为作家,韩少功虽然翻译实践不多,但依其对语言的高度敏感,他深刻地领悟到了文学翻译的困难和障碍所在,那就是在语言层面要做到“忠实”的局限。尽管如此,他为了使译作在“新生”中不割断与原作的血脉,还是“竭力保留”作者的风格,也就是说,他在翻译中,特别注重原作风格的再现。作为翻译理论专家,许钧有着明确的翻译原则,那就是“翻译以‘信’为本,

---

① 许钧,韩少功.关于《生命中不能承受之轻》:新老版本译者之间的对谈.译林,2003(3):203.

② 昆德拉.被背叛的遗嘱.余中先,译.上海:上海译文出版社,2003:17-125.

③ 许钧,韩少功.关于《生命中不能承受之轻》:新老版本译者之间的对谈.译林,2003(3):203.

④ 韩少功.前言//昆德拉.生命中不能承受之轻.韩少功,韩刚,译.北京:作家出版社,1987:前言12.

求真求美”①。在《不能承受的生命之轻》的实际翻译过程中，许钧严格地践行他的这一翻译原则。为了能给中国读者理解昆德拉提供更多的可能性，他在翻译前，认真研读了该书的英译文、韩少功的译本和有关昆德拉的中外研究资料，尤其是李凤亮与李艳主编的有关研究资料，以更深刻地把握昆德拉：“我理解中的昆德拉具有对哲学的深刻思考，有宽阔的文化视野，有对小说技巧的革新，而且他的语言具有鲜明的个人特色。”②为帮助中国读者走近昆德拉，理解昆德拉，在翻译过程中，他有三个自觉的追求：“一是尽可能全面地理解昆德拉；二是力求再现昆德拉作品的风格特征；三是尽可能避免误译，并不随意删改原文。”③与韩少功相比，许钧的翻译原则更为明确，且在实践中也有更为自觉的追求。

至此，我们围绕着文本的选择、对翻译的理解，以及翻译原则这几个重要问题，对韩少功和许钧的有关思想观点做了梳理和对比，从中可以明确三点：一是相对于许钧，韩少功在对原文的选择上表现出了作家特有的社会责任感、文化意识和文学价值的判断力，为中国读者了解昆德拉做出了奠基式的贡献；二是对翻译的理解，两人基本一致，都认为翻译是一种再创造，但韩少功更注重作品的“新生”，而许钧更强调译作与原作之间血缘关系的继承与拓展；三是就翻译原则而言，韩少功强调做到“忠实”的困难，而许钧则有明确的原则和自觉的追求。那么，在各自的翻译思想指导下，两人的实践又呈现怎样的面貌呢？我们不妨再深入一步，在文本层面去做一探寻与分析。

---

① 吴铭.“生命之轻”的对话——作家韩少功和翻译家许钧教授专访.社会科学报，2003-09-18(8).

② 吴铭.“生命之轻”的对话——作家韩少功和翻译家许钧教授专访.社会科学报，2003-09-18(8).

③ 许钧.不再背叛昆德拉.新闻晨报，2003-07-06(10).

## 二、文本的差异及其成因

为了把握韩少功和许钧两个译本之间的差异，在进入文本分析之前，我们有必要指出，韩少功的译本自问世以来，先后发行百万册之多，在国内拥有广泛的读者，并且以其独特的品格得到了广大读者的认同。但从我们手头所掌握的资料看，我们发现了一个有趣的现象，那就是普通读者和专家之间的评价有着明显的差别：读者普遍认为韩少功的翻译语言优美、流畅、具有艺术价值，而专家则在肯定韩少功的译本的优点的同时，指出了韩译明显的不足。如萧宝森和林茂松两人合作，从“文法、语序、字词、语言、隐喻、注释”等六个方面对韩少功的译本与其依据的英译本进行了认真的对比与分析，得出了如下的结论：“译文文笔优美生动、简洁流利，这或许与两位译者本身皆从事写作工作，驾驭文字的功夫纯熟有关。然而书中的错误却也不可胜数。本书共分七章，在第一章中，韩本明显误译之处居然达 40 处之多，其他值得商榷之处更是不胜枚举。这些谬误虽然部分可能是因匆匆赶译、忙中有错所致，但比例仍然偏高。由错误的性质我们可以发现，以从事翻译工作者应具有的文字素养而言，韩本译者对英文的理解程度实嫌不足，时常发生误解原意的现象，形成了读者在了解原作过程中的严重障碍。”①这一结论正确与否，我们在此不做评价，但就总体而言，韩少功对原文的整体与精神的把握还是有保证的。许钧的译本问世至今才 3 个月，许钧将韩译的书名《生命中不能承受之轻》改为《不能承受的生命之轻》，围绕着这一翻译问题，国内媒体发表过许多不同的意见，但就整个译本，除了施康强的文章之外，目前尚未有细致的文本批评文字。从媒体发表的文章看，读者对许钧译文的准确性抱有信心，但其

---

① 萧宝森，林茂松. *The Unbearable Lightness of Being* 两个中译本的比较分析//李凤亮，李艳. 对话的灵光——米兰·昆德拉研究资料辑要(1986—1996). 北京：中国友谊出版公司，1999：733.

译文能否有着韩少功译本所包含的“艺术性”,部分读者是有担心的。我们同时注意到,韩少功和许钧在对待对方的翻译问题上,持的是一种积极的态度。在许钧看来,“翻译本身就是一项文化交流与文化积累的事业”,他认为韩少功的翻译“注重原作的色彩、节奏的传达,有的词语很难译,但都译得很传神”,为重译工作奠定了基础。① 而韩少功对许钧的翻译抱有信心,认为许钧“是有经验的法文专家,我相信他会译好”。对于前译与复译的关系问题,韩少功与许钧表现出的姿态,则从另一个侧面为我们展示了他们对文学翻译事业的严肃态度和追求精神。韩少功在当初翻译这部书时,就明确表态:“为了了解本土以外的文学,翻译仍然是需要的,哪怕这只是无可奈何的一种粗浅窥探。我们希望国内的捷文译者能早日从捷文中译出这部小说,或者,有更好的法文译者或英文译者来干这个工作,那么,我们这个译本到时候就可以掷之纸篓了。”②“掷之纸篓”是自谦之词,但他对新译本的呼吁却是真诚的,这在他与许钧的对话中可以看到。而许钧坚持认为韩少功的译本起到过不可替代的历史作用,明确指出“既然文学复译是一种文化积累,前译与后译不应该是一种对立的关系,而应该是一种互补的关系。韩少功的译本为国人了解昆德拉起到了重要作用,而这次重译若能为广大读者进一步了解昆德拉提供新的可能性,就是译者的大幸了”③。那么,较之前译,许钧的后译为读者了解昆德拉到底提供了何种新的可能性呢?为了回答这个问题,我们不能不把着眼点放在两个译本的差异点上。而对两个译本差异点的关注,目的不在于对原文本与译本做正误性的判别,也不在于对前译和后译做优劣之分,而是试图从差异的背后去探明影响翻译的主要因素。

从文字的角度去对比韩少功与许钧的译本,差异是相当明显的。总

---

① 许钧,韩少功.关于《生命中不能承受之轻》:新老版本译者之间的对谈.译林,2003(3):205.

② 韩少功.前言//昆德拉.生命中不能承受之轻.韩少功,韩刚,译.北京:作家出版社,1987:前言13.

③ 许钧.复译是一种文化积累.文汇报,2003-07-09(11).

的说来,韩少功的文字美丽而多有译者个性的张扬,而许钧的文字准确而重原文精神的再生。对两个译本的不同,许钧针对有关媒体记者的提问,做了明确的回答。他在《复译是一种文化积累》一文中这样说:“常有记者朋友问我,‘你的翻译与韩少功的到底有什么不同?’要真正回答这个问题,必须要有扎实的文本比较为基础。我不可能在电话采访的仓促作答中或千把字的文章中作一令人满意的回答。但简要地谈,我想至少有三个方面的不同:第一是韩少功与我所依据的版本不同;第二是影响与制约翻译的社会、政治环境和对翻译产生直接影响的一些重要因素,如意识形态因素在今天已经不同,换句话说,今天的翻译环境较之韩少功翻译时已有很大不同,翻译的可能性增多了,当初出于种种原因必须删改或作委婉处理的文字,也许今天就不用删改或处理了;第三是文学翻译是一种再创造,韩少功与我对原文的理解、领悟和阐释必然会有所不同。这种种的不同,想必在翻译文字上会有明确的体现,相信有心的读者会有自己的发现,会有自己的体会,也会有自己的评价。”①我们不妨依据许钧提出的三个不同,逐次加以说明和分析。

(1)所依据的文本不同。韩少功依据的是美国哈珀-罗(Harper & Row)出版公司于 1984 年出版的英译本,译者为海姆(Michael Henry Heim)。据萧宝森与林茂松介绍,昆德拉对海姆的翻译是肯定的,而且“批评界也颇多推崇”。许钧依据的是法国伽利玛(Gallimard)出版社 2002 年版,译者为凯雷尔(François Kérel),该版本由昆德拉本人校改修订,“与捷克文本具有同等的真实价值”。美国的海姆和法国的凯雷尔都是根据捷克文本翻译的。我们手头没有捷克文本,而且也不通捷克文,因此,韩少功与许钧自己所依据的英译本和法译本与捷克文本到底有多大的差别,两个版本对原文本的忠实程度如何,各有什么特点,我们无法做出评价。但有必要指出,与当年韩少功的翻译不同,许钧这次翻译《不能承受的生命之轻》,是经作者本人正式授权的,且标明法译本“与捷克文本

① 许钧.复译是一种文化积累.文汇报,2003-07-09(11).

具有同等的真实价值”。就我们所知,昆德拉对其作品的翻译要求相当严格,主张其作品都从法译本翻译。在这个意义上说,许钧所依据的版本具有法定的地位和作者首肯的可靠性。在这次研究中,我们没有将法译本和英译本做系统的对比,但在阅读中,我们发现许钧与韩少功的译本的差别有不少源自于法译本与英译本之间的不同,如小说开篇第一章第二段中有如下一句,韩少功与许钧的翻译分别为:

1)它像十四世纪非洲部落之间的某次战争,某次未能改变世界命运的战争,哪怕有十万黑人在残酷的磨难中灭绝,我们也无须对此过分在意。

——韩译

2)我们对它不必太在意,它就像是十四世纪非洲部落之间的一次战争,尽管这期间有三十万黑人在难以描绘的凄惨中死去,也丝毫改变不了世界的面目。

——许译

两种译文在句子结构方面的差别我们在此不做比较。就句中提到的在战争期间死去的人数而言,一为“十万”,另一为“三十万”,差别何其大,而这一差别,源自韩少功与许钧所依据的不同版本。如果说这样的差别在两种版本中并不多见的话,那么,英译本与法译本在词义的把握上,差别是相当明显的。像在第一部分第二章有这么一段,两种版本的译文分别如下:

1)巴门尼德于公元前六世纪正式提出这一问题。他看到世界分成对立的两半:光明/黑暗,优雅/粗俗,温暖/寒冷,存在/非存在。

——韩译

2)巴门尼德早在公元前六世纪就给自己提出过这个问题。在他看来,宇宙是被分割成一个个对立的二元:明与暗,厚与薄,热与冷,在与非在。

——许译

我们注意到“优雅/粗俗”与“厚与薄”之间的差别,这种差别是不可忽视的,但究其原因,同样出自英译本与法译本的不同:“fineness/coarseness”与“l’épais-le fin”。

的社会、文化语境的关系是非常紧密的，翻译活动始终处于动态的过程之中，是一个历史的、发展的概念，翻译的可能性会随着人类交流而增多，随着社会的发展而不断扩大。这在一个方面给我们研究翻译提供了新的空间、新的课题。

(3)对原文的理解与阐释的不同。如果说翻译者在翻译活动中经常受到不可自主的因素的限制是个客观事实的话，那么，不同的译者，由于对目的语与出发语掌握的程度不一，思想修养、兴趣爱好、审美能力有别，对原文的理解和阐释自然也会有差别。在上文的第一部分，我们已经就韩少功与许钧对翻译的理解及他们所奉行的翻译原则做了讨论。就具体的翻译实践而言，两位译者也各有追求，韩少功在谈到具体的翻译过程时指出："译者在用词方面其实比较受原作的限制，没有多少自由，但在词序、结构、节奏、语调等方面还有很大的空间。用长句还是用短句？句子紧张一点还是松弛一点？用心不同就有不同的效果。这是亦步亦趋的自行其是，是戴着镣铐跳舞，是翻译的特权也是翻译的乐趣。我没有特别的自觉，只是想让译文好看一些，把英译本中的那种'精气神'挖掘出来，甚至在不伤原意的情况下尽可能更加强一点，如此而已。"①从这段文字中，我们已经看出韩少功的基本翻译倾向与方法：其方法是利用"语序、结构、节奏、语调等方面"提供的空间，进行有助于原作思想和精神充分传达的翻译，甚至在不违背原意的情况下，"尽可能加强一点"。目的是让"译文好看一些，把英译本中的'精气神'挖掘出来"，创造出来。对韩少功的这一追求，许钧在理论上是给予充分肯定的，认为译者在翻译中不要成为原文本词与句的奴隶，不要过分斤斤计较于一词一字之得失，但他同时认为，"有个前提，那就是译者要非常精通两种语言，能够深入把握他所翻译的作者的精神与感觉"②。我们不妨顺着两位译者的思想，对他们的翻译

① 许钧，韩少功.关于《生命中不能承受之轻》：新老版本译者之间的对谈.译林，2003(3)：204-205.

② 许钧，韩少功.关于《生命中不能承受之轻》：新老版本译者之间的对谈.译林，2003(3)：205.

在文本层次做一简要比较。

首先看对原文的理解。翻译过程中，理解是基础的一步，如果没有对原文的深彻理解、全面把握，就不能领悟到原作的精神，感受到原作的风韵与气势，就不可能在目的语中在不割断与原作血脉关系的前提下，进行再创造。从我们目前所掌握的资料看，韩少功译本的优点固然明显，但其译本受人诟病的主要原因，集中在他与韩刚对原文在语言层面的理解和把握不够，拿萧宝森与林茂松的话说，“韩本译者对英文的理解程度实嫌不足”。其直接后果便是明显的误译与错译处较多，与对优秀的译本的基本要求有相当大的距离。相比较而言，许钧是国内最有影响的法文专家之一，参加翻译过普鲁斯特的《追忆似水年华》这一公认的世界名著，正式翻译出版的法国文学与社科名著已逾 800 万字。经过我们的对比研究，应该说，在对原文的理解上，许钧具备更有利的条件，这在某种意义上保证了许钧译本的可靠性，能为读者提供新的理解的可能性。

再看对原文精神的把握与表现。应该说，韩少功在对原文本整体精神的把握上是有自己的追求的，对此我们在上文中已经有过介绍。对比韩少功与许钧的译本，我们可以明显地感到两个文本在表现上的差异。限于篇幅，我们在此仅以原文中带有“哲理意味”的词语的翻译做一对比分析。我们知道，昆德拉的这部作品带有深刻的哲学思考，全书有一对关键词，那就是存在之“重”与“轻”的对立，该书的书名便是一个明证。韩少功考虑到中国读者对“being”这一哲学词语的理解和接受的实际情况以及中国文化语境所提供的可能性，将之翻译成“生命”，书名定为《生命中不能承受之轻》。韩少功将原书名的“生命之轻”译成“生命中……轻”是否合理，许钧有过明确的看法①，我们在此不展开讨论，但韩少功将原文书名中的“lightness”译为“轻”，是很有见地的。但是我们注意到，在全书的翻译中，韩少功对“轻”这个具有统领全书精神作用的关键性的哲学词语，在处理上显得比较随意，常用“轻松”轻易替换“轻”，失去了原文表达中那种

① 许钧.复译是一种文化积累.文汇报，2003-07-09(11).

凝重而深刻的哲学意味。在书中,除了生命之“轻”与“重”的对立之外,还有与之相联系的生命的“偶然”与“必然”的对立。轻为偶然,重为必然。书中反复出现的那个“非如此不可”(Muss es sein)的音乐动机,便是对生命之必然的一种拷问与质疑。在该书的第一部分的第 17 章,小说以富有哲理的语言谈论爱情的偶然与必然,在不足 1000 字的叙述中,我们发现“偶然”一词在许钧的译本中先后 10 次出现,并围绕着“偶然”一词,用了“突然”“自然而然”等词加以铺垫,将“突然”“偶然”与“自然而然”和“必然”连成了一条线,以传达原文“偶然”与“必然”之间的联系。而在韩少功的译本中,我们看到了“机缘”“机会”“碰巧”与“偶然”等多种表达,明显重表达的文学性,哲学的意味并不像许钧的译本浓重,两者的差异十分明显。这种差异在前文提及的关于二元对立的词语表述中也同样可见,对比韩少功笔下的“光明/黑暗,优雅/粗俗,温暖/寒冷”,与许钧笔下的“明与暗,厚与薄,热与冷”,意义上的差别暂且不论,单从词语的含义而言,韩译多色彩,导向“感性世界”,而许译冷峻,导向“理性世界”。

除了上述两个直接关系到全文精神与风貌传达的方面之外,我们发现韩译与许译在语言风格上的差异是本质性的,韩译与许译在语言的表现上都带有各自的倾向性。韩少功赞同作家张承志的观点,认为好的文学是一种美文,“严格说来,美文不可翻译”。然而,如德里达所言,正是不可翻译性昭示着翻译的必要性。作为作家,韩少功对翻译的首要追求,我们可以说是译美文还其美文。在这种思想的指导下,韩少功与其合作者韩刚做了很大的努力,尤其是韩少功充分发挥了他在长期的文学创作中所积累的文字功力,利用汉语所提供的可能性,赋予了其译文充分的艺术价值。而许钧在对原文的精神和风韵的充分把握与深刻领悟的基础上,以明确的翻译原则,即“以信为本,求真求美”的原则为指导,利用其丰富的翻译实践经验,尽可能去再现原文本“深刻的哲学思考和诗意的文学笔触”相融合这一基本特色,在求真的基础上求美,赋予了其译文独立的文学品格。从这个意义上说,我们认为韩译与许译各具特色。但是,有必要指出的是,两者的差异在三个方面值得我们特别关注,且看下面三对译例。

A(1)于是,让我们承认吧,这种永劫回归观隐含有一种视角,它使我们所知的事物看起来是另一回事,看起来失去了事物瞬时性所带来的缓解环境,而这种缓解环境能使我们难于定论。我们怎么能去谴责那些转瞬即逝的事物呢?昭示洞察它们的太阳沉落了,人们只能凭借回想的依稀微光来辩解一切,包括断头台。——韩译

A(2)且说永恒轮回的想法表达了这样一种视角,事物并不像是我们所认知的一样,因为事情在我们看来并不因为转瞬即逝就具有减罪之情状。的确,减罪之情状往往阻止我们对事情妄下断论。那些转瞬即逝的事物,我们能去谴责吗?橘黄色的落日余晖给一切都带上一丝怀旧的温情,哪怕是断头台。——许译

B(1)朋友曾问他这一辈子搞过多少女人[……]——韩译

B(2)朋友问他有过多少女人[……]——许译

C(1)托马斯转动钥匙,扭开了吊灯。特丽莎看见两张床并排挨在一起,其中一张靠着一张小桌和一盏灯。灯罩下的一只巨大的蝴蝶,被头顶的光吓得一惊,扑扑飞起,开始在夜晚的房间里盘旋。钢琴和小提琴的旋律依稀可闻,从楼下丝丝缕缕地升上来。——韩译

C(2)托马斯打开房间的门,揿亮了吊灯。特蕾莎看见两张床对放着,一张床边有一个带灯的床头柜。一只巨大的蝴蝶被光线一惊,飞离灯罩,在房间里盘旋。下面,传来钢琴和小提琴微弱的声音。

——许译

细细比较上述三对译例,我们可以从两者的差异中发现三个值得我们注意的问题。第一,A例的差异涉及对原文的理解,两者的差别很难在语言表达之美的层次上分出高下,要做出令人信服的回答,必须对原文的真实意义做出分析,这里涉及的是译文是否准确地传达了原文意义的根本问题。第二,B例的差异涉及对关键词的理解与传达,“搞过”与“有过”在中文里的色彩差别是很大的,读者对之的反应也肯定不一,而英译本用的是“have”,法译本用的是“avoir”,属同一个词。这里便提出了另一个问

题,那就是对原文中一些看似简单的词语意义,特别是"中性意义",以及"贬义"与"褒义"的把握,是否有个"适度"与"失度"的问题。第三,对于C例,不通原文的读者恐怕大多会推崇韩译,因为韩译节奏感强,富有韵味,"依稀可闻"的旋律,"丝丝缕缕地升上来",给人以不尽的"美"的享受。而许译的一句"下面,传来钢琴和小提琴微弱的声音",表达简练,但美的韵律感不足。这里又涉及文学翻译的另一个根本的问题,那就是在原文(该例的英文为:The strains of the piano and violin rose up weakly from below. 法文为:D'en bas leur parvenait l'écho affaibli du piano et du violon.)提供的文字范围内,译者到底有多大的再创作空间。我们提出这些问题,希望引起大家的思考。

## 三、小　结

在上文中,我们结合昆德拉的代表作《不能承受的生命之轻》的汉译问题,对韩少功和许钧的文本选择、他们对翻译的理解,以及他们所奉行的翻译原则做了梳理,进而对两个译本在文本层面所表现出的三个不同做了简要的对比与分析。从中我们可以看到,文学翻译不是一个纯个人的语言行为,也不仅仅是语言的简单变易。我们若要对不同的版本做出有价值的评价,仅仅靠语言的对比与正误性的判别是不够的,而要结合文本的对比与分析,对影响翻译的各种因素有客观的把握,在指出文本差异的同时,对产生这些差别的深层原因做出解释。在这个意义上,文学翻译批评的根本目的不是进行优劣的评判,而是要在理论上开拓翻译的可能性,帮助译者在深刻地理解翻译活动的基础上,在实践中探索更可行的翻译方法,使原作生命在新的文化语境中得到拓展与延伸,获得再生。

(原载《中国翻译》2004 年第 2 期)

# 下　编

# 学人品鉴

# 理论与实践并重　忠实与创造统一

## ——青年翻译家许钧给我们的启示

穆　雷

1989 年 5 月，在西安举行的“全国首届青年翻译理论研讨会”的闭幕式上，第一个走上领奖台的就是许钧。他的论文《论文学翻译再创造的度》以总分第一的好成绩荣获中国译协颁发的“优秀论文奖”，并获得一致好评，无可争议地摘走了桂冠。从那时起，我就在想，他为什么能够取得这样的成就？他的成长过程能给我们什么启示？后来，我看到了南京日报社《周末》报上登载的《五本书和一个孩子》(1986)，《人民前线》报的《五彩青春》专栏里刊登的《追寻那“最佳发光点”——访军人翻译家许钧》(1987)，《文汇读书周报》上青年记者郑逸文《忙碌的现代人》一文对他的描述(1991)，以及《文学报》上青年作家戴仲燕《带你去文学“精品屋”》(1991)等一系列的报道，读到了这些年来许钧发表的四百余万字的译著和论文，才似乎从中悟出了点什么。

许钧，笔名文沛，1954 年生，浙江衢州龙游人，1970 年 12 月应征入伍，1971 年 12 月入解放军国际关系学院法语专业学习，1975 年 2 月毕业，成绩优秀，留校任教。1976 年 9 月赴法国留学，1978 年 9 月回国任解放军国际关系学院法语教员，1985 年 9 月以优异的成绩考取南京大学法国语言文学专业硕士研究生，1988 年毕业回解放军国际关系学院任教，1991 年转业，现在南京大学外文系法语教研室任教。

自 1980 年以来，许钧在完成教学工作的同时一直从事翻译实践。特别是近年来,他翻译了大量的法国当代文学名著。据粗略统计,从 1982 年湖南人民出版社出版了他的处女作《永别了,疯妈妈》以来,现已出版或即将出版的许钧独自翻译或与人合译的著作近 20 本,除《法律社会学》不到万字,其余均为十几万甚至几十万字,由全国十几家出版社出版,几乎每年都有一两部新的译著问世。《沙漠的女儿》《秘密军谋杀戴高乐》《安娜·玛丽》《最后的季节》《潜影》《莫斯科人》《月神园》《名士风流》《反间谍战》《诉讼笔录》《荒唐的游戏》……译著颇丰。最辉煌的要算《追忆似水年华(卷四):索多姆和戈摩尔》了。《追忆似水年华》是 20 世纪最伟大的文学家之一、开意识流之先河的法国作家普鲁斯特的代表作,是一部"一般水准读者难以真正理解而又极美的作品"。我不通法文,难以领略原作的精妙,也无法将原作与译作进行对比,我是从他与合作者的几部译品对比中看出他的成长和进步的。例如,1987 年出版的《拿破仑外传》、1988 年出版的《反间谍战》和 1990 年出版的《追忆似水年华(卷四)》都是他与杨松河老师合译的。仔细加以对比,我们发现许钧经过几年的磨砺,对原文的理解深刻,表达准确,技巧纯熟,译笔优美,开始逐渐形成他自己特有的风格。

1987 年盛夏,在青岛召开的"第一次全国翻译理论研讨会"上,有人说"翻译无理论"是有根据的,不信你瞧,有几个翻译大师研究翻译理论?又有几个翻译理论家有名译传世?也有人评论参加会议的几十名研究生,说他们太年轻,缺少翻译实践,翻译理论从何谈起?因此,他们的论点是站不住脚的,是无本之木,是无源之水。翻译真的无理论可言吗?青年译者真的没有资格涉足翻译理论的研究吗?不是的,许钧就是例证。许钧的译事活动有一个突出的特点,那就是理论与实践并重,忠实与创造统一。许钧已在《中国翻译》《外语教学与研究》《外国语》《外国语文》《外语研究》《语言与翻译》以及法国的《翻译论坛》和《文学半月刊》等十几种中外学术刊物上发表了多篇有关外语研究和翻译理论的论文,其中有不少论文都以自己的翻译经验为基础,以自己的译作为译例,在大量的实践基础上进行理论探讨,又在理论的指导下从事实践。例如:《蕴涵义的理解与翻译》中的译例部分选自《秘密军谋杀戴高乐》;《简论乔治·穆南的翻译观》是根据他自己翻译穆南的《翻译的理论问题》时的学习与研究写成的;《论文学翻译再创造的度》是他在翻译《安娜·玛丽》和《名士风流》时的体会;还有对《追忆似水年华》这部巨著卷四的翻译更是他提出理论观点的依据和例证……他提出了翻译层次论,又用层次论去指导自己的实践。从《追忆似水年华(卷四)》这部译著中,我们可以看出,他在思维、语义和美学各个层次都做了努力。他充分发挥自己的优势,在比较扎实的语言文学基础之上,对翻译学进行了宏观的思考,也对翻译实践中的问题进行了微观的探索。

许钧曾赴法国留学,专攻法国现代文学与语言学,后来又在南京大学师从陈宗宝教授,做了三年的硕士研究生,专攻法国语言文学和翻译理论。他对翻译理论潜心研究,产生了自己独到的见解。他从 1979 年起开始发表有关学术论文,先是从基本内容入手,如《词义的理解与运用》《论风格再现》《蕴涵义的理解与翻译》《简论不同语言符号系统的转换基础》等,然后逐渐切入他的研究重点"试论诗歌翻译的层次"和"论翻译层次"。他从诗歌翻译这个特例着手,通过层次性的研究方法,把诗歌翻译的具体过程分解为三个层次,即思维层次、语义层次和审美层次。许钧的层次论不是凭空臆想出来的,而是有其语言理论基础的。法国著名符号学家皮埃尔·吉罗在其《符号学》一书中将语言符号分为逻辑符号、语义符号和审美符号,明确了语言符号表思维、表语义和表感及表美的三项主要功能。翻译要将一种语言符号转换成另一种语言符号,语言符号的这三项主要功能必然成为翻译研究的对象,翻译的层次论于是应运而生。许钧认为,思维是翻译活动的基础,因此思维层次是翻译的基础层次,思维层次又是语义层次的基础,语义层次是思维层次的体现,而审美层次构成了文学翻译的最高且关键的一个层次。如果说翻译有什么标准的话,那就是一个成功的翻译不可能只在一个层次完成,它应该是各个必要层次和谐统一的产物。许钧在自己的翻译实践中正努力朝这个理想目标靠近。

十几年来,许钧所从事的翻译实践大多是文学翻译。他以自己的实践为基础,研究世界名著翻译中的“变通”或“再创造”。他指出,从理论上讲,一部成功的译作,无论形式,还是内容,都应该尽可能贴近原作,反映原作的面貌与神韵。只是当原文形式与译文形式无法一一对应,在表达上遇到难以逾越的障碍时,才允许有所“变通”,此实为不可为而为之。而若“变通”得体,恰到好处,便是一种成功的“再创造”。然而,文学翻译再创造的依据是什么?它有怎样的限度?如何发挥创造力而又不偏离原作?许钧在《论文学翻译再创造的度》一文中,从理论上探讨了文学翻译再创造的度及与其相关的一些带有普遍性的问题。他的目的,是要在理论上为文学翻译的再创造活动提供一定的依据,避免实践中的盲目性,克服那种以创造为名,行偏离之实的不良译风。

许钧曾说“文学翻译这条揣摩、选择、提炼、再创造的道路是没有穷尽的”。在这条道路上,除了实践和理论,对名家名著名译进行文学翻译批评也是一个重要的方面,也是目前国内译界的薄弱之处。十几年来,许钧在这方面也进行了可贵的探索。他仔细研读了大量的名译,如《高老头》《约翰 · 克利斯朵夫》《萌芽》《包法利夫人》等。又结合翻译理论,悉心揣摩,详加评论,写出了如《关于风格再现——傅雷先生译文风格得失谈》《刻意求工、自然传神——评〈追忆似水年华〉卷一汉译本》《〈红与黑〉汉译漫评》等文章,还评介了法国著名翻译理论家乔治 · 穆南的翻译观和歌德对翻译的思考及论述,如《简论乔治 · 穆南的翻译观》和《文学翻译与世界文学》。这些工作为促进译界的文学翻译批评做出了努力。

十几年来,为了自己所酷爱的翻译事业,许钧抵制了出国潮和经商热的诱惑,耐住了做学问的寂寞和清苦,放弃了无数个节假日。无论是三九严寒还是盛夏酷暑,不管是做学生还是做先生,他总是那么勤奋,那么踏实,默默地埋头读书、爬格子。他说:“我爱翻译……我的心是诚的。当我将倾注着我赤诚的爱的译作呈现在中国读者的面前的时候,我感到幸福,也感到负疚,感到害怕。我总是带着一种负罪感,担心由于自己的无能、失误与笨拙,表现不出法国文学的气质与风采,得不到中国读者的青睐。”许钧在他的翻译实践中所遵循的原则——忠诚 · 叛逆 · 创造——恐怕对青年翻译工作者更有启发："'忠诚'与'叛逆'似乎构成了翻译的双重性格，愚笨的'忠诚'可能会导向'叛逆'，而巧妙的'叛逆'可能会显出'忠诚'……这一双重性格如何把握，结局悲惨还是圆满，取决于译者的创造力。而要创造，就不能不要求译者的自我修炼与完善。"许钧是这样说的，也在这样努力实践着，把更多的当代法国文学精品介绍给中国读者，也把自己对翻译理论的思索奉献给译界同行。

（原载《中国翻译》1992年第6期）

# 通天塔的建设者

## ——记南京大学年轻的博士生导师许钧教授

张小明

、 传说当诺亚的子孙正忙于在他们的巴比伦城中建造一座高塔作为所有部落集会之所时，耶和华突然使他们忘掉了共同语言，脚手架上却响起了各种不同的语言。通天塔没有建成，人们按照耶和华的意愿，分散到世界的各个角落，讲着各自的话语。于是人类交往发生了困难，于是有了误解和战争，于是有了多年来重建一座通天塔的永不消失的梦想……

南京大学就有一位为着这一梦想而执着耕耘、致力于中法文化交流的人。他，就是该校法语语言文学专业年轻的博士生指导教师——许钧教授。

南京大学的法语语言文学专业有着辉煌的历史。这里曾出过何如先生这样的精通法语语言文学的著名学者，而当昔人已乘黄鹤去，这个专业多少也有点像我们这个时代在过去的辉煌与未来的灿烂之间张望时，在该系程曾厚、王允道等老教授的支持下，才届不惑之年的许钧教授似乎不可推卸地担起了领导这个专业的重任。他为这个传统的领域带来了新的活力，使它真正能够在人类的语言、文学和文化的交流事业中争取占有一席之地。

## 一

在改革开放的大潮中，机遇与挑战并存。但机遇总是恩赐给那些思想敏锐、能看得清未来、对未来持一份信心并矢志不移的人。这是一种成熟的品质。反映在科学研究上，就是能够洞察学科发展动态，能够预知它的发展趋势，并且能够顺应潮流、努力地去促进它的发展。这更是一种现代学人的品质。1993 年 8 月，世界著名汉学家、86 岁高龄的艾田蒲先生从离巴黎 150 公里的住处抱病赶到巴黎，热情接待了许钧教授。这位从不轻易赞许人的学者竟激动地说："通过你的翻译，在你的身上，我看到了东方的智慧之光。你完美的法语甚至是我们本国的许多学人所不及的。你能翻译我的《中国之欧洲》是对我即将终结的这场人生的一大慰藉……"这样的赞誉确实并不过分，更进一步说，年轻的许钧教授确是当今译坛上并不多见的兼翻译理论研究、翻译实践、翻译教学于一体的学者。

1989 年年初，许钧教授十分尖锐地指出了多年以来译坛上一直存在着的理论研究与实践相脱离的弊病：搞理论的人不搞翻译，搞翻译的人也不顾理论，这对于翻译事业的真正发展极为不利。因此，他首先要求自己的翻译理论研究必须完全建立在翻译实践基础之上。近十年来，许钧教授有意识地尝试各种类型作品的翻译：小说类、传记类、社科类；他将法国各个时代的许多文学作品介绍给了中国的读者。受到中国文学界普遍称赞的那套享有盛名的"20 世纪法国文学丛书"，许钧独立执译其中 5 部，均为法国当代名著，他主译的文化比较巨著《中国之欧洲》(上下卷)的出版更被国内译界称为"中法文化交流史的一件大事"；1989 年，他成为法国文学巨匠普鲁斯特惊世之作《追忆似水年华》译组成员中最年轻的一员。他那极为准确的理解与颇富特色的文字，给译界、读者都留下了很深刻的印象。十余年间，他翻译各类文学、社科作品 20 余部、500 多万字。其中，他参加翻译的《追忆似水年华》，荣获全国首届外国优秀文学图书奖一等奖。

正是在这样大量翻译实践的基础上，许钧教授进行了深入的译论研究，进一步深化了中国传统译论的“信达雅”之说，比较科学地界定了翻译的实质，提出了较为可行的翻译标准。同时吸收了中西方译论的精华，开始了自己的翻译理论的建树，率先系统地提出了翻译层次论。他认为翻译活动是一项复杂的、多层次的实践活动，主要涉及思维层次、语义层次、美学层次，一个成功的翻译作品应当是体现这几个必要层次的和谐的产物。在此基础上，他提出了文学翻译再创造的根据、标准与界限，把国内译论研究引向深入，具有较高的实践指导意义，被越来越多的译界同行所接受。翻译层次论不仅是某种新理论，更重要的是它打破了长期以来译坛研究者站在各自的角度，各执一端的状态，开拓了译坛研究的新视野，启发了人们用一个立体的观念去研究翻译理论结构。就在他 20 余部译著问世的同时，他在国内外各类刊物上发表论文 50 余篇。其中《论文学翻译再创造的度》获中国青年翻译理论优秀论文一等奖；《论普鲁斯特隐喻的再现》刊载于《国际译联通讯》，受到国际译界专家的高度评价。1992 年，他结合自己翻译《追忆似水年华》一书的经历，在研究文学翻译基本规律与方法的同时，运用层次论对文学翻译批评的基本范畴、原则和方法进行了全面、细致和系统的探讨，出版了我国翻译批评领域的第一部专著《文学翻译批评研究》，当时《中国翻译》等十几家国内著名报刊做了长篇评介。至此，他已基本建立起自己的翻译观，并且能具体运用到翻译实践与翻译教学之中。

## 二

谈到翻译教学，许钧教授曾多次说，通天塔的建设不是一年、两年的事，也不是十年、八年的事，更非一位英雄能一举成就的。通天塔需要有志之士做大量细致而辛苦的工作。他挑选研究生有自己的眼光，不能吃苦的不行，仅仅能吃苦的也不行。既要有对翻译事业的忠诚，也要有不可缺少的悟性。他主持南京大学法语语言文学专业的工作以来，在整个法语语言文学专业不太景气的情况下，短短的两年间就招进了五名硕士研究生，其中四名由他指导，攻读翻译理论。在研究生身上，他从来不会吝惜他的时间。他领着研究生一起读书、写文章、搞翻译、做研究；他会为研究生筹措资金，让他们有机会去参加学术会议；他会尽力为研究生打通各种渠道，鼓励他们将自己的翻译成果、学术成果拿出去发表。研究生做论文，从选题、收集资料、开题，到最后完成、修改，直至答辩，许钧教授都一一加以指导，并有着十分严格的要求。许钧教授对自己的研究生全面负责，经常以弘扬优秀传统文化结合爱国主义和思想品德方面的教育，随时提醒他们，一个人只是有学术还不够，最重要的是应该有伟大的敬业精神和高尚的为人之道。正是在他的谆谆教诲下，他的研究生都能从各方面严格要求自己，有的被评为优秀研究生，还有的于在读期间光荣地加入了中国共产党。在学业上，也有了可喜的收获：就在两年不到的时间里，他的研究生已在各种刊物上发表论文十多篇，其中一位已顺利通过论文答辩并博得答辩委员会成员的一致好评；一位荣获宝钢奖学金，成为南京大学 1994 年度荣获此奖项的唯一一名文科研究生；一位获法国 1992 年度“青年作家”一等奖，近日又由译林出版社出版了她的第一部译作；还有一位通过法国液化空气公司严格面试后在 1994 年暑假赴法国巴黎担任难度较大的翻译工作 20 天……是的，许钧教授的研究生通常没有余暇去跳舞玩乐，没有时间在都市五彩灯下流连驻足。也许研究生们会说苦，他们经受了那种挑灯夜战不曾起首的苦，但是他们还会说，虽苦犹乐。

许钧教授尊重研究生的观点和想法，从不把自己的某一学术观点强加在研究生身上；研究生的某一观点一旦有了雏形，他会立即帮他们完善、理清思路，直至最后形成较成熟的观点。许钧教授明确地说：“我不是要灌输给我的研究生某种理论，而是要教给他们一种方法，去发现，去创立属于自己的天地。并且我相信他们能够做得到。”对于他的研究生，许钧教授总是这么有信心。

能做许钧教授的研究生，是极其幸运的。因为他们不再会有那种在商品社会里无所适从的茫然，不再会有那种以为自己被时代遗弃的悲哀，而是会慢慢地,也像他们的许钧教授一样,以纯真而执着的心灵,在这色彩纷呈的繁复世界里,不至于迷失了自己。许钧教授以自身的实践向研究生证明,梦想与现实、激情与目标是可以同在的;一个有力量的人,不需要说太多做人的道理,他自有一种感染力。许钧教授从不干涉研究生的选择。他教给研究生的,是一种选择的原则,一种心甘情愿、一种相信自己能找到理想的自信。

## 三

熟悉许钧教授的人都会由衷地说,他是一个奇迹,一个 40 岁男人的奇迹。当大部分 40 岁的男人站在一个高坡上,过去和未来都是渐次下滑的两端,一种惴惴不安的沉重由是而生再也推不开去时,他却似乎成就了一个童话。他拥有一个明确的目标,成为奋斗不息的人。在他身上,从来不曾有过那种力不从心的不甘,也没有那种传统文人的抱怨。因为许钧教授明白自己要的是什么,而且明白在这样一个时代里怎样去实现目标。

这就是为什么他虽然年纪轻轻,却早就注意到将自己的学术成果打入国际译坛的前沿。他知道广泛的学术联系对于一个现代学人的重要性。这样的社会、这样的环境,再也不需要故步自封、躲进小楼成一统的夫子式的人物。他的论文多次被具有世界学术影响力的《国际译联通讯》《译坛》等杂志采用,并且他长期与国外的同仁保持着密切的合作关系。1993 年,许钧教授被法国文化部授予文学翻译奖助金,专程赴法国进行了为期四个月的翻译理论现状的考察,为他和他的研究生建立了广泛的学术交流网,他的研究生可以及时地读到国际译坛最新的研究成果,以掌握国际译坛学术动向。

在注意吸收国外译论新动态、新成果的前提下,许钧教授十分清楚自己的立足点。也许以他的才智和身手,在塞纳河畔营造一所安乐之屋并不困难。但是,他明白自己的使命是在另一建筑上。在国内,许钧教授带动了一批年轻的同行,致力于有中国特色的当代翻译理论的建设。早在

1987年,许钧就发起了全国首届研究生翻译理论研讨会;1989年,是他促成了全国首届青年翻译理论研讨会;1990年,又是他组织了全国中青年翻译家笔会……现在,许钧教授依然在将法国当代翻译理论与中国传统译论结合起来的这条道路上摸索探寻。这是一个全新的概念。

现代学者应当是开放的、开拓的;应当是懂得抓住机遇而不是为被命运之神忽略而悲哀的。一个拥有着辉煌的梦想,也正是由于这个激动人心的梦想而变得更加纯净安宁的人,是永远不会衰老的。再过10年、20年,我们相信,许钧教授还会说:"我的活力依旧,因为我一生只有这么一个梦想,只有这么一件大事。"

是啊,只有这么一件大事,命运有什么理由拒绝,又有什么理由说"不"呢?看着他在通天塔下烧砖,在塔下打桩,或是这么平平地搭一块块木头上去,谁不会感到一种无言的召唤?在这种感召力下,将有更多的逐梦人献身于中外文化的交流,共同建设起通天巨塔。

(原载《学位与研究生教育》1995年第5期)

# 从再创造的度看许钧的翻译观

李焰明

## 一

近十年来,我国翻译理论的研究,成绩斐然可观,一改过去由于封闭而造成的研究工作中的单一化和庸俗化,以不同的思维方式从各种视角对翻译的活动和本质进行了探讨,各种评论应运而生。这也许是风调雨顺的年景里,翻译理论发展的正常情况。然而,对这些年“方法热”“术语热”进行冷静的思考,不难发现,其中存在着令人忧虑和反思的现象,比如盲目从别的学科搬进一些规律、定理,用深奥艰涩的语言加以论述,使人读后不知所云。再者就是不加选择地滥引国外的译论,人云亦云,缺乏创造意识,没有自己的鲜活的概念,提不出新鲜的见解。这些都有可能使我们的翻译研究陷入“困境”。

新的方法,新的概念,如果没有自己新的思想,终究会走向“平庸”,而历史的、辨证的、唯物的科学研究方法则会使我们跟随时代的步伐,以敏锐的哲理和新时期的审美眼光,对翻译的基本问题,如翻译的实质、标准、风格等提出实实在在的、富有启迪意义的独到见解。许钧正是这样一位以严谨的学风在翻译这一园地辛勤耕耘、苦苦探索、做着最基础的工作的学者。翻开他的三十多篇论文,很难读到什么新鲜的“洋术语”,也没有宏大深邃的译学体系,但却弥漫着一脉“诚”气,以及与之而来的科学、客观的研究态度。他的翻译理论是实践性的，他始终是以一名译者的身份，通过对翻译活动中出现的问题和现象，从微观的角度做具体的透视和评析，以此阐发对翻译理论的见解，在探讨翻译规律的同时建立起自己的翻译观，因而它们又是互为容纳、贯通的，形成一个整体。如果说《论文学翻译再创造的度》《论翻译的层次》是许钧科学的翻译观的建立，那么《蕴涵义的理解与翻译》《句子与翻译》《形象与翻译》《风格与翻译》等论文则是对这一观点的进一步补充与发展，具有重要意义。

## 二

对翻译实质的探讨，是翻译理论研究的关键之一。20 世纪六七十年代，是西方译论研究的辉煌时期，最有代表性的就是语言学派与文艺学派之争。法国语言学家马尔迪纳和苏联翻译理论家费道罗夫、巴尔胡达罗夫从语言学角度认为“翻译只是一种异语接触活动”“翻译的问题只能在语言范围内解决”。与之相对峙的法国学者加利和苏联翻译理论家卡什金则从文艺学的观点出发，认为文学翻译“是一种文学活动”，“是一种文学现象”。这一分歧反映在我国目前的译界中，出现在了翻译是科学还是艺术的长期争论之中。针对这一情况，许钧指出，之所以出现这样难以形成比较统一的认识的局面，主要原因之一就是“人们在翻译理论研究中缺乏层次性的观点，对翻译活动的层次缺乏全面与客观的分析，争论各方站在不同层次上说话，各持己见，从而影响了对问题的深入研究”①。他认为，由于翻译活动是一项多层次、多因素参与的复杂的活动，其研究应该是综合性的，任何囿于某一领域、某一层次的研究都有可能失之片面。因此，翻译理论的研究不应当完全是硬性的推绎，而应采取描述性的方法，对翻译活动的全过程以及翻译活动所涉及的各种因素，如语言与思维的关系、语言与文化的关系等进行客观的描述。只有这样，才能达到对翻译

---

① 许钧. 文学翻译批评研究. 南京：译林出版社，1992：1.

规律的深层的理性把握，避免脱离实际的泛泛“空论”。由此我们知道，许钧强调的是一种客观的、科学的研究方法，并将其贯穿于自身的翻译实践再创造的这一活动中。

## 三

文学翻译，除了具有翻译活动的一般特性，还有个创造性的问题。因而有人将它比作“临画”，有人视它为演员“演戏”，凡此种种，都说明了文学翻译艺术性的一面。一般来说，文学作品是作家把对生活的独特体验用一种有特色的艺术风格来加以表现的，具有独特的个性。此外，不同的语言、文化间又存在着差异，因此，它们既构成了“创造”存在的客观条件，又是造成“创造”的限度之所在。许钧指出，作为一名译者，首先必须明确认识翻译所具有的可能性与局限性，从而确定自己的活动范围，采取科学的方法，尽量消除这些差异。我们知道，文学翻译不同于文学创作，是一种“二度创造”，这种创造是有条件、有限度的。“从理论上讲，一部成功的译作，无论形式，还是内容，都应该尽可能贴近原作，反映原作的面貌与神韵。只是当原文形式与译文形式无法一一对应时，在表达上遇到难以逾越的障碍时，才允许有所‘变通’。而若‘变通’得体，恰到好处，便是一种成功的‘再创造’。”①这就为我们进行再创造指出了明确的方向与条件：再现原作的风貌和艺术效果。那么，如何才能在“原作的内容与艺术效果及风格不得歪曲”的情况下发挥创造力而又不偏离原作呢？这就是许钧提出的如何把握文学翻译再创造的度的问题。“度”这一哲学概念被引用到文学翻译中，以此来约束、衡量翻译活动，确实是个值得重视的问题。“这个度若把握不好，就会弄巧成拙，变创造为叛逆。”目前，我国译界存在着一种现象，过分强调发挥汉语优势，在词美上下功夫，追求夸张的艺术效果。有的译文读起来通畅，甚至很精彩，但与原文一对照，却相差甚远，原

---

① 许钧.文学翻译批评研究.南京：译林出版社，1992：103.

来很平常的字眼，到了译文中变成了极含感情色彩、有着深刻的思想内涵的词语，有的译者干脆脱离原文，大加发挥。究其原因，这种以创造为名，行偏离之实的译风与译者的“主观随意性”大有关系。这确实是一种不良的风气，蔓延下去，后果将不堪设想。梅纽因曾对艺术界也存在的这一现象批评道：“有些演绎者不是想表达作品本身所具有的自然感情，而是给它强加了许多他自己想要表现的东西，以便给人们以深刻的印象，使这些附加的东西凌驾于作品之上。结果造成这部作品所表达的比原来应当表达的多了，因而作品本来的面貌就起了变化。”①文学作品亦如此，一般来说，作家为了实现其作品的艺术构思，往往对自己所使用的每个字眼都是经过反复筛选，斟酌它的细微色差和分量的。因此，在翻译表达的过程中，“词义精当”是传达作品整体效果的基础。译者应当以严肃的态度，尽一切努力，把不合作者和信息原意的主观因素限制到最低点，切忌主观随意发挥和创造。托尔斯泰在《艺术论》中曾说：“艺术就是从这‘稍微’两个字开始的地方开始的”；“一首诗只要写得稍微不足一点或夸张一点，一幅画只要画得稍微暗淡一点或明亮一点，一场戏只要演得稍微过火一点或呆滞一点，一首歌只要唱得稍微偏高一点或偏低一点，都会立即丧尽全部艺术魅力”。② 由此我们可以看到，在具有艺术性的文学翻译活动中，把握再创造的度，客观再现原作的思想、风格和情感，是非常重要的，也是衡量、评价一部译作成败的关键。对此，许钧从再现原作的形式因素价值、文化因素价值的移植、文学形象的再创造、语言内部意义的传达这四个大的方面分析了翻译的可能性和障碍，以及克服这些障碍、实现“再创造”的具体途径和手段。总之，按许钧的话来说，“脱离了客观的依据，越创造越不忠。文学翻译的再创造绝不是主观生造、乱造、硬造”③。

---

① 丹尼尔斯．梅纽因谈话录．张世祥，译．北京：人民音乐出版社，1984：11.

② 成立．艺术鉴赏完形律．名作欣赏，1986(5)：4.

③ 许钧．文学翻译批评研究．南京：译林出版社，1992：31.

## 四

美国当代著名翻译理论家奈达指出:“所谓翻译,是指从语义到文体在译语中用最切近而又最自然的对等语再现原文的信息。”这里的“对等”指的是译文对目的语读者所产生的效果应和原文对出发语读者所产生的效果大致相等。由此可见,把握再创造的度,客观、公允地传达原作的思想与风格,不仅是翻译的性质决定的,也是当代的审美要求。一部翻译作品,首先是一部文学艺术品,作为一个特殊的语言符号系统,它具有相对的独立性。但作品的意义和价值只有通过读者复杂的中介环节——阅读和欣赏,才能实现。因此,作者—作品—译者—译作—读者,才构成翻译活动的一个完整的系列。译者不仅要再现原作的意义和风格,还要考虑到目的语读者的反应与接受能力。由于读者的接受意识和审美观是随着时代而变化的,因此不同时代的读者对翻译的要求也有所不同。当代的读者已不再满足于林纾时代那种脱离原文、哗众取宠的创造手段,也不满足于20世纪五六十年代强调“民族文学”时期一律“归化”的翻译方法,他们更希望接近原作客体,挖掘原作的内在价值和潜在意义。正如朱光潜先生所说的,“遇见一个作品,我们只说‘我觉得它好’还不够,我们还应说出我何以觉得它好的道理”①。那么,怎样才能让读者明白这“好的道理”,实现文学作品的思想价值和审美效果,即在读者心理方面引起同样反应呢?译者的态度起着决定作用。一方面,他必须处理好与作者的关系。我们知道,译者,首先是一名读者;翻译既是对作品客体的认识、思维活动,又是一种审美感受活动。译者在理解、领悟原作的过程中难免受个人情感、价值取向的影响。但译者要尽一切努力使自己消失在原作中,力戒将读者带入自己所观感的世界中,因为他表现的是原作的内容,揭示的是原作者的思想。另一方面,他还必须处理好与读者的关系。不考虑读者

① 朱光潜.谈美——给青年的第十三封信.上海:开明书店,1939.

的因素,生搬硬套地将原文强加于读者,是回避困难、不负责任的态度;一味地迎合读者的需要,未免走向贫乏或庸俗。“创造和欣赏的成功与否,就看能否把‘距离的矛盾’安排妥当。‘距离’太远了,结果是不可了解;‘距离’太近了,结果又不免让实用的动机压倒美感。‘不即不离’是艺术的一个最好的理想。”①在艺术欣赏中,为了给欣赏者创造布洛提出的这“不即不离”的心理距离,中外艺术家尝试了多种艺术处理,如诗意化原则、程式化、陌生化等手段,为我们的翻译活动提供了借鉴。在翻译活动中,既要避免浮于字符表层的意义,同时也要力戒过于捕捉原作的意韵,对每句话、每个字都掺进自己的解释,企图榨尽作品的最后一点韵味。这种嚼饭喂人的态度是不可取的。文章的妙处,贵在读者自得。我们知道,文学作品是一个客观存在的可感知的实体,它总是依赖于语言的一般规律而存在的。“一件优秀的艺术品所表现出来的富有活力的感觉和情绪是直接融合在形式之中的,它看上去不是象征出来的,而是直接呈现出来的。形式与感情在结构上是如此一致,以致在人们看来符号与符号表现的意义似乎就是同一种东西。”②因此,只要译者以认真、严肃的态度,从构成作品的思想与风格的语言体式、语义体系及结构等各要素做客观的分析与揣摩,把握再创造的度,尽管“仁者见仁,智者见智”,我们给予读者的仍是一定范围内的原作的思想内容与艺术特征。

(原载《中国翻译》1996 年第 3 期)

---

① 朱光潜.朱光潜美学文集(一).上海:上海文艺出版社,1982:25.

② 朗格.艺术问题.滕守尧,朱疆源,译.北京:中国社会科学出版社,1983:24.

# 沉下去浮上来

池　莉

从文学阅读来说，世界上再没有哪一个国家像法国文学这样，与我们中国读者有着如此紧密的阅读关系，以至于翻译家傅雷先生一旦去世，巴尔扎克在中国也就去世了，仿佛此前他还一直活着一样。优秀译者是如此重要，在非母语国家的阅读当中，他几乎就等于原作者的化身。尤其是当我自己的作品也有了法国文字译本，并且在我多次与法国读者接触以后，我更加确信了这个判断。综观世界上所有的战争，开初都是奔着财富和领土而去的，最终的胜利却体现在文化的浸润与征服上。换一个角度来说，人类付出的无数生命与鲜血，实质上都是对于文化的沟壑填埋。可见不同语种之间的沟通、理解与传达，是多么复杂和微妙。具体到小说的翻译，同样也是小径纵横，危险四伏。彼时的阅读时尚、彼时的心理需求、单元性的社会因素以及原著的版本来源等等，都会直接影响翻译小说的本意与语言质地，导致歧义的产生或者轻佻浮躁的阅读，有时候则仅仅只能制造一些名言，在大众文化领域简单地消费。"生命中不能承受之轻"这一句式，便是典型的一例。

19 年前，我们凭借一本薄薄的小说《生命中不能承受之轻》，首次接触捷克作家米兰·昆德拉。当时，我们的确脑袋一热。因为那是一个特殊的历史转折时期。中国刚刚结束了漫长的政治冰冻期，春天之门在缓缓开启。那时候，任何一点绿色都被视为春的使者，受到高度的瞩目和热烈的欢迎。昆德拉的小说，首先以捷克的社会背景，获得了我们的亲切认同。他直接把政治体制、意识形态、哲学、历史与日常生活公然糅合，其写法显得新鲜而大胆，满纸的哲学名词，让我们模模糊糊感到自己被提升到了哲学的意义上，超越了自己对于政治生活的认识；甚至书名还可以拗口乃至不通顺，其生涩感与雅皮士感的混合杂交，引起了我们尤其是文学青年心中一种难以言状的震颤，通俗地说，就是挠到了自己抓不到的痒处。在我们年轻的时候，欧化的句式总是比较容易得到认可和宽容，以翻译语气制造出来的名言似乎更像名言。当年，我们根本没有思考能力，去思考曾经沦为半殖民地的祖国，其洋奴文化是否还残留着余孽。当然，我们更没有想过，母语为捷克语的作家昆德拉，由于 1975 年移居法国而才开始尝试法语写作，他是否真的可以用法语表达他的作品意图？何况他的这本小说，还是由法语译为英语，再由英语译为中文的。昆德拉与中国读者之间，绕了几个语言的弯弯，中国读者是否最近距离地接近了原著？我们都不知道。我们更多是因为非小说因素热着昆德拉，热着他的易于解读，热着他方便我们自己顺水推舟地表现自己的哲学知识，因为昆德拉的文本充满了通俗的哲学情调。后来，我们甚至并不是阅读，而是将书名当作句式使用。这句式逐渐流行，慢慢进入电视的八卦节目，进入网上的调侃与卖弄，成了更年轻的大孩子们的文化品位标签，因为这个年纪的大孩子和当年的我们有着同样的毛病：需要一点哲学、一点人生真知、一点郁闷闲愁，还有一派时尚姿态——对于政治与意识形态的昨日旧恨和今日疏离，“生命中不能承受之轻”这句式，便再合适不过了。那么，从小说的意义上来说，昆德拉到底是一个怎样的作家？我们应该凭借什么来进行选择和认可呢？

感谢许钧先生在这个时候的出现。他的法语造诣和翻译技巧的精到，使得我们有机会如此接近和了解法国的当代文学。最初引起我注意的是许钧翻译的《桤木王》。《桤木王》的文字，是那么典型地表现出了法语的细腻、繁复、感性与敏感，在久违了的巴尔扎克时代之后，我们重又感受到了法语在当代小说血脉中的经典跃动。去年，许钧直接从法文版本，重新翻译了昆德拉进入中国的第一本小说，书名译为《不能承受的生命之轻》。显然,这个书名在语法上是通畅的,在内容的表达上也更为贴切与忠实。今年5月,许钧又翻译了昆德拉的新作《无知》。许钧的译本,终于让一个比较真实的昆德拉浮现了出来。再回首这19年来热烘烘的混乱,我们便可以获得一个比较冷静的结论了。显然,沉静的、清醒的阅读,对于作家个人,对于中法两国颇具渊源的文学交流,对于任何外国文学作品的选择和喜爱,对于所有年轻读者的成长与见识,都有着特别重要的意义。

比如我,现在就可以十分明确地不再喜欢昆德拉的小说。因为我不喜欢主题先行,不喜欢直白地用哲学理论来阐释主题,还不喜欢小说人物只是哲理的木偶。我更喜欢小说语言本身的瑰丽。语言是绣花线,应该五颜六色,光泽熠熠,可以绣出栩栩如生又各不相同的人物形象。法文的繁华秀丽、意绪无穷,与中文是如此相近,好比两国的烹调技艺,都是那么讲究色香味。当然,我想我不是在肯定或者否定一个作家,而是在探究如何拥有沉静的、清醒的阅读。一想起我自己花了19年时间,才弄明白一点点阅读上的问题,便感慨。写下来,也算一点自我批评吧。

（原载《人民日报》2004年11月30日第16版）

# 许钧教授赞词

## ——授予许钧教授香港翻译学会荣誉会士衔

金圣华

假如说，翻译是吃力不讨好的工作，令人苦乐参半，又喜又惧，而译道漫长迂回，荆棘满途，使人涉足其间，举步维艰；但有位译家却对译事情有独钟，始终不渝，毕生奉献，而甘之若饴。这一位译家，就是驰誉中外、著作等身的许钧教授。

许钧教授原籍浙江龙游，1975 年毕业于解放军国际关系学院，1976 年至 1978 年负笈法国，就读于勃列塔尼大学，回国后继续进修，1988 年获南京大学外文系硕士学位，继而留校任教，1992 年晋升教授，现任南京大学研究生院副院长、教授、博士生导师等。

许钧教授与翻译的不解之缘，始肇于少年时代的爱书之情。由于自幼好学，故于遨游书林之际，披卷摩挲之余，乃兴起了与书交流的渴望，进而演化成将己之所欲公诸同好的心愿；而精通外语的学人，如何引导不谙外语的同胞进入书域辽阔无垠的疆土，正是译者的职志所在，使命所属。就因为如此，他踏上了翻译漫长的征途。他曾谓："对我来说，译书、著书，在某种意义上，是企盼与更多的知音分享一种心灵交流的快乐。"从独善其身到兼善天下，许钧教授乃通过翻译，将小我的阅读之乐升华至与众同乐的更高层次。

许钧教授与法国文学之间所展开的乃是一场长达数十载的热恋，按他的自我剖白："我爱翻译，是基于对法国文学的爱。"正因为"恋人"风华绝代,光芒四射,追求者既深感自豪,又彷徨失落,一方面忙不迭想将“恋人”通过翻译介绍给国人认识,另一方面又深恐自己拙于言辞,力有不逮,下笔生涩失实,无法描述佳人的花容月貌于万一。这种患得患失、诚惶诚恐的心情,任何初译者都不免经历过,然而往往不旋踵就在扬扬自得或故步自封中消失于无形。许钧教授的翻译生涯却并非如此,他奋勇向前,努力求索,在成长的路途上,经历过“苦恋”“创造”及“开拓思想疆界”三个阶段。

在法国文学灿烂的星空中,许钧教授曾经寻寻觅觅,迄今摘下的耀目之星,数目众多。自从洋洋 30 余万言的处女译作、亨利 · 古龙日的《永别了,疯妈妈》于 1982 年面世之后,他至今已翻译逾 800 万字,其中包括名家名著如普鲁斯特的《追忆似水年华(卷四)》、巴尔扎克的《邦斯舅舅》《贝姨》、米歇尔 · 图尔尼埃的《桤木王》、西蒙娜 · 德 · 波伏瓦的《名士风流》、米兰 · 昆德拉的《不能承受的生命之轻》《无知》等共近 40 部作品。译家在长年累月中,日日伏案,夜夜挑灯,所付出的时间与精力之多,令人动容,难怪他在宣称“我爱翻译这一行”的同时,也不得不承认“翻译家是孤独的人”。的确,这一份骄人的业绩,不论在往昔或当今的译坛中,都可说是傲视群伦、出类拔萃了。

许钧教授的译作,不但以量先声夺人,也以质享誉不衰。同一位译者,要遨游于众多作品之间,从传统派到现代派,从写实主义到存在主义,都需耳熟能详;而原著风格,从冷峻精确到热情奔放,从含蓄沉敛到雄浑酣肆,亦须一一顾及。这种超卓的译才,岂是一朝一夕可竟全功? 许钧教授所译的《不能承受的生命之轻》,于 2002 年获得昆德拉亲自授权从法文版翻译,并于 2003 年由上海译文出版社出版。译作甫问世即在一个月内印行达 25 万册,其后更再三加印,并在当时成为最畅销的文学类书籍,与杨绛的《我们仨》(非文学类书籍)交相辉映,传诵一时。这种轰动现象,乃译家多年来孜孜不倦、努力不懈所致。据悉,他为了吃透原文,曾经在翻译前认真钻研大量有关作者及原著的中外资料,并秉承一贯“以信为本、求真求美”的原则,审慎落笔,精益求精,终于如愿使原著“脱胎换骨、灵魂转世”,在中土再生。至目前为止,《不能承受的生命之轻》不但畅销,且引起学界的广泛关注,有关报道及讨论文章逾百篇,包括学者、作家的论著在内。一般评论者皆认为许钧教授法语精湛,译笔优美,使读者阅后,能进一步“接近和了解法国的当代文学”(池莉语)。这不仅是许钧教授当年涉足译途的初衷,也是他毕生坚定不移的宗旨,如今夙愿得偿,此一译作的成功,在中外文化的交流史中,又添一佳话。

在翻译众多经典名著的过程中,许钧教授正如许多资深的译界前辈一般,也曾感到困惑,也曾心生疑虑。恰似当年的傅雷,在译道上越向前行,越发现文学翻译如巍巍巨岳,令人有高山仰止、可望而不可即的感喟。于是,为了释疑解惑,许钧教授乃进入崭新的阶段,开始对翻译的本质,进行一系列的考究与探索,有意识地边译边学、边学边思,在“再创造”的过程中,对“神形兼备”“文化移植”“忠诚”“叛逆”等问题,深入探究。20 世纪 90 年代中期,许钧教授发起了一场有关《红与黑》汉译的大规模辩论,并于 1996 年出版了《文字 · 文学 · 文化——〈红与黑〉汉译研究》一书,在当年的译海中投下巨石,激起波澜。另一方面,他又致力于当代中外译论的研究,出版了《当代法国翻译理论》(1998)、《翻译思考录》(1998)等重要著作。2001 年,则出版了《文学翻译的理论与实践——翻译对话录》。此书乃作者走访 20 位我国译坛先驱、名家的谈话实录,同行曾誉之为“译学宝库”,书中把译学前辈的实战经验与精辟译论,珠联璧合,融为一体,为不可多得的珍贵文献。

许钧教授学术生涯中的最大成就,乃是 2003 年出版的《翻译论》。此书为作者多年来沉思求索的结晶、殚精竭虑的力作。《翻译论》正文共分 7 章,近 35 万言,凡有关翻译的种种问题,都逐一爬梳,巨细无遗。书中旁征博引,擘肌分理,充分体现出作者历经数十寒暑的苦心孤诣,终于达至豁然开朗、拨云见日的境界。

许钧教授多年来做翻译、教翻译、研究翻译,成就辉煌,硕果累累。其著译作品曾获国家级、省级优秀成果奖 20 余次。1999 年,许钧教授获法兰西金质教育勋章,此为授予法国及国外“为法国语言、文化的研究与传播及教育事业”贡献杰出者的殊荣。

许钧教授热心公益，出任要职极多，如国际翻译家联盟学术文献委员会委员、教育部高等学校外语专业教学指导委员会委员兼法语组副组长、全国法国文学研究会副会长、南京翻译家协会会长等，难以尽述。同时他还担任 *META*、*BABEL*、《外国语》《外语教学与研究》《译林》《南京大学学报》等国内外十余种重要学术刊物的编委或通讯编委，为推进中外学术交流，贡献良多。

多年来，许钧教授对译事衷心欢喜而不沾沾自喜，对推动翻译全力以赴而绝不自负，其恢宏大度、平易近人的性格，深受同道中人的一致赞誉。有鉴于许钧教授译著的丰硕、译论的宏富以及译德的崇高，香港翻译学会经执行委员会一致通过，特授予其荣誉会士衔，以兹表扬与推崇。

2005 年 9 月 3 日

2005 年 9 月 3 日，香港翻译学会在香港大学举行隆重仪式，授予南京大学许钧教授香港翻译学会荣誉会士衔。荣誉会士衔系香港翻译学会授予国际上在翻译与翻译研究领域成就卓越的杰出人士。学会成立以来，获此殊荣的有中国的叶君健、萧乾、杨绛、杨宪益、戈宝权、方平、余光中、林文月、齐邦媛、彭镜喜、赖恬昌、罗志雄和美国的尤金·奈达等著名学者与翻译家。

赞词撰写者为金圣华（香港翻译学会会长，香港中文大学翻译学系讲座教授、著名翻译家）。

赞词宣读者为黄国彬（香港岭南大学翻译系教授、著名翻译家）。

# 许钧：穿越巴别塔的使者

申赋渔

这是西方一个古老传说：人们在一个叫示拿的地方，想建一座塔直通天庭，以显示人类的力量与团结。上帝不高兴。于是就搅乱了干劲十足的人们的语言，让他们彼此无法交谈。通天塔半途而废。这就是巴别塔。

许钧教授主编了一套以翻译家为主体，记录翻译家们的生活、追求、经验和思考的丛书，取名为“巴别塔文丛”。

许钧说，作家池莉在德国参加《生死朗读》的朗诵会，台下听众如痴如狂，而她因为语言不通只能木然呆立，她说：“语言的鸿沟让我绝望。”翻译家，是巴别塔下的智者。他把我们从孤独引向友爱，从狭窄引向宽广。

## “翻译，从爱书开始”

当选南京首届“十大文化名人”的许钧教授，现任南京大学研究生院副院长。他于1975年毕业于解放军国际关系学院。在谈起这段求学生涯时，他笑了：“那时还是‘文革’阶段，刚进学校，起先学的就是‘枪杆子里面出政权’等几句法语，三年里，从来没见过一个法国人，只是听录音。不过学校里有大量的法国藏书，这对我来说，是极过瘾的事。我喜欢书。当时，外面搞‘文革’，是封闭的，但是内心却被这些书打开了。”

许钧说，因为他爱读书，才得以就读于外语学院，因为太爱读书，才迫切希望与更多的人同享这无上的快乐。最终，这让他走上了翻译之路。

许钧说，在巴黎时，有一天，他去拜访《安娜·玛丽》的作者吕西安·博达尔，一到他家，他就呆住了。这位龚古尔奖获得者的客厅、厨房、卧室里到处是书，他家有 7 个房间，6 个房间里装满了书。许钧说："这一顿饭，我食不知味，我的目光总是被那些书牵扯着。走的时候，博达尔夫人对我说，我要送你一件礼物。所有这些书，只要你两只手拿得动的，随你挑选。我顾不得谦逊与矜持，一口气挑了几十本。当我艰难地拎着这两捆书，向远处的地铁站移动时，你想象不到，我的内心是怎样的激动。"

"我的孩子两三岁的时候，就知道我对书的重视超过一切，每当他有什么不满意时，他就会这样威胁我：'我把你的书给撕掉。'""翻译，是对民族文化有目的的补充。"1976 年，22 岁的许钧前往法国留学，就读于勃列塔尼大学。两年的留学生涯，使许钧的命运发生转折。"另一个世界的大门，陡然打开在我的面前。"

法国的语言和文字让他入迷，法国的文学让他欣喜兴奋，那阅读的快乐，让他不可自抑。从法国的文学作品中，许钧读到的不只是美，更多的是一种人文精神与哲学思考。伏尔泰的启蒙主义、雨果的浪漫主义、巴尔扎克的现实主义、萨特的存在主义，还有深刻探索现实秘密的"新小说派"，无一不在他的内心搅起风暴。

这风暴，把许钧的整个生命裹挟进了翻译的世界。他说："除了翻译，我不说，不想，不做。这是我毕生的事业。"

文字，是文化的载体。文字本身，就是文化。翻译，就是这样一份让人类的文明丰富起来的事业，一份值得许钧为之付出的事业。许钧说，通过翻译交流，我们就可以认识大师，认识他们所联系的那个世界，认识到他们的文化背景，认识到不同民族的文化异同与互补。所以说，作为翻译家，他们的目光是永远向外的，他们的心灵是永远开放的。我们将通过翻译，有目的地拿来其他民族当中优秀的，补充到我们的民族文化当中。

# “翻译家，是孤独的”

联合国前秘书长加利来南京时，曾跟许钧有过一番对话。加利说，翻译有助于发展文化多样性，而文化多样性则有助于加强世界和平文化的建设。而此时，许钧正在写他最为重要的论著《翻译论》。他说，加利的话，对他影响甚大。

30 余万字的《翻译论》，是许钧多年来沉思求索的结晶、殚精竭虑的力作。在这本书中，他针对翻译提出：何为译？为何译？译何为？他说，翻译，是以形式转换为手段，以意义再生为目的的跨文化交流活动。他从翻译的社会性、文化性、符号性、创造性、历史性诸方面擘肌分理、逐一梳理，最终使人豁然开朗。

理论是为了实践，理论来自于实践。《翻译论》，这部代表着许钧当前学术最高成就的著作的诞生，则是因为他多年来做翻译、教翻译、研究翻译的辛勤耕耘及累累硕果。20 多年来，许钧先后发表了文学和翻译研究论文 160 余篇、著作 7 部，翻译出版了《不能承受的生命之轻》《追忆似水年华(卷四)》《中国之欧洲》《邦斯舅舅》等人们耳熟能详的法国文学与社科名著 30 余部，主编了“杜拉斯文集”“法兰西书库”“知识分子译丛”“巴别塔文丛”等译丛、文丛 10 多部。至今译作已逾 800 余万字。1999 年，许钧教授获得法国政府颁发的“法兰西金质教育勋章”。取得如此之多的成就，需要多少个不眠之夜的奋笔疾书？需要牺牲多少个人的快乐与享受？难怪许钧教授发出这样的感慨：“翻译家，是孤独的。”

在南京这座古老的城市，一个视文字为生命的学者，守一盏孤灯，用心灵，让文化的两极牵手、对话。而聆听这对话的无数的人们走出了孤独，并且拥抱了快乐与希望。

（原载《南京日报》2006 年 12 月 21 日）

# 肩负使命的智者之旅

申赋渔

从树华楼出来,我没有立即走出南大校园,而是在草坪边上的一张石椅上静静坐下,这样,我就能够更长时间地把刚刚获得的宁静与淡淡喜悦存留在心间。

我仿佛看到,在古老的示拿的旷野中,一座通天塔高高矗立,无数的人簇拥在它的周围,忙碌而有序。在古老的传说中,上帝是不高兴看到这一切的,他完全地搅乱了人们的语言,让他们彼此无法交谈。因为语言的隔阂,人类失去了团结与力量,通天塔只能半途而废。可是,人类的智者,一直在努力打破这语言的障碍,他们从来不曾放弃过这巴别塔的建造。

南京大学的许钧先生就是其中一员。

在他树华楼的办公室里,我们谈了很久。谈话,像一场奇异的旅行。不,那是他的旅行,他已经整整走了 30 年,他似乎已经看到了梦想中的那巴别塔的塔尖。

这漫长的旅行,是他这么多年来生活的全部,他的旅行是穿梭在中法两大文化古国间的文字之旅、文学之旅、文化之旅与思想之旅。他和他的同行们,试图在这旅行当中,一路走,一路把那些孤独的人们引向希望,把狭窄的心灵引向宽广。

## “好书遇知音，是书最好的归宿”

许钧是著名的翻译家，数十年来，翻译了 30 余部法国名著，发表作品 800 余万字，因为他对中法文化交流的杰出贡献，1999 年，法国政府向他颁发了“法兰西金质教育勋章”。而他成为一个著名翻译家，却是从单纯而热烈的对书的热爱开始的。起先，他和我们一样，只是一个读者，最多是一个较为热切的读者。然而，这就是起点。

许钧出生在浙江衢州龙游的一个贫困农家，小时候，不用说买书，就是上学的书本费都得学校减免。“看到家境稍好一些的同学家里有几本藏书，那份羡慕和渴望是今天的少年所难以想象的，不用说能借到手读一读，哪怕是能用手摸一摸，也是一种满足。”

也许是因为年幼时对于书的这种饥渴，在工作后，许钧几乎所有的业余时间都用在读书上。而酷爱读书，又使他获得了 1976 年到法国勃列塔尼大学留学的机会。这一年，他才 22 岁。到法国留学的一切费用都由国家承担，每月按 10 元人民币的标准，另发 20 多个法郎作为零花钱。零花钱他一分也舍不得花，全部积攒起来，到塞纳河畔的旧书摊淘书。留学两年后回国，他从法国带回来的唯一“财富”，就是一箱子发了黄的法国小说。

许钧对书，怀着一种近乎痴迷的情感。

许钧说，1993 年，他应法国文化部邀请赴法访问。有机会去《安娜·玛丽》的作者吕西安·博达尔家访问。“一到他家，我就呆住了。”这位龚古尔奖获得者的客厅、厨房和卧室里到处是书，他家有 7 个房间，6 个房间里装满了书。许钧说：“这一顿饭，我食不知味，我的目光总是被那些书牵扯着。走的时候，博达尔夫人对我说，我要送你一件礼物。所有这些书，只要你两只手拿得动的，随你挑选。我顾不得谦逊与矜持，一口气挑了几十本。当我艰难地拎着这两捆书，向远处的地铁站移动时，你想象不到，我的心里是怎样的激动。”

“我的孩子两三岁的时候,就知道我对书的重视超过一切,每当他有什么不满意时,他就会这样威胁我:‘我把你的书给撕掉。’”

这种对书几乎偏执的爱,常常会感染和打动那些同样的爱书人。有时,也会因此而碰到知音,而知音所给予的,恰恰又是最珍贵的。

许钧和钱林森教授曾经合译过法国著名汉学家、比较文化大师艾田蒲先生的名作《中国之欧洲》。许钧去法国访问时,曾在巴黎奥代翁饭店与艾田蒲先生有过一次三小时的长谈。分别一个月后,许钧已经回到南京,竟然意外地收到了艾田蒲先生给他寄来的 12 本书,全是他的著作,每本都有他的亲笔签名。先生在信中说:“其中有几部是手头仅存的,是孤本。送给你,因为你爱书,更因为你懂书。好书遇知音,是书最好的归宿。”

这是书最好的归宿吗?如果,许钧之于书的情感,只是通常的一种占有的偏好,如果一本书,到了他的手中,便从此搁于他的书架,或藏于他的枕边,也许对他本人来说,是幸福的,可是对于书来说呢?特别是那些来自于异国他乡的孤本!许钧不是这样,他总是渴望与人分享一本好书,他有着抑制不住的、与人分享他所得到的那种喜悦与幸福的冲动。可是,不是所有的人都能像他那样,能够得心应手地欣赏使他心醉神迷的法文原著。语言把绝大多数中国人挡在了“凯旋门”之外。

许钧提起笔来,他不得不进行翻译。

## “法国文学是我的恋人”

法兰西那长河浪花般的文字,让许钧沉浸其中不可自拔,从美,到人文精神再到哲学思考,旅途奇峰叠嶂,山道盘旋而上。伏尔泰的启蒙主义、雨果的浪漫主义、巴尔扎克的现实主义、萨特的存在主义,还有深刻探索现实秘密的“新小说派”,无一不在他的内心搅起风暴。这风暴,终于把许钧裹挟进了他将一生为之劳累、为之痴迷的翻译世界。

文学是令人无法抵挡的美女。这是法国的一句俗话。而这句话,在许钧身上完全应验。许钧说，我深深地爱上了她，我热切地，想把我这心中的恋人，介绍给别人，我希望所有的人，都能够感受到她的魅力。

许钧选择的第一个翻译对象，是法国当代作家西默农的《黄狗》。“当我在希望与追求中度过了几个月，准备让自己的‘情人’亮相时，我在北京火车站的售书亭偶然发现她早已被人相中，翻译给中国读者了。空空单相思一场，近百个日日夜夜的心血化为乌有，我感到有一种难言的苦涩。苦归苦，我还是解脱了，因为我从失败中也找到了一点自信：我的眼力还不错。”

在浩瀚的法国文学之海中，许钧寻寻觅觅，面对风情无限的法国文学，他忐忑不安。他既担心不能完全地表现出她的气质与风采，又担心会因为自己糟糕的鉴赏力，会把并不美丽，甚至丑陋的女子，介绍给读者。在这幸福与恐惧中，他终于选择了勒克莱齐奥的《沙漠的女儿》。这部作品初看起来，外貌并无惊人之美，更无娇媚之处，只是有着新小说的某种精灵古怪。其中时空的跳跃，词语的怪奇，完全没有激起许钧心中的波澜，反而让他觉得陌生，不理解。许钧险些与她擦肩而过。而就在这擦肩而过之时，那古怪中透出的某种新颖，钩住了许钧的衣角。他回过头，开始凝望她：“渐渐地，那跳跃的时空中呈现出一个荒凉与繁华、贫乏与豪富兼而有之、对比鲜明、寓意深刻的世界，那怪奇的词语创造出一幅色彩缤纷、变幻无穷的图像，处处透出一种超凡脱俗的美。”

这超凡脱俗的美，深深地征服了许钧。他很快将书翻译了出来，紧接着，读者赞誉尾随而至。这是多好的鼓舞，许钧一发不可收。博达尔的《安娜·玛丽》、特丽奥莱的《月神园》……一部部佳作，从他的手底，如欢快的音符，奔涌而出。

“回想初学翻译那阵子，兴趣浓，劲头足，胆子大，想得天真，少有顾忌，匆匆挑选一部自己较为喜爱的书，便抱着词典，‘从容’操刀，速度之快捷，心底之坦然，是涉足译坛20多年后的今天的我所远远不及的。”

从“初生牛犊不怕虎”到如今的成熟与沉稳，许钧走过了一条漫长之路。在谈起自己参与翻译《追忆似水年华》时，许钧说道：“翻译，岂能只凭一片忠诚？翻译时稍不小心，就会得其形而忘其意。单求貌之相似，就会失其气势、神韵。而这，往往就会背离原著的初衷，甚至买椟还珠。”

而正是普鲁斯特的这部传世之作，让许钧开始从注重翻译的技巧转向钻研翻译之“道”。300 多个日日夜夜的辛苦劳作，许钧只完成了 20 万字的初稿，其间所经受的痛苦、恐惧，使他心力交瘁，尤其那种唯恐背叛原著的负罪感，使他负载着一个异常沉重的十字架。作品中那长达数十行的“意识流”连环句式，那声、色、味跃然纸上的形象笔触，那妙不可言的隐喻双关，仅靠忠诚与热情很难准确把握与完美传达。此时，就需要翻译者具有创造性的爆发力，就需要译者进入一个更高的境界。

## “提刀而立，为之四顾，为之踌躇满志”

庄子在《养生主》中有这样的描述：庖丁解牛，刀法神妙，能够“以无厚入有间，恢恢乎其于游刃必有余地矣”。事毕，“提刀而立，为之四顾，为之踌躇满志”，充满自豪与得意。但是，庖丁自称“臣之所好者道也，进乎技矣”。他并没有满足于数十年的解牛经验，并没有就此停滞不前，而是超越“技”进入更高的“道”的境界。许钧著书论译，与庖丁解牛之道，不无相通之处。

从 20 世纪 80 年代初涉足译坛，到 2003 年推出 35 万余字的《翻译论》，经历 20 余年的艰难摸索，许钧终于触摸到那仿佛只存在于传说中的“道”。

在谈到这 20 多年来所走之路时，许钧说：“20 多年来，我做的主要是翻译及其研究。一开始，自己对翻译的认识是比较肤浅的，对翻译研究的理解也相当狭隘。回顾自己所走过的翻译与翻译研究之路，我感觉到自己对翻译的认识每深入一步，研究就会相应地前进一步。从某种意义上讲，对翻译活动的认识的程度决定了研究的深浅。”

起先相当长的一段时间，许钧注意的只是技巧层面，看重的是翻译的转换形式，因此，他早期所写的论述文章，大多限于翻译技巧的探讨。而后，随着学习和研究的深入，他对翻译的认识开始一步步加深，研究的思路也一点点打开。从 1987 年他所写的《论翻译的层次》到 1998 年《论翻译活动的三个层面》，这 10 多年时间里，许钧对翻译的本质问题不断思考，不断探索。对于这个过程，许钧对自己有着近乎刻薄的评价："我试图以层次的观点去剖析翻译活动，以今天的目光去审视，其中存在着明显的理论缺陷。首先，将翻译活动局限于狭义的'语际翻译'，缺乏对翻译活动的本质认识；其次，在对思维与语言的关系的认识中，存在着'语言工具论'的影响；再次，分析的重点主要在语言层次，没有从文化的高度去认识、把握翻译活动所涉及的众多因素。"

沿着这条崎岖之路不断前行，许钧开始进入另一个天地。从对翻译的语言层面的研究开始，他开始把翻译置放在社会、文化的大背景下，用历史发展的目光去加以审视，使自己对翻译有了更为深刻的理解。2003 年，他推出了《翻译论》，这是他 20 多年来从事翻译活动，包括翻译实践与理论研究的心血结晶。

在这本书中，他提出：何为译？为何译？译何为？他说，翻译，是以形式转换为手段、意义再生为目的的跨文化交流活动。他从翻译的社会性、文化性、符号性、创造性、历史性诸方面擘肌分理、逐一梳理，最终使人豁然开朗。

理论是为了实践，理论来自于实践。《翻译论》，这部代表着许钧当前学术最高成就的著作的诞生，则是因为他多年来做翻译、教翻译、研究翻译的辛勤耕耘及累累硕果。20 多年来，许钧先后发表了文学和翻译研究论文 160 余篇、著作 7 部，翻译出版了《不能承受的生命之轻》《追忆似水年华(卷四)》《中国之欧洲》《邦斯舅舅》等人们耳熟能详的法国文学与社科名著 30 余部，主编了"杜拉斯文集""法兰西书库""知识分子译丛""巴别塔文丛"等译丛、文丛 10 多部，至今译作已逾 800 余万字。取得如此成就，必须经年累月，于无数的不眠之夜奋笔疾书；必须诚惶诚恐，勤学不辍，牺牲个人大部分的快乐与享受。没有这样的付出，就不可能进入"庖丁解牛"的境界，就不可能让我们真正贴近和深入大师们的内心深处。甚至可以说，正是因为有像许钧他们这样的学者的孜孜不倦的追求，才使世界范围内的大师们，能在中国的土地上重生，继而推动中国文化向前迈步。

## “独上高楼，望尽天涯路”

王国维先生在《人间词话》中说道，古今成大事业者，必经三种境界：“昨夜西风凋碧树。独上高楼，望尽天涯路”，此第一境；“衣带渐宽终不悔，为伊消得人憔悴”，此第二境；“众里寻他千百度，蓦然回首，那人却在灯火阑珊处”，此第三境。三境界分别是认清方向、埋头苦干、喜获成功。在翻译这条道路上，许钧已经走得很久，也已走得很远，甚至在某种程度上，已经达到“庖丁解牛”的那种从容境界。然而“提刀四顾”，许钧心中忽然觉得有着一丝警觉与茫然。“解牛”只是一个技术层面，如果同王国维先生所说的境界相比，连第一境界都还未达到。连庖丁都不满足于“一技之长”，而欲从中悟出“道”来，何况我乎？许钧开始思考“小道”与“大道”。

他认真阅读了哲学、美学、语言学、社会学等学科的有关经典著作和代表作，吸取研究的最新成果，不断开阔自己的视野。“小道”与“大道”，开始清晰地出现在眼前。

许钧认识到，现实的形而下的翻译之道，其为小道，关注更多的是“如何译”。理论意义上的形而上的翻译之道，其为大道，探讨的是关乎何为译、为何译、译何为及“如何译”这背后无形地起着重大作用的一切。他说，20 多年来，他一直在形而下的翻译“小道”上艰难行走，在迷宫般的文本世界里与巴尔扎克、雨果、普鲁斯特等大家相遇，战战兢兢地与他们对话，试图以自己的努力，让他们的心声在另一个世界的读者心中发生共鸣。行进其中，幸福却带着负罪感。他不能从高空来俯瞰这一切，身在其中，呼吸随作者的意志而游走，自己无从掌控。此时，他不得不开始思索形而上的“大道”。他要掌控自己的命运。

在翻译中，许钧获得了无数直觉的快乐，并把这快乐带给了广大读者。现在,他深深地感觉到,这远远不够。从文学的优美之外,他更入迷于文化的深沉了。他开始思索,他已经不再满足于翻译一两本小说,来宣泄一己之欢乐了。他需要给读者带来撞击与震撼,他希望给读者带来一个张扬着灵魂的自由天空。他更想让自己的作品,能够在古老的中国文化之中跌宕出波澜。

独上高楼的许钧,已经辨明路的方向。他上路了,他抬头望去,长路无限地延伸,绵延不绝,仿佛没有边际。

然而对于跋涉,许钧是从无畏惧的。

## "翻译,让一个民族的文化,在另一个民族之中得到新生"

在许钧翻译的米兰·昆德拉的名作《不能承受的生命之轻》的封底,写着这样一段话:"负担越重,我们的生命越贴近大地,它就越真切实在。……相反,当负担完全缺失,人就会变得比空气还轻,就会飘起来,就会远离大地和地上的生命。……那么,到底选择什么?是重还是轻?"

当今世界各地区的民族文化,同样面临这样的困境。如果独守一隅,在世界大潮的冲击之下,说不定就在某一天,不经意中便化成了泡沫,不复存在。可是如果迎潮而上,又可能被大潮所裹挟、同化了,在不远的将来,同样消失。对此,许多有识之士忧心忡忡,苦心孤诣,寻求突破之法。

联合国前秘书长加利来南京时,曾跟许钧有过一番对话,加利说:翻译,有助于发展文化多样性,而文化多样性,则有助于加强世界和平文化的建设。

翻译是交流,是沟通,是理解,是丰富;是对个人的丰富,更是对民族文化的丰富。许钧说,通过翻译交流,我们就可以认识大师,认识他们所联系的那个世界,认识到他们的文化背景,认识到不同民族的文化异同与互补。所以说,作为翻译家,他们的目光是永远向外的,他们的心灵是永远开放的。我们将通过翻译,有目的地拿来其他民族当中优秀的,补充到我们的民族文化当中,让自己强大起来,而不是听任文化上的霸权者,肆意地去毁灭与践踏。

1997 年,法国总理若斯潘来华访问,在一次会议上,许钧问他:“文化与语言密切相关,面对世界的‘英语化’,法国政府何以维护法语的地位,又何以发扬光大法兰西文化?”若斯潘回答说:一个民族语言的丧失,就意味着这个民族文明的终结。任何一个维护民族文化价值的国家都不会听任自己的语言被英语所取代。而对世界来说,经济可以全球化,甚至货币可以一体化,但文化则要鼓励多元化。他认为,正是本着文化多元化的精神,法兰西文化在尊重其他民族文化的同时,得到了自身的不断发展与丰富。

从源头上来讲,翻译所起的最为本质的作用,就是基于交际的人类心灵的沟通。翻译因人类的交际需要而生,在克服阻碍交流的语言差异的同时,翻译为交流打开了通道。也因为翻译,人类才从相互阻隔走向相互交往,从封闭走向开放,从狭隘走向开阔。而与此同时,翻译又把不同的文化带向四面八方,把异域文明在时间和空间上不断拓展,不断延续。翻译,像蜜蜂一样,把花粉传播到文化花园的各个角落,从而使人们看到百花齐放。而民族之花是否灿烂,那就要看这个国家的文明发展是否健康,文化积累是否深厚。而这一切,都需要翻译。

许钧说,试想,“四书五经”若没有不同版本的翻译,没有不断的阐述、注解,没有一代又一代的阐释,就不可能传承至今。正是由于不断地阐释与翻译,有一代代人不同的理解,“四书五经”的内容才逐渐丰满、丰富。而各种不同语言和文化之间的翻译也同样如此。《红楼梦》通过翻译在法国、美国、德国的土地上重新开花结果,而歌德、雨果的作品又在中国有了新的生命。而这新的生命,事实上已经超越了原先的在他们国土上的那个生命。翻译,让一个民族的文化,在另一个民族之中得到新生。

许钧意识到,文学已不能完全承载这一使命,他把目光投向了更为广阔的田野。他开始翻译和主编一系列外国文化丛书。他已经不再满足于为我们打开一扇扇镶嵌着玻璃的木格窗了,他要打通一个能够直接进行文化对接的快速通道。

在这一打通通道的过程当中，首先必须思考的，便是如何对待外国文化，如何吸收与借鉴外国文化的先进成分。许钧认为，翻译研究者应该对选择怎样的文本进行翻译，在翻译过程中应采取怎样的文化立场等重要问题进行探索，对目前中国翻译界出现的“盲目引进文本”“误译错译严重”等问题的深层原因进行探究、分析。

文化引进，面临价值判断、泥沙俱下、人才匮乏、视野狭窄等诸多难题。可是人在江湖，只能义无反顾，渐行渐远。

## “寻找那深埋在历史脚步下的生命痕迹”

在我的书架上，法国文学的那一片，有多达数十本的许钧先生翻译的著作，所以在树华楼他的办公室第一次见到他之前，我就对他很熟悉，而且深感亲切。我们的谈话是从我最喜欢的法国作家夏多布里昂开始的。这个双方都熟悉的名字，让我们几乎像老朋友一样，一见如故。

2000 年，许钧主编了《夏多布里昂精选集》。这本总是放在我枕边的书，让我体会到了译者对历史的深沉思考。

夏多布里昂在他的作品中，将文学与他的职业、社会功能紧紧相连，将历史的存在与命运结成一体。在选编这本书时，许钧已经开始对人类的生存脉络进行尝试性探索了。而这一切，在后来他所主编的“西方文明进程丛书”与“日常生活译丛”两套丛书中得到了放大，得到了淋漓尽致的发挥。

文化的引进，不只是一个概念，它必须具体而微，它必须着力到一本书、一个观念，然后让这星点之火，在人们的内心蔓延，继而熊熊燃烧。许钧选择的是文明的进程与被掩埋的普通人的历史。

在以往，我们所接触到的历史，无非是“朝代的兴亡，君主的废立，经年的战争”(胡适语)，是“大写的历史”，是帝王的光环与战争的恢宏。然而，人类的历史，不应该只是一部经过精心修饰的帝王史，一部透着血腥的战争史。一个个有着生命和激情的个体应该在人类历史当中占有一席之地，他们，才是历史的真实底色。而这底色，在经过层层修饰之后，已经隐而不见。许钧认为,作为学者,他有责任去找回那些被省略的、被删减的东西,尽可能接近历史原来的面貌。这也是翻译家的责任。许钧说,要做到这些,就要了解历史,了解人类社会的文明进程,应该关注经济学、社会学、地理学、人口统计学、人种学,只有这样,才能以一种“全面的历史学”,去关注公共舞台后的私人空间,追寻迅速和动荡的历史脚步下深深埋藏的生命痕迹,从而把握住历史充满激情的生命律动。

通过对这两套丛书的编译,许钧让自己的心灵站到了一个制高点。他开始从人文历史的高空俯瞰属于全人类的文化遗产。他觉得自己有责任让更多的中国读者了解一个真实的世界,了解本色的人性,了解生命的意义。从一个文学译者、文化学者,他步入到更加深邃的哲学和历史空间,不断思考,在这条路上越走越远。他把五卷本的《私人生活史》介绍给了中国出版界,又推出“古希腊罗马社会与文化”系列,另外还计划把皇皇200万字的《天堂的历史》和《地狱的历史》介绍给中国读者。他觉得,他有责任带领读者去触摸人类精神生活和生存状态的深层脉络。他试图带领读者去思索人的本义、生命的本义。

## “除了翻译,我不说,不想,不做”

梁启超在《变法通议》中讲到翻译时这样说道:“故今日而言译书,当首立三义:一曰,择当译之本;二曰,定公译之例;三曰,养能译之才。”

如拿此要求来对照许钧,发现竟有惊人相似之处。“当译之本”,是许先生解决问题的重中之重,在这方面,他的思考与探索从未停止。从当初翻译文学名著,到如今主编文化译丛,无不体现出他的激情与责任。而2003年他的《翻译论》的出版,显然是对“定公译之例”的有益尝试,而且已经产生了强烈影响。而对于“养能译之才”,许钧更是倾注了无数心血。

他现在是南京大学学术委员会副主任、南京大学研究生院副院长,是南京大学的教授、博导,培养具有使命感的优秀人才是他的责任,也是他最大的收获。

许钧先是在南京大学成立了研究生翻译协会,继而又成立了南京青年翻译家协会和南京翻译家协会。于是人们惊奇地发现,在近年来出版的一些译著和国家高水平的学术刊物上,不断出现原南京青年翻译家协会成员的名字,如张杰、程爱民、刘宗和、柯平、王理行、傅俊、刘锋、张亚非、吴文智等,不胜枚举。而这个南京翻译家团队,正是在许钧的带领下,不断前行。而他培养的博士,像袁莉、袁筱一,也是频频发表译作、出版论著,在译坛已颇有名气,被评为教育部新世纪优秀人才。如今的许钧,著作等身,桃李满天下,然而他依然无一日懈怠。他说:“除了翻译,我不说,不想,不做。我是教师,说,是我的工作;想,是研究,我所做的研究,全是关于翻译;做,就是翻译与著述,这是我毕生的事业。”

在结束对许钧的采访后,我慢慢梳理着我所知道的许钧,忽然想到,人们对这个著名的翻译家,其实是容易产生先验的误解的。是的,他对法国文化有着一种热爱,然而,他最爱的,还是中国文化。他的淡定与从容,他的微笑与谦和,他的智慧与儒雅,无一不显示出中国文化对他深深的浸染。他苛刻地讲究文字,对典籍痛下苦功,要求自己系统地了解和熟悉中国文化。他认为只有这样,才能够得心应手地采撷西方之文化。

对于许钧来说,母语,是力量之源。

这时候,我又想起了那个传说中的巴别塔,古希腊历史学家希罗多德曾经看到过它的残迹。是人类放弃了巴别塔的建造,而把责任归于上帝,说是上帝弄乱了人类的语言。难道语言不通,真能瓦解人类的团结与力量? 不同的语言,不同的民族,有着不一样的智慧与创造力,其实他们只是需要一个翻译,当他们因为翻译而互相了解之后,人类也许会有着更为巨大的创造力。

我依稀看到,翻译家的目光正掠过塔尖。

(此文系申赋渔为南京市委、市政府授予的首届“南京十大文化名人”所写的人物通讯,原载《青春》2008 年第 1 期)

# 许钧:行走天下的孤独译者

缪志聪

译者的孤独就在于他在追寻一个不可为而为之的事业,但当两种事物达成沟通之后,译者永远是不在场的,他永远隐藏在作者和其他交流者的后面。

翻译家们面临一个悖论:一面要消除语言的差异,一面要传达文化的差异。语言转换中一定会失去很多东西,面对这些,翻译家感到非常孤独,他永远在想怎么把这些差异传达到别的文化中去。

雨中的南京大学校园,静谧,安详。9 月的秋风还缭绕着夏天的宁静,三三两两新开学的大学生,不时穿过教学楼前的小花园。这里是百年南大老校区最美的一角,林荫间弯弯曲曲的鹅卵石道的上空,清晨与黄昏都会飘来啾啾鸟鸣与各国的语音,英语、法语等总是其中的主流。旁边就是近年来中国最好的法语译者之一——许钧办公所在的树华楼。岁月悠悠,一树芳华。

“好作家遇上一个好翻译,几乎就是一场艳遇。”这句被众多翻译同仁引为经典的一句话最早出自许钧之口,话里话外的倜傥、自信与浪漫,就如同他的一生。从留校任教,到不断有译作、著作问世,再到推动翻译学科的建立,这个温和而充满理想的译者,将自己的人生之路与中国翻译事业发展紧紧结合在了一起。因为翻译,他天涯存知己;又因为翻译,他人海里依旧孤独。用他自己的话说,他这辈子从翻译出发,在这条路上,一直在做也只做了三件事情:做翻译、教翻译和研究翻译。

# 翻译是人生的一场相遇

在许多人的眼里,许钧是一个天生的译者。他对文字敏感,脑海里时时刻刻想着的都是翻译,除了翻译无大事。学生周新凯说,许老师讲翻译时文采飞扬、神采奕奕,即便论及社会百态,说得最多的话也是:“某某问题在我看来是一个翻译的问题。”而他在平日却常微笑不语,安然端坐。

现在的许钧,可称得上国内外著名的翻译家。从 20 世纪 80 年代初涉足译坛到 2003 年推出 30 多万字的《翻译论》,数十年来他先后发表了文学和翻译研究论文 250 余篇,出版著作 8 部,翻译出版了《不能承受的生命之轻》《追忆似水年华(卷四)》《诉讼笔录》《中国之欧洲》《现代性的五个悖论》等人们耳熟能详的法国文学与社科名著 30 余部,主编了“杜拉斯文集”“法兰西书库”“知识分子译丛”“巴别塔文丛”等译丛、文丛 10 多种,至今译作已逾 800 万字。

“只有跟我谈翻译的时候,我才会神采飞扬,进入一种忘我的状态,而其他的事情,我都不太感兴趣。”对于翻译,许钧视若生命,而实际上翻译事业就是他一生的写照。

这 30 余年,许钧的人生轨迹与对翻译的理解几乎同步。中国翻译事业先行者傅雷对许钧影响很大,但青年时期的许钧只知道他是个优秀的同行,“其翻译的《约翰 · 克利斯朵夫》《高老头》等外国文学作品很有意思,就像一本普通的故事书”。但到了 40 岁,因为长期研究翻译,从最初玩文字走到爱文学再到感悟文明,随着对翻译理解的加深,傅雷在许钧心中逐渐变成了一棵树——译坛常青树。

许钧曾有个比喻,“一本好书遇到一个好译者,犹如人生得一知己”,而在现实中,罗曼 · 罗兰遇到傅雷,就是极好的体现。再如托尔斯泰遇到草婴、莎士比亚遇到朱生豪、乔伊斯遇到萧乾、纪德遇到卞之琳、安徒生遇到叶君健等,都可谓历史的奇遇。

2002 年,许钧就跟傅雷一样,遇到了自己的“罗曼 · 罗兰”——米

兰 · 昆德拉。彼时，他的翻译事业开始上到一个新的高峰。那一年上海译文出版社的工作人员邀请他重译米兰 · 昆德拉的名作《生命中不能承受之轻》，但许钧思之再三拒绝了。当时，“米兰 · 昆德拉热”方兴未艾，而许钧既觉得这个作家不够分量，又觉得当时韩少功和他姐姐已经译得很好了，完全没必要再译，但上海译文出版社的人跟许钧说：“作为一个翻译家，你都没有好好理解这部作品，好好阅读它，你怎么就拒绝了呢？你是不敢挑战之前的译本吗？”

在阅读了 60 多万字的材料后，一场美丽的相遇就此展开。“每一个好的作者与好的译者相遇，其原著都会在异域产生新的活力，继而延续作品的生命。”许钧说，在这个意义上，真正的翻译，需要有爱的投入，要有激情，要有真正的理解，而不是草率的翻译。他开始将翻译看作生命时间上的延续和空间上的拓展，“是原作的再生”。

重译后的《不能承受的生命之轻》，总印数近 200 万册，轰动一时，也掀起了一股至今不灭的米兰 · 昆德拉热潮。当时，大到九旬老者，小到还在上小学的学生，很多人都在看这本书。其中一些翻译典故至今还有人议论纷纷，比如他将原先的书名《生命中不能承受之轻》改成《不能承受的生命之轻》，也成为中国翻译史上的一段故事。

“‘校园的美丽’与‘校园中的美丽’，前者是仅指校园的建筑和自然，而后者包括美丽的校园、美丽的学生、美丽的思想等，其范围是非常之广的。”许钧解释自己的想法说，《不能承受的生命之轻》，直指“生命”这两个字，其主题就是要讨论“存在”。如果昆德拉说“生命之轻是不能承受的”，那他就是已经下了一个结论，做出了判断，但“不能承受的生命之轻”并非判断，只是一种可能性。

在许钧的眼里，一个好的作家，他的作品势必会呼唤、吸引其他民族的阅读、其他民族的翻译。而这需要一场相遇，是翻译使原作的生命在异国的文化土壤上得到了延伸与传承。许钧参与翻译的《追忆似水年华》与主译的《中国之欧洲》等名作，也因为出彩的翻译而得以在国内广泛流传。

2013 年 9 月，窗外飘洒着温柔的细雨。许钧穿着白色短袖，身后堆叠着满满当当的译作，语气平静而又满怀感情地告诉记者，翻译都是建立在对作家、作品的理解与爱的基础上的，“在对光明的渴望与找寻中，傅雷先生与罗曼·罗兰、巴尔扎克等法国文学巨匠产生了强烈的情感共鸣，达成了精神的契合。虽然在那暗淡的岁月里，傅雷先生安静而勇敢地离去了，但是他留下了不灭的火种，烛照在历史的天空，指引着后来者的道路”。

## “不是我，而是文化在选择作品”

“她看见辽阔的沙漠闪着金色、硫黄色，无边无际，浩如大海，如同那静止的波涛。在这坦荡的沙漠上，没有一个人影，没有一棵树、一根草，只有沙丘那斜长的影子，连绵不断，在暮色中好似一个个湖泊。在这儿，一切都是相似的。”

在诺贝尔文学奖得主勒克莱齐奥的作品《沙漠的女儿》中，这样的描写比比皆是。1980 年，许钧与钱林森合作，开始翻译这部作品，并在 1983 年出版。那时候的许钧，爱读书，爱文学，爱翻译，他选择翻译的都是极美的文字与足以流传千古的文学作品。

在此后长达 30 多年的翻译生涯里，这本书里的主人公拉拉逐渐成了许钧自己的化身，他们一同追逐着人生与选择的答案。拉拉逃出沙漠，到了法国，最后获得了名声，在有丰厚的物质保障时，她又离开了所谓物质丰富的法国，要回到非洲去，寻找她的精神源泉。而许钧开始寻找翻译事业背后的文化。

“《沙漠的女儿》表达了对人类过于崇尚物质的一种批判、对他者文化的一种尊重，这成为我后来选择翻译的最重要的因素。”许钧甚至专门写了一篇文章，讲自己的追求：“每个时期都有一个文化的选择，除了文学之外就要进入到文化。我一直在思考五四运动，五四运动是在三个层面展开的，一个是白话文运动，一个是新文学运动，一个是新文化运动，这三者是相互交流的。通过翻译，特别是文学翻译，吸取外国的思想，把外国的先进思想、思维介绍到中国来，形成一种新的文化、观念：民主与科学。”

在许钧的生涯里，翻译也经历着三个阶段：文字、文学和文化。这是他人生的三个阶段，而文化传播成为其毕生追求的落脚点。“开始我是选择文学作品，后来是思想、文学一起选择，就是出于维护文化多样性的观念。”许钧作为主编之一，给商务印书馆编了两套丛书：“文化与传播译丛”和“现代性研究译丛”。这两套译丛是世界文化典籍汉译 200 部之后最重要的翻译文库。“主持这样一个译丛，我们是想让大家重视文化在翻译中的重要性，因为翻译本身就是一种文化，很多时候，不是我在选择作品，而是文化在选择。”许钧说。

在许钧树华楼的办公室里，这么多年来，墙上一直高挂着一幅字：“翻译以信为本，求真求美”。这被他视作翻译的信条，预示着翻译是一种跨文化交流，而译者首先要做的就是尊重他者，尊重文化差异，在尊重当中求真，在真当中最后把美的东西展示出来：“要有信，要忠于所翻译的文字，要忠于所理解的作家，要忠于所传达的文明或者文化，把真的东西传达给别人。”

到了现在，许钧已经不再选择那些可以给自己带来名声的作品翻译，文化的追求也变成了历史的担当。“没有任何文明能够永远辉煌，那么为什么中华文化竟能成为例外呢？”许钧说到这里的时候目光突然锐利，“因为翻译！若拿河流来说，中华文化这条长河不断有新水注入，最大的两次，一次是从印度来的水，一次是从西方来的水。而这两次的大注入，依靠的都是翻译”。

“中华文化之所以能长葆青春，万应灵药就是翻译。翻译之为用大矣哉！”许钧高声引用说，这是季羡林老人家的原话。一个翻译家应该有历史的担当，选择什么样的作品来翻译，比怎么样翻译更为重要。

## “我有很多朋友，但翻译家是孤独的”

许钧在法国的声誉很好，朋友尤其多。他在 1993 年、1998 年两度获法国文化部颁发的“奖译金”，1999 年又获法国政府颁发的“法兰西金质教育勋章”，这些奖项与翻译，让他与国内外很多大学者、大文豪成为挚友。

“这种交往都是从理解开始的，”许钧说，“很多的交往都是从阅读他们的文本和理解他们的思想开始的，比如说2008年获得诺贝尔文学奖的勒克莱齐奥，我是通过在翻译时遇到不能解决的问题向他求教，之后慢慢与他成为好朋友的。”

但正因为翻译事业的特殊性，许钧的交友既是深交，又是“神交”。因为《安娜·玛丽》，许钧结识了法国当代作家博达尔。1993年，他到博达尔家中拜访，立即就被其家中填满六七个房间的书给震惊了。他很快就沉浸到这些法文书的世界里，甚至连和主人交谈的时间都没有。饭后，博达尔的夫人(也是法国著名的《观点》杂志文学版主编)跟许钧说：“许先生，看你这么爱书的样子，今天我给你一个礼物，你看上的书都可以拿走，但这辈子只能拿一次。”这些书大多十分昂贵，有几本中国古典名著的法国译本，在当时一本就价值1000多法郎。因为与博达尔家的友谊很深，他顾不上客套，立即选了法国七星文库出版的中国四大文学名著，之后又欣喜若狂地装满了两大袋书。博达尔也全部慷慨地赠予了他。

无论在国内还是国外，这样超脱的交往故事，在许钧的身上屡见不鲜。许钧的一位同事说：“不管是一个什么样性格的人，即使再沉闷，和许钧在一起也能感觉如沐春风，很开心，会变得很健谈。”这两年应他之邀，勒克莱齐奥还担任了南京大学的名誉教授，今年9月就要来给南大学生开设一门选修课。而另一位被称为“法国的钱锺书”的著名汉学家艾田蒲，在巴黎与许钧研究完《中国之欧洲》的翻译问题后，回到家，84岁高龄的他给许钧手写了一封信。在信的开头，艾田蒲说：“杰出的同行，请允许我把我和你的见面视作我生命中最重要的事件之一，在我们共进午餐的时候，我不断地在欣赏着从你的脸上发出的那种智慧的光芒。”

但有着这么多朋友的、活跃的译者许钧却经常说：“翻译家是孤独的。”

无数个伴着孤灯书香的夜晚，许钧都在深思翻译家所承担的历史使命与时代价值。他说，翻译致力于不同文化的交流，转换中一定会失去很多东西，面对这些，翻译家感到非常孤独："他孤独无援，他永远在想怎么把这些差异传达到别的文化中去。"

翻译家们面临一个悖论：一面要消除语言的差异，一面要传达文化的差异。如果不能传达文化差异，根本的任务就失去了，而语言方式一变，其意义可能就会发生变化，同样的话，在不同的语言当中得到的反应可能完全不同。

许钧甚至常常悲观地想，这就像触犯了众神的西西弗斯。众神命他将一块巨石从山脚推上山顶，但每当要到山顶时，巨石又会滚下，西西弗斯每天不断接近终点，每天却又重归起点，就这样日复一日，年复一年。

更重要的是，翻译永远不可能做到百分之百，而且不可能一劳永逸。一部作品的翻译是为一代人服务的，因为人们对文学作品的理解在不断加深，语言在不断变化。"译者中的新人要不断地推出新的翻译，而老者则眼睁睁看着一部作品离开，留下一个孤独的背影。"

无数的夜晚，许钧在这种孤独当中寻求翻译的意义与使命，在不可能中不断前行。许钧说，如果说翻译是黑暗中的一线光明，那么译者既要有勇气，也要有一种孤独的不可为而为之的壮烈。一个翻译者，必须进入作者的内心世界，进行深刻的理解，而这一定是孤独的行为，只能独自完成。

"译者的孤独就在于他在追寻一个不可为而为之的事业，但当两种事物达成沟通之后，译者永远是不在场的，他永远隐藏在作者和其他交流者的后面。"许钧说，翻译本身就是孤独的行为，翻译家也只能孤独，但这又是幸运的，因为"如果你选择了一部优秀的作品，就可以和大师神交。这是一种承载着历史使命与时代文化的灵魂的交流"。

## "中国文化要走向世界，翻译是必经之路"

许钧曾经写过一本书，书名叫《生命之轻与翻译之重》。翻译已不再是事业的范畴，甚而重于生命。他的使命感从未像今天这样清晰，而最为急迫的就是要推动翻译学科的发展。

作为国内最杰出的翻译家之一,2006 年,他全程参与全国翻译硕士专业学位设置论证工作。经过不懈努力,2007 年 1 月,“翻译硕士专业学位”(MTI)终于在国务院学位委员会第 23 次会议上审议通过。作为由国务院学位委员会、教育部和人力资源部聘任的全国翻译专业学位研究生教育指导委员会副主任委员,他参与制定了翻译硕士专业学位的培养方案和标准,并与其他学者共同主编了全国翻译硕士专业学位系列教材。

近年来,许钧更是频繁奔走于 100 多所院校,讲授“翻译概论”示范课,成为国内翻译学科当之无愧的领军人物。长期的奔波让许钧的身体有些吃不消,医生诊断他有腰椎间盘突出的问题,嘱咐他要卧床休息,但他依旧坚持到教室给学生上课,有时候上完一堂课,要学生扶着才能站起来。这一切为的就是推动翻译学科的建立,尽快培养出一批核心力量。

在许钧看来,目前“全民学英语”的社会氛围,恰恰妨碍了跨文化交流,也妨碍了翻译学科的建立,不利于翻译人才的培养。而令人更为不安的是,社会普遍认为翻译只是一种实践,没有系统的理论认识,特别是很多人觉得只要学外语的都会翻译。面对这些问题,许钧在各种场合一再大声疾呼:“翻译有其根本性的问题,在整个人类文明的进程中,翻译所做的贡献是很大的,特别是在全球经济一体化的趋势下,世界各国交流日渐频繁,对翻译事业的要求也日趋提高,国内翻译理论研究急需向系统、科学的方向转型。”

这个性格温和、几乎从不与人争执的谦谦君子,在这件事上显得特别急切。“一个民族语言的消失,便意味着其文化的消亡。”许钧郑重地说,在全球化的今天,我们尤其不能以牺牲民族语言为代价,仅仅用英语去谋求与外部世界的交流。

与很多爱慕外国文化且热衷“秀外语”的翻译者相比,许钧显得很冷静,他坚持应该在对外文化交流中,使用与推广中国语言,同时培养更多的翻译人才来满足日益频繁的国际交往,“在这个意义上,翻译学科的建设就显得格外重要”。

“翻译是一项事业,许老师不断鼓励我们认准方向并坚持下去,以成就这门学科。”许钧教授曾经的学生、现南京大学法语系主任刘云虹说，这个方向伴随着老师多年，他的人生之路就是中国翻译学科建立的艰难之路。

从 1975 年大学毕业后留校任教至今，许钧在 38 个年头里，从来没有忘记过这个理想。在莫言获得诺贝尔文学奖之后，许钧更加坚定了自己的看法，“没有他们创造性的劳动，文学只是各种语言的文学。正是因为有了他们的劳动，中国的文学才可以变为世界的文学”。

在南京大学，由于许钧的推动，涵盖本、硕、博各学历层次的翻译人才培养体系逐渐建立。任南京大学研究生院常务副院长的许钧，希望能亲手带出一批深具翻译使命感的弟子，为高水平翻译人才的培养做出贡献。如今，他的学生中有著名的翻译家，有国内大学的法语系主任，有外语学院的院长，有省市翻译协会的副会长，全国法语界 5 位“新世纪优秀人才”中有 3 位出自他的门下。

“翻译学科意味着什么？”许钧说，它事关我国的对外交流；事关中华文明的发展；事关全球化进程中，中华民族文化是否能闪耀更为灿烂的光辉。在他的心底，翻译早已不再是简简单单的文字转换游戏，更不单纯是文学的交流，而是一个国家走出愚昧、走向开放、走向文明的标志，“中国文化要走向世界，翻译是必经之路”。

（原载《中国教育报》2013 年 9 月 14 日）

# 走进名家许钧书房

张　筠

置身著名学者、翻译家许钧教授的书房，你能感受到这里书籍学问的博大高深，但同时带给人的却并非是让人敬而远之的疏远感，而是有如老友般的亲切感。为什么会这样？原因也许是多方面的，但最重要的应该还是书房主人许钧随和的个性。

## 开放式书橱——让书不再被束之高阁

许钧教授的这间书房其实非常简单，一张写字桌，沿墙一溜排的书橱，上面摆满了书，几乎没什么“多余”的装饰。许多爱书的人都会选择带门的书橱，以此避免灰尘与书籍的“亲密接触”，但许教授的书橱全是开放式的，没有门。他认为，书是朋友，不应该被束之高阁，而应该是随时可以亲近的。

许教授介绍说，像这样的书房他有四个，每一个书房里放的书也都不一样，但他从来不在书房里“藏书”。因为书不是用来“藏”的，是用来交朋友的。而他交的最亲密的朋友都在我们看到的这间书房里，只见哲学、历史、文学这三类书籍占满了他的书橱。

至于为什么要和这三类朋友打交道，许钧说：“哲学书让我思考人为什么活着，历史书教我明白人何以成为人，而文学书则透过这样的历史，针对这样的哲学问题，让每个人的人生更丰富，更精彩。”

## 聊书如谈老友——很多书上留有他的手迹

“这是王佐良教授的赠书，他老人家治学可真是严谨得不得了；那本梁漱溟的我读了好几遍了，每次读都会有新的收获”……在许钧教授的书房里，随便拿起一本书，他都可以与你滔滔聊起来，那熟稔的口气不像是聊书，而像说到某个老友。

如今电脑已是许多写作者必不可少的工具，然而许钧教授依然保留着手写的习惯。在这里，许多书上你都能发现他留下的手迹：有的书扉页上有题记，有的书里有批注，有的书里还夹贴着主人与作者的通信……在一本获得首届紫金山文学奖的《新乱世佳人》里，许钧教授竟还保留了自己当年为此书获奖而写的评语，连他自己都记不得是何时夹放进去的了。

## 博达尔一家赠书——他不顾客套挑了两大袋

书，印出来时都是一样的，但在不同主人的手里，面貌与命运则会发生不同的变化。在许钧教授书房里，每本书都拥有了自己的故事，比如法国当代作家博达尔当年的赠书。

1993 年，许钧教授到博达尔家拜访，立即就被其家中填满六七个房间的书给震惊了。他很快就沉浸到这些法文书的世界里，甚至连和主人交谈的时间都没有。后来博达尔的夫人（也是法国著名的《观点》杂志文学版主编）跟许钧说：“许先生，看你这么爱书的样子，今天我给你一个礼物，你看上的书都可以拿走，但这辈子只能拿一次。”这些书大多十分昂贵，有几本中国古典名著的法国译本，在当时一本就价值 1000 多法郎。因为与博达尔家的友谊很深，他顾不上客套，立即选了法国七星文库出版的中国四大文学名著，之后又欣喜若狂地装满了两大袋书。博达尔也全部慷慨地赠予了他。

主人的个性,使书房也拥有了自己的风格。许多接触过许钧教授的人都会有这样的体会,和他在一起如沐春风,不管是与他交流还是听他侃侃而谈,都会很开心。而走进他的书房,也同样如此,如沐春风。

(原载《扬子晚报》2015 年 7 月 11 日)

# 赠许钧先生《柳鸣九文集》(15 卷)题辞

柳鸣九

之一：

吾敬许夫子，译道天下闻。

许钧先生雅正

之二：

会当凌绝顶，一览众山小。

录名诗与许君共勉

之三：

与君同道同行，可谓志同道合。

许钧先生雅正

之四：

纵然一夜风吹去，只在芦花浅水边。

悟世事有感，录唐诗名句与许钧先生共赏

柳鸣九

2015 年 9 月于北京

我比许君痴长 20 岁，但我几乎从来都把他当同辈朋友视之，因为从很早认识他之初，他虽血气方刚，锐气十足，但名师高才，学业优秀，成熟稳健,行事有方,稳步前行,在学术道路上行程可圈可点,我早就在内心叹曰:此子不可小觑,将来必大有可为,其前程未可限量也。

40 年过去了,果然。我深得意于自己识人之准确。

如今,他不仅早已是名牌大学的名教授、全国高校系统法语与法国文学教学举足轻重的教育家,而且是有丰硕劳绩的翻译家、有巨大影响的翻译理论家,也是高水平的评论家。他能翻译,能执教鞭,亦能为文作评,作为学界名流,是个全才型的人物。

他桃李满天下,高足遍布中国各名牌大学与重要研究出版机构。他所组织的大型翻译项目与研究的项目,分量厚重,影响深远。如主编“杜拉斯全集”,主持傅雷研究重大课题,等等。作为一个学者,学业专深,业绩厚实;作为一个学术活动家,则有学术活力与深厚潜能,有胸襟,有眼光,有见识,有高度的组织能力,有亲和力。两种品格兼备,可谓是领军人物型的学者,而且是有雄才大略、大将风度的领军者。

我很欣赏他身上的这些特质,我给他的赠书题辞,仅反映了我对他身上若干特质的赞赏。对于拥有这种特质的人,我一向都很欣赏、很重视、很钦佩,说句倚老卖老的话,就算是“爱才”吧,说句攀交的话,则是“惺惺相惜”了。而他,作为一个公共的学术人物,特别可贵的是,待人诚恳、善于团结、有凝聚力、有“本学界同仁皆兄弟也”的胸怀,而无学术江湖中左冷禅、岳不群式的霸气与锋利,是可以团结共事的好伙伴。

我从来都以与他同行同道为快事,也与他进行过多次扎扎实实的合作。我主编 20 卷《雨果文集》时,他是其中翻译的主力之一,献出了一本难度较大的长篇译作《海上劳工》,其中雨果涉及海洋学内容的描述,要对付下来就很不容易。我在主编“法国二十世纪文学丛书”时,也请他承担了两部重头作品的翻译,即西蒙娜・德・波伏瓦的《名士风流》和勒克莱齐奥的《诉讼笔录》。对于前一部作品,按照他的翻译理念,书名他原来译得更为忠实贴切,我却按我粗浅的翻译理解,做了一点灵活的、有点“游离化”的处理,他以兼容并蓄的风度接受了,我很感谢他这种合作宽容精神。如今这三部译品已经成了译界的名译。

我与他地处南北，相距万里，合作大受地域的限制，他曾多次诚邀我赴南大参加学术活动，都由于我这方面的原因，而未能成行。在我耄耋之年、退出学术江湖之日，如果有什么憾事的话，那其中主要的一件，就是与许钧先生的合作远远不够，未能尽兴。

（原载：柳鸣九．后甲子余墨．深圳：海天出版社，2016：99-101．）

# 在场与互动

## ——试析许钧关于翻译批评的思考与实践

刘云虹

### 一、引 言

翻译是打破文化隔阂、沟通中外交流的桥梁。随着中国文化“走出去”成为当前我国文化发展战略的关键内容之一,中国文学对外译介以及翻译对于文化传播和文化建设的重要作用受到文化界、文学界和媒体前所未有的关注,也引发了各界对翻译观念、翻译策略、翻译价值等涉及翻译的根本性问题的热议、争论甚至质疑。在这样的语境下,就翻译和翻译研究而言,无疑是机遇和挑战并存。同样,作为翻译活动健康开展的监督和保障,翻译批评也凸显出重要的理论价值与现实意义、肩负着重要的历史使命。对此,翻译研究者和翻译批评者如何保持清醒的认识与自觉的意识,勇于承担起时代赋予的责任,从而切实推动中国文学、文化更好地“走出去”,这需要译学界进行深入的反思。本文结合许钧教授在翻译批评领域的思考与实践,对这一问题加以探讨,力求促进翻译批评在理论与实践两方面展现其应有价值,真正发挥批评的监督、引导和建构作用。

## 二、在场与介入

相对于翻译基础理论研究和翻译史研究而言，翻译批评由于起步较晚、缺乏理论的指引以及自身合法地位得不到确立等原因，发展一直较为缓慢，在相当长的时间里往往以“挑错式”和“感想式”的评论居多，缺乏对翻译批评的理论探讨与宏观论述。应该说，直到 20 世纪 90 年代，国内才开始出现较为系统的翻译批评研究，许钧 1992 年出版的《文学翻译批评研究》正是国内第一部关于文学翻译批评的理论著作，被国内译学界普遍视为我国翻译批评研究的“开山之作”。王克非、穆雷、李焰明、刘锋等不少学者都发表了评论文章，对该书在文学翻译批评途径与方法上的探索与开拓给予了高度评价，认为它为我国文学翻译批评理论体系的构建奠定了基础。除了出版专著之外，那一时期许钧还在香港中文大学的《翻译学报》创刊号、《中国翻译》等翻译研究重要刊物上发表了《试论翻译批评》《关于文学翻译批评的思考》《论文学翻译批评的基本方法》等多篇有关翻译批评研究的论文。

在翻译批评领域，许钧不仅是国内最早的探索者之一，也是始终关注理论研究、积极开展批评实践的坚定的在场者。我们知道，就其本质而言，翻译批评是一种评价行为，因此也是一种对象化的活动，即“主体应在对象——批评实践的结果——中看到自身的本质力量”①，也就是说，翻译批评只有在实现翻译的价值中才能实现自身作为批评主体的价值。这从根本上决定了翻译批评与翻译实践之间的密切关系。只有对翻译实践中凸显的各种复杂问题与现象有深入的认识，才能对这些问题与现象背后折射的翻译根本性问题有深刻把握与深入思考，才能进而对翻译活动有针对性地加以规范和引导。而这一切必须建立在翻译批评有意识地“在场”的基础上，任何的漠然和疏离都不是翻译批评应有的姿态，也无益于

---

① 毛崇杰.颠覆与重建——后批评中的价值体系.北京：社会科学文献出版社，2002：6.

翻译批评价值的实现。毫不夸张地说,“在场”是翻译批评自身的必然诉求,也是其根本属性所在。正是基于这样的认识,从 1992 年至今的 20 多年里,许钧始终以在场者的自觉意识介入翻译批评的思考与实践,在坚持对翻译批评的基本问题以及理论要素、方法与途径等进行深入研究的基础上,以明确的理论意识为指引,对翻译作品、翻译现象等展开积极的批评,同时密切关注翻译现实问题、关注国内翻译批评实践。

翻译批评的在场,首先在于丰富而有益的文本批评实践。作为连接翻译理论与翻译实践的纽带,翻译批评必须力求在理论和实践两方面展现自身应有的价值。翻译实践呼吁翻译批评,这是许钧一贯坚持的立场,他在《翻译论》中明确指出:“翻译实践要健康发展,真正担负起它的历史责任,起到应有的价值,就应该是一种自觉的而不是一种盲目的活动。而自觉的实践,就离不开批评。”①正如译作应原作的呼唤而生,翻译批评也是应翻译实践的呼唤而生,因为,“翻译批评的理性之光对于克服翻译实践的盲目性是不可或缺的,而翻译批评的伦理力量对于‘不健康的翻译道德’而言无疑是高悬着的一柄达摩克利斯之剑”②。翻译批评的必要性不言而喻,而尽管批评的视角、对象和目标可以也应该在不同的背景中呈现出差异性,但其最根本的途径必然在于回归文本,以理性的目光关注文本以及文本背后折射出的翻译根本性问题,这是翻译活动的实践性和翻译批评的对象性所决定的。对此,许钧不仅有明确的意识,并且身体力行地对翻译作品尤其是文学翻译经典展开积极的批评。在《文学翻译批评研究》一书的后记中,他坦言无意于“去发掘翻译批评的纯理性研究课题”,而是“想从自己对翻译活动的基本认识出发,结合具体的翻译作品,通过实实在在的批评实践,试图在探索合理、科学、公允地评价文学翻译的基本途径与方法上有所收益”③。从 20 世纪八九十年代起,他一直注重选择

---

① 许钧.翻译论(修订本).南京:译林出版社,2014:275.

② 许钧.翻译论(修订本).南京:译林出版社,2014:275.

③ 许钧.文学翻译批评研究(增订本).南京:译林出版社,2012:248.

具有代表意义的批评对象，进行了丰富而极具建设性的文本批评实践，如普鲁斯特的《追忆似水年华》、司汤达的《红与黑》、罗曼·罗兰的《约翰·克利斯朵夫》、巴尔扎克的《高老头》等诸多经典文学译作。同时，借助深入、细致的文本分析，对涉及文学翻译的风格、整体效果、再创造的度、翻译场域各要素之间的关联与互动以及文学作品复译等问题进行了深入的思考，从历史和文化高度充分揭示了翻译活动的复杂过程和丰富内涵，从而大大拓展了文学翻译批评研究的深度和广度。

特别值得一提的是，许钧在批评实践中注重将文本批评与对翻译主体——翻译家的研究有机结合在一起，力求通过对译者主体性与翻译选择、翻译策略与翻译价值目标以及语言、传统与时代等影响翻译的多重关系的探寻，加深对翻译和翻译批评的认识与理解。对翻译家傅雷的个案研究便是其中一例。在对傅雷的重要译作进行文本批评的基础上，他不仅对傅雷的译文风格进行了深入剖析，还着重探寻了傅雷在翻译过程中对语体的选择及其背后折射出的翻译家的"赤子之心"与"人文情怀"。在他眼中，"正因为有着一颗超凡脱俗的赤子之心，傅雷才能在翻译活动的过程中，充分调动自己的艺术热情和文学才华，忘我地投入，最终把自己的人品融化在译品中，把自己的精神力量连同着艺术心血一道化作了极富魅力的感人的文字，化作了深刻的人文情怀，化作了永恒的生命"①。对傅雷翻译的个案研究使我们清晰地看到：任何翻译方法和翻译策略的选择与应用都不是孤立的行为，翻译批评的理性力量正在于揭示出文字和文本背后蕴藏的更深刻、更鲜活的内涵与价值。

翻译批评的在场，其次在于对翻译现实问题的关注。作为沟通翻译理论与翻译实践，并促进两者之间形成积极互动的桥梁和纽带，翻译批评无论对翻译理论的研究还是对翻译实践的开展，都应该是最充满活力的一种建构力量，而翻译批评的这种活力无疑在很大程度上来自于对翻译

---

① 许钧.赤子之心　人文情怀//宋学智.傅雷的人生境界——傅雷诞辰百年纪念总集.上海：中西书局，2011：19.

现实问题的思考与介入。在这方面,许钧有着明确的认识和清醒的意识,多年以来他对翻译批评的探索一直与对翻译现实问题的关注紧密结合在一起。例如,1995 年,他关注国内文学复译热潮以及其中涉及的种种翻译问题,组织了关于《红与黑》汉译的大讨论,使之成为“中国当代翻译史上很值得书写的一章”①;2002 年,他针对那一时期的翻译质量危机,特别是北京燕山出版社出版的“世界文学文库”及“中学生课外名著阅读推荐图书”丛书中某些译作的严重质量问题,在《光明日报》发表文章,提出从翻译学科建设的根本途径解决翻译实践中凸显的问题。又如,2005 年,他在《中国图书评论》发表《翻译的危机与批评的缺席》一文,明确指出了我国的翻译活动在表面的繁荣之下潜藏着不容忽视的多重危机,“版权的盲目引进”“翻译质量的多重失控”“译风的普遍浮躁”以及“翻译人才的青黄不接”等诸多问题已经严重阻碍了翻译事业的健康发展。当时的译坛正由于译风、译德和翻译质量等问题而饱受文化界与媒体的诟病,该文通过敏锐的问题意识和有理有据的分析适时地起到了针砭时弊的警示作用。文中观点不仅在翻译界产生了重要影响,也引起了学界的普遍关注,《新华文摘》2005 年第 22 期全文转载了这篇文章。

再如,在当前我国大力实施文化“走出去”战略、加强国际文化交流的时代背景下,翻译肩负着中国文学对外译介、中华文化对外传播的历史使命。同时,随着莫言摘得诺贝尔文学奖以及近期麦家的《解密》在向海外的推介中获得巨大成功,一方面翻译成为各界热情关注和普遍热议的焦点话题,另一方面“莫言热”和“麦家热”的背后也折射出与翻译息息相关的诸多问题与困惑。可以说,翻译在当前的文化语境中既承载着国人殷切的期望,也遭受着由于中国当代文学总体“出海不畅”而引发的争论、质疑甚至责难。对此,翻译界和翻译批评界应该以积极的在场者姿态,以敏锐的理性目光密切关注翻译现实,以便有效地应对当前翻译所面临的挑战,更好地促进中国文学和文化“走出去”。针对这一重大的翻译现实问

① 赵稀方.《红与黑》事件回顾——中国当代翻译文学史话之二.东方翻译,2010(5):36.

题，许钧同样进行了深入的思考与积极的介入。他在《小说评论》开辟《小说译介与传播研究》栏目，对文学译介与传播中涉及的翻译问题展开全面的思考与研究；同时，为了深入了解在国外译介较多、影响较大的一些代表性作家对中国文学“走出去”的真实想法以及他们对翻译的认识与理解，他组织了对余华、毕飞宇、苏童、池莉、阎连科等著名作家的访谈，在《中国翻译》等期刊上陆续推出。此外，他还在《中国翻译》《外国语》上接连发表了《关于加强中译外研究的几点思考——许钧教授访谈录》《直面历史　关注现实——关于新时期翻译研究的两点建议》《文学翻译模式与中国文学对外译介——关于葛浩文的翻译》等重要文章，呼吁译学界加强问题意识和理论敏感性，切实改变在各界围绕翻译问题的争论中漠然和缺席的状态，同时对新时期翻译的作用、原作与译作的关系、翻译主体的作用、翻译策略与翻译接受等诸多翻译根本性问题展开深入的思考与研究。《人民日报》自 2014 年 7 月 29 日起在《文艺观察》栏目以“关注翻译文化”为题推出系列文章，汇集政府、文化界、翻译界等各方声音对中国文化“走出去”战略目标下的翻译问题进行了多维度的探讨。其中许钧的署名文章《“忠实于原文”还是“连译带改”》从文学译介的阶段性和不平衡性的角度，针对当前有关中国文学对外译介中的翻译观念和翻译方法问题存在的一些模糊甚至错误的认识，明确指出应警惕并反思某些学者和媒体“将葛浩文式的翻译方法绝对化、唯一化和模式化”的倾向。① 这些观点无疑彰显了一位翻译研究者和翻译批评者对于翻译现实问题清醒的认识、敏锐的洞察和自觉的理论意识，而这正是处于缺席和失语状态的翻译批评在新的时代语境中所迫切需要的。

翻译批评的在场，还在于对翻译批评实践本身的反思与推动。翻译活动的开展有赖于健康、理性的翻译环境，构建良好的翻译环境则离不开翻译批评这一重要的监督、警示与反思力量；而翻译批评要真正展现出应有的力量与价值，这又离不开批评界对翻译批评实践本身的时时关注与

① 许钧.“忠实于原文”还是“连译带改”.人民日报，2014-08-08(24).

不断反省。反省自身，这是批评不断获取动力与批判力的源泉。当贝尔曼提出要让翻译批评成为“一种自省的，能以其自身特点为批评主体的，产生自身方法论的评论方式”①时，他所强调的正是一种翻译批评赖以建构自身理论体系、进而确立自身合法地位的明确的自省精神。基于这样的认识，许钧不仅注重文本批评实践、关注翻译现实问题，同时也密切关注国内翻译批评活动的开展，及时揭示其中存在的问题或不良倾向并切实予以引导和纠正。正如《翻译论》中所论述的，许钧始终认为翻译批评是一项非常严肃的工作，批评者不仅要有“敏锐的批评意识、深厚的学术素养”，还必须具备“严肃的学风和实事求是的精神”②。因此，他注意到并明确指出应避免文学翻译批评实践中往往存在的两种不好的倾向：“一是无原则的吹捧，一味说好话；二是恶意的攻讦，根本达不到批评的目的。”③作为一种主体性的精神活动，翻译批评应树立客观意识和求“真”的精神，既不一味寻美，也不一味求疵，真知灼见和真情实感两者都不可缺少。毋庸置疑，健康的批评氛围以及批评者真诚的精神品格与主观姿态对于翻译批评而言至关重要。鉴于此，在 1995 年那场影响深远的关于《红与黑》汉译的大讨论中，作为组织者和积极参与者，许钧一直注重营造一种健康的学术交锋与有利于翻译事业理性发展的批评氛围。在讨论中，他对罗新璋、许渊冲两位翻译家的《红与黑》译本都公开提出过批评，后者也针对他的批评进行了回应和反批评，尽管“短兵相接”式的争论不可谓不激烈，但双方都本着实事求是的态度进行翻译探索，共同推动翻译批评的健康开展。这种良好的批评氛围以及批评者与被批评者之间的真诚互动在很大程度上促使《红与黑》汉译大讨论成为翻译批评史上一次具有积极意义的事件，并在理论和实践两方面发挥了重要作用。

在关注并反思翻译批评实践的开展时，许钧还对国内翻译批评的现

---

① Berman, A. *Pour une critique des traductions*: *John Donne*. Paris: Gallimard, 1995: 45.

② 许钧.翻译论(修订本).南京:译林出版社,2014:295.

③ 许钧.翻译论(修订本).南京:译林出版社,2014:295.

状有着清醒的认识和准确的把握。在前面提到的《翻译的危机与批评的缺席》一文中，许钧不仅分析了翻译活动潜藏的重重危机，更进一步明确指出，导致翻译危机的根本原因之一在于翻译批评的缺席："对翻译重大的现实问题的某种麻木性""对一些具有倾向性的热点翻译问题的失语""对一些不良的翻译现象缺乏应有的批评和斗争"，这样的翻译批评无法承担起应有的责任，"对于翻译事业的健康发展无疑是不利的"。① 面对翻译界暴露出的种种危机，翻译批评何以安身立命？积极应对危机与挑战、肩负起翻译批评应尽的职责，首先必须立足于对翻译批评现状的关注与把握，而这有赖于批评者充分的主体意识、高度的责任感和勇于反思的批判精神。

主体因素无论对翻译还是翻译批评而言都具有重要意义。在翻译批评领域，许钧既是探索者和开拓者，也是坚定的在场者与积极的介入者，他的不懈追求让我们一再看到：对于具有极强的实践性和显著的主体特征的翻译批评来说，批评者的能动作用对翻译批评的科学开展具有决定性意义，而这种能动作用的发挥不仅有赖于批评者在语言、文学与文化层面的基本能力与素养以及他在批评中展现出的主观态度，更取决于批评者科学的批评精神、充分的问题意识和理论敏感性以及指引翻译实践、促进翻译事业理性发展的责任感与使命感。

## 三、多维的互动

传统翻译批评往往过分拘泥于语言、文本和翻译技巧层面，并倾向于一种裁决式的评判，这在很大程度上源自于"批评"一词与生俱来的否定性以及翻译活动难以摆脱的"附属性"和"缺陷性"。② 自从翻译研究出现文化转向以来，人们对翻译活动的本质与内涵的认识和理解也随之发生

① 许钧.翻译的危机与批评的缺席.中国图书评论，2005(9)：14-15.

② Berman, A. *Pour une critique des traductions*: *John Donne*. Paris: Gallimard, 1995: 41.

了深刻变化,“价值判断式”的翻译研究术语和观念遭到质疑,取而代之的是一种“描述性的、以译文为中心的、功能性以及系统性的文学翻译研究方法”,着重考察“控制翻译产生和接受过程的规范和约束机制”以及翻译作品在“特定文学和不同文学互动过程中的地位和作用”①。在这样的语境下,翻译批评也越来越意识到不能把评价的目光局限于文本或单纯的语言转换过程,而应将从译本选择、翻译生产到翻译的传播与接受这一广义翻译过程中的诸要素都纳入批评的视野下,并通过批评自身理应具有的对话与互动精神,促进翻译批评切实发挥对整个翻译理论与实践的引导和建构作用。

我们知道,翻译在本质上具有批评和对话的特性。而批评,无论是文学批评,还是翻译批评,都可以被理解为一种广义的阅读,这种阅读在读者与文本之间以一种普遍的“对话—理解”模式出现。因此,作为批评的批评、参与了对话的对话,翻译批评与翻译本身同样需要甚至更需要一种互动的精神。从根本上说,这种对话的特性和互动的精神是由翻译批评的本质所决定的。当贝尔曼力图廓清翻译批评的概念、为翻译批评正名时,他着重强调的正在于,翻译批评必须摒弃其传统的裁决性的否定角色,转而着重于其“肯定性”和“建构性”,唯有如此才能真正获得“大写的批评”的合法地位。而只有具有对话与互动精神的翻译批评,才能在促进理论与实践的沟通、历史与现实的观照以及翻译场域内各要素之间的交流的基础上,展现其作为“大写的批评”的理性与建构力量。如果说,“在场”是翻译批评自身的必然诉求,那么同样,“互动”也是批评的根本属性,是翻译批评得以彰显其价值的必要保证。

(1)理论与实践的互动。在我国翻译界,理论与实践的脱节一直被认为是“一个十分突出的问题”,具体到翻译批评,似乎也存在同样的现象。一方面,由于缺乏理论的指引,翻译批评在相当长的时期内处于非理性状

① 赫曼斯.翻译研究及其新范式.江帆,译//谢天振.当代国外翻译理论导读.天津:南开大学出版社,2008:309.

态，往往拘泥于“技”的层面的探讨，甚至被简约为“好”与“坏”的简单评判，没有充分展现出批评应具有的引导性和建构性；另一方面，近年来，随着译学界对翻译批评的日益重视，翻译批评的理论研究取得了相当大的进展，但真正针对翻译文本或翻译现象展开的批评实践却远远不够，使翻译批评在某种程度上失去了“在场”的鲜活生命力。可以说，正是翻译批评在理论与实践上缺乏积极而有效的互动，导致在翻译质量、翻译风气甚至翻译道德都不断遭受质疑的今天，翻译批评对于保证翻译事业健康发展的监督和指引作用没有得到切实的发挥。如何沟通翻译批评的理论与实践，促进两者之间的结合与互动，这对于翻译批评价值的体现而言具有重要意义，因而也是译学界必须深入思考的问题。作为翻译批评领域的开拓者和在场者，许钧不仅长期致力于翻译批评理论的探索，同时也一直积极从事翻译批评实践，并且非常注重理论与实践的相互沟通与相互促进，为我们在这方面提供了可贵而有益的借鉴。

立足实践、探索理论，从翻译和批评实践出发，进而以实践中的经验总结与理论思考为基础，对文学翻译批评的原则、路径、方法等提出建设性的观点和意见，这正是《文学翻译批评研究》一书中呈现出的鲜明特色。书中针对文学翻译批评进行的探讨，基本上都以翻译实践和翻译批评实践为基础，尤其是许钧参与翻译的普鲁斯特的名著《追忆似水年华》，为他思考翻译、评价翻译和探讨翻译批评活动提供了宝贵的资源与空间。通过对翻译过程中突出存在的长句处理、隐喻再现、风格传达等难点和问题的深入剖析与反思，通过对翻译结果的自我批评与客观审视，许钧对翻译批评的本质、内涵以及翻译的可行性都有了更深刻的认识和理解，并深刻意识到：文学翻译批评不能“仅仅局限于原文与译文的正误判别与总体感觉”，而要“从文化、语言与审美等各个层次去进行多角度的发掘”。① 例如，在评价《追忆似水年华》汉译隐喻的再现中，结合自己在翻译过程中切实遭遇的困难以及由此对翻译原则、翻译方法和翻译效果等问题的发现

---

① 许钧. 文学翻译批评研究(增订本). 南京：译林出版社，2012：87.

与思考，他充分认识到："如果说在逻辑意义传达层次，只要转换语言符号，如音、形、义重新结合，便可达到相当完美的传译高度的话，那么，在形象再现这一层次，由于掺入了不同民族读者的文化、心态与审美习惯因素，仅仅靠机械地转换语言符号来表现同一形象显然是不够的。"[①]在此基础上，他提出文学翻译批评必须避免认识的简单化和评价的片面性，应遵循整体性、层次性和多因素权衡的评价原则，并特别强调"客观、科学的翻译批评，应该基于对影响翻译活动的诸要素的深入了解和全面把握"[②]。通过对翻译文本多层次、多维度的批评，在深刻理解与把握翻译活动的本质、规律与方法的同时，对翻译批评的基本理论要素、方法与途径进行系统总结与深入思考，进而促使翻译批评在理性之光的指引下更具科学性和有效性。翻译批评在理论与实践上的互动无疑将大大有助于翻译事业的发展和翻译批评价值的体现。

(2)文字、文学与文化的互动。翻译从根本上说是一种语言转换过程，但更是异质文化间相互碰撞与交融的过程。翻译必然涉及文字和文化两个层面，就文学翻译而言，它又必然具有文学性。因此，文学翻译应该是文字、文学、文化三位一体、共同作用的产物。正如许钧所言，"文学翻译，有其特殊性。文学，是文字的艺术，文化的一个重要组成部分，而文字中，又有文化的沉淀。因此，文字、文学、文化是一个难以分割的整体"[③]。英语中有"literal translation"和"literary translation"的区别，许渊冲借此专门论述过中文语境下的"文字翻译"和"文学翻译"，他认为，"文字翻译与文学翻译的分别，大致说来，就是直译与意译、形似与神似的分别"[④]。并且，他以著名的"魂归离恨天"为例，对中国翻译界的"何去何

---

① 许钧.文学翻译批评研究(增订本).南京:译林出版社,2012:113.

② 许钧.文学翻译批评研究(增订本).南京:译林出版社,2012:123.

③ 许钧.文字·文学·文化——《红与黑》汉译研究(增订本).南京:译林出版社,2011:16.

④ 许渊冲.文字翻译与文学翻译——读方平《翻译杂感》后的杂感//许钧.文字·文学·文化——《红与黑》汉译研究(增订本).南京:译林出版社,2011:58.

从"提出疑问:"到底是闭关自守,夜郎自大,坚持自己洋泾浜式的'翻译腔',还是参考国际和国内舆论,改文字翻译为文学翻译呢?"①对此,许钧从文化交流的高度进行了更为客观而审慎的思考,在考察了语言、思维方式与文化之间的关系后,他指出:"当我们读到带有'欧化'倾向的西方文学作品时,不能简单地贬之为'文字翻译',也许这种翻译正是体现了一种传达异域文化、风俗、思维、审美的追求。而我们读到纯粹'汉化',不带一点翻译痕迹的外国文学翻译作品时,我们也不要轻率地就褒之为'文学翻译',因为若过分'汉化',原作所蕴含的异国情调,所承载的异域文化,就可能被冲淡,甚至被取代了,就达不到交流的目的。"②在这个意义上,他强调:"文学翻译也好,文学翻译批评也罢,切不能忽视或轻视'文字'与'文化'的关系,不能将'文字''文学'与'文化'完全割裂开来。"③重视翻译的文化属性、从翻译活动的跨文化交流本质出发认识与理解翻译,这是许钧在翻译和翻译批评的思考与实践中一直坚持的自觉意识和基本立场。在他看来,翻译的文化性是翻译的本质特征之一:从翻译的功能看,翻译的本质作用之一在于促成操不同语言的人们通过文化层面的交流获得精神的沟通;从翻译的过程看,翻译活动的进行时刻受到文化语境的影响;从翻译的实际操作层面看,由于语言与文化的特殊关系,在具体语言的转换中,任何译者都不能不考虑文化的因素。④ 具体到翻译批评,他认为翻译批评的基本原则之一就在于应坚持文化观,"要有一种宏大的文化视野,从文化交流的高度去评价翻译史和具体翻译活动中的一些重要问题,如翻译选择、文化立场、价值重构等"⑤。将翻译置于文字、文学、文化的有机

① 许渊冲.文字翻译与文学翻译——读方平《翻译杂感》后的杂感//许钧.文字·文学·文化——《红与黑》汉译研究(增订本).南京:译林出版社,2011:60.

② 许钧.文字·文学·文化——《红与黑》汉译研究(增订本).南京:译林出版社,2011:20-21.

③ 许钧.文字·文学·文化——《红与黑》汉译研究(增订本).南京:译林出版社,2011:2.

④ 许钧.翻译论(修订本).南京:译林出版社,2014:48.

⑤ 许钧.翻译论(修订本).南京:译林出版社,2014:288.

结合与互动中加以认识与考察，在这一点上，对《红与黑》汉译的探讨可以说是一次很好的证明，在整个讨论中既有对于人名、地名运用的细节探讨，也有从语言层面对文本风格的剖析，还有从历史和文化高度就时代背景和社会文化因素对翻译的影响进行的专门研究。正如这场大讨论的阶段性成果《文字・文学・文化——〈红与黑〉汉译研究》一书的书名所揭示的那样，一切都被包容在文字、文学与文化的和谐统一之上。

特别要指出的是，许钧在翻译和翻译批评研究中虽然一贯坚持树立翻译的文化观，但他从来没有孤立地看待翻译的文化属性，更没有片面地强调翻译研究中的文化维度，而是始终将思考和实践立足于文字、文学、文化三个层面真正相互融合、密切互动的基础上。他清醒地意识到，“如果翻译研究泛化成了文化研究，乃至社会研究、历史研究，那么整个翻译学也就失去了其作为独立学科存在的基础和意义”①。鉴于此，针对当前翻译研究中存在的泛文化倾向，他提出翻译研究应充分重视翻译最根本的属性，即它是一种“语言实践活动”、一种“符号转换活动”，应在深入研究并深刻把握翻译活动本质属性的基础上回归翻译研究的本体。

(3)翻译场域各主体要素之间的互动。随着翻译研究的文化转向，译学界不断拓展视野，对翻译活动的丰富内容和复杂过程有了越来越清晰的认识与理解，因此也越来越意识到，对翻译的考察与评价不应局限于从源文本到译文本的狭义翻译过程，而要将关注的目光转向包括源文本的选择、译文本的生成以及译作在目的语社会、文化语境内传播与接受的整个历程在内的广义翻译过程。如果说翻译是一个由原作作者、原作、译者、译作、译作读者以及出版者共同构成的场域，那么，具有纽带和桥梁作用的翻译批评应发挥其沟通功能，引导并促进翻译场域内各主体要素之间的交流与互动，以共同促进翻译事业的发展。许钧等所著的《文学翻译的理论与实践：翻译对话录》收录了许钧先后与季羡林、萧乾、文洁若、叶君健、赵瑞蕻、吕同六、杨武能等 20 位翻译家的对话，同时也辑录了学界

---

① 许钧.翻译研究之用及其可能的出路.中国翻译，2012(1)：9.

和媒体对许钧的访谈。翻译家、翻译研究者与媒体一起，从各个角度就翻译，尤其是文学翻译中一些具有共性的问题展开探讨，深入交流各自在翻译实践与翻译探索历程中的经验、体会和见解。该书一方面以独特方式对 20 世纪中国文学翻译经验与翻译思想进行了系统梳理，为译学界提供了极为珍贵的第一手资料，另一方面也切实展现了翻译场域内不同主体之间的交流与互动，对翻译理论研究与翻译批评都具有重要的推动作用和启迪意义。

此外，译者、读者与出版者之间应该也完全可能形成积极的互动，进而从不同层面共同把好翻译质量关、构建良好的翻译环境，促使翻译的价值得以体现。在这一点上，关于《红与黑》汉译的讨论同样提供了一个很有代表性的例证。1995 年，在发表《〈红与黑〉汉译读者意见征询》后的短短三个星期内，《文汇读书周报》收到了来自全国大部分地区的 316 封读者回函，不同年龄层次与文化层次的读者就《红与黑》的汉译和文学名著复译等问题各抒己见，进行了积极的讨论。而针对读者和批评者就翻译提出的质疑，译者通过对谈、通信、杂感等形式进行了回应，或说明、解释，或商榷、反驳，阐述翻译观念、为译文辩护。在这样的相互交流中，译者的翻译追求和主观愿望与读者的审美要求和阅读期待之间形成了良好的沟通，象牙塔里的专家学者们也从读者的真实体会中获取了不少新的视角、新的思路。在各方积极而有效的互动中，这次关于《红与黑》汉译的大讨论从观念、意识、方法与途径等各个层面推动了我国翻译与翻译研究的发展。

今天，网络文化的发展为各类交流带来了便利，为读者与译者、翻译研究者之间的互动提供了更大的空间，从而也为翻译批评的沟通和引导作用提供了新的可能，并提出了新的要求。对此，许钧曾明确指出："随着网络文化的空前发展，读者对翻译批评的参与程度越来越高，很多读者乐于将自己对某部译作的阅读感受在网络上进行表达与交流。译作总是为读者服务的，读者的感受、期待和要求如果能充分、及时地被了解、被关注，这对译者而言无疑具有重要的启发意义。同时，在翻译批评的沟通和引导下，读者的欣赏水平和鉴别能力也会相应提高，从而对翻译有更高的期待和要求，这就会对整个翻译活动构成重要的制约和规范因素，促使翻译者和出版者进一步明确努力方向，也进一步加强责任意识。"[①]实际上，把"出版界、翻译界和读者沟通起来"是许钧一贯的主张，他曾经直言，"我觉得应该有这样的机会，使我们的译者、批评者和出版界，包括读者中的代表人物能聚到一起，共同探讨。现在的学问决非在一个封闭的窠臼里就做得出来的"[②]。这恐怕也是许钧策划和组织关于《红与黑》汉译大讨论并借此汇集各方声音共同探讨翻译、推进翻译研究的一个根本原因。

(4)历史与现实的观照。在中国文学、文化"走出去"的时代语境中，翻译既肩负着重要的使命，同时也遭受着来自文化界、文学界的诸多质疑，面临着巨大的挑战，关于翻译观念、翻译方法、翻译价值目标等一些涉及翻译的根本性问题都亟待加深理解、澄清认识。应该如何积极而有效地应对新时期翻译和翻译研究中这一新的重大现实问题，翻译界尤其是翻译批评界必须对此进行深入的思考。我们知道，翻译活动是人类发展历程中一种历史的存在，既不可避免地具有历史局限性，又必然展现出不断超越局限、不断发展的可能性。在这个意义上，关注翻译的现实，有针对性地对中国文学对外译介与传播中的问题与困惑进行研究，这需要译学界具有一种历史的目光，从翻译史和文化交流史的高度加深对翻译活动的认识与把握。在这方面，许钧持有鲜明的观点和立场，在充分肯定翻译历史性的基础上，他始终坚持翻译与翻译批评研究的历史观。在《直面历史　关注现实——关于新时期翻译研究的两点建议》一文中，他明确指出："翻译史的研究是综合性的，翻译家、翻译实践、翻译文本是研究的基础与出发点，但从翻译出发，一路所涉及的问题就不仅仅限于翻译本身，

---

① 刘云虹，许钧．翻译批评与翻译理论建构——关于翻译批评的对谈．外语教学理论与实践，2014(4)：35．

② 许钧．生命之轻与翻译之重．北京：文化艺术出版社，2007：247．

翻译动机、翻译环境、影响翻译的因素、翻译的功能等会在翻译史的整体观照中得到更为客观的阐释。在这个意义上，我们可以说，没有对翻译史的整体性研究，就不可能在历史的高度全面认识翻译形态的多样性、人类翻译活动的丰富性和复杂性，而没有对人类翻译活动丰富性和复杂性的把握，就不可能认识翻译活动的根本性特征，不可能认识翻译活动所涉及的根本性问题，更无法把握翻译活动的历史性和发展性。"①事实上，通过历史的观照来澄清和考察翻译现实问题，这正是目前的翻译批评实践中迫切需要注重的一个方面。例如，在莫言获诺贝尔文学奖后关于翻译的讨论中，各界对葛浩文式"连译带改"的翻译持有迥异的观点，既有肯定也有质疑，甚至还有批判的声音。对此，倘若我们从翻译历史观的角度对翻译观念以及翻译策略与方法等问题进行审视和研究，不难发现，葛浩文以西方读者的接受为出发点采用删节、改译等翻译策略，这在中国文学翻译史上不乏类似的例子，最有代表性的就是林纾的翻译。翻译批评界完全可以深入翻译史的发展进程中，从中西方文化接受的不平衡性的角度，从文学译介的阶段性与翻译活动的历史性的角度更加合理地看待葛浩文的翻译策略，并就这一翻译模式在中国文学对外译介中的作用与历史地位等问题做出更为深入而理性的思考。

历史与现实的观照不仅在于以历史的目光审视翻译遭遇的重大现实问题，还在于以现实的目光对历史上有代表性的翻译现象、翻译事件或有争议的翻译问题进行反思，并在此基础上更加客观和理性地看待翻译对人类社会的发展所做出的实际贡献和它必然遭遇的历史局限。由此出发，正如许钧所指出的，"对严复提出的'信达雅'之说的丰富内涵的探索、对林纾与鲁迅翻译的文化阐释以及对'五四'时期翻译的多重价值的挖掘，就有可能避免片面和武断"②。以严复的"信达雅"之说为例，许钧一方

---

① 许钧.直面历史 关注现实——关于新时期翻译研究的两点建议.外国语，2014(3)：2.

② 许钧.直面历史 关注现实——关于新时期翻译研究的两点建议.外国语，2014(3)：2.

面注意到“近十几年来,中国翻译研究界在借鉴与吸收西方翻译思想和翻译研究成果的过程中,有一些学者似乎对中国传统的翻译思想和原则越来越不屑,对严复的‘信达雅’之说更是持批判、否定的态度”①,另一方面却发现,目前在翻译生产与传播、翻译竞赛与评估等广阔的实践领域,“信达雅”仍然被视为翻译的准则以及衡量、评价翻译质量的重要标准,并以深远的影响度和广泛的覆盖面一再显示出强大的生命力。针对这一令人深思的现象,他立足于时代发展和多元文化语境,从理论创新与实践支点两个层面深刻剖析了“信达雅”对于新时期翻译与翻译研究的重要价值②,既对这一在翻译理论界饱受争议和质疑的传统翻译标准进行了重新审视,也赋予了它新的内涵与活力。

## 四、结　语

翻译事业的健康发展离不开翻译批评,在中国文化“走出去”的时代背景下,翻译更担负着不可推卸的重要责任,也更需要具有理性精神和建构意识的翻译批评和批评者。无论在理论层面,还是在实践层面,翻译批评都可谓任重而道远。许钧教授多年来一直坚持在翻译批评领域积极介入、勇于探索,从理论高度加深对翻译和翻译批评本质的认识、从历史和文化高度为翻译和翻译批评定位、从文本生产角度开拓翻译的可能性。他关于翻译批评的思考与实践始终渗透着一位清醒的批评者的探索精神、自觉追求和历史使命感,无疑为译学界进行翻译批评研究与实践提供了有益而宝贵的借鉴。这种借鉴不仅是方法意义上的,更是精神意义上的。

(原载《外国语》2015 年第 2 期)

---

① 许钧.生命之轻与翻译之重.北京:文化艺术出版社,2007:138-139.

② 刘云虹,许钧.理论的创新与实践的支点——翻译标准“信达雅”的实践再审视.中国翻译,2010(5):13-18.

许钧，2012 年获得中国翻译协会颁发的“翻译事业特别贡献奖”

许钧与诺贝尔文学奖得主、法国著名作家勒克莱齐奥合影，两人已有 30 多年的友谊

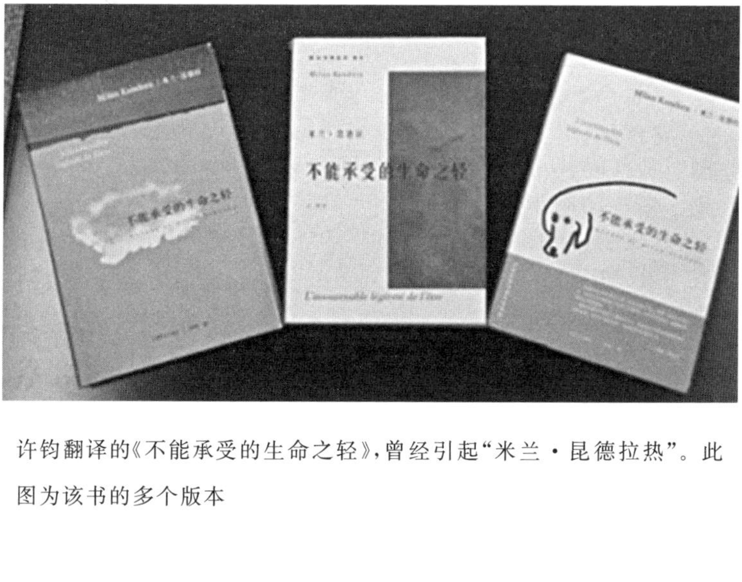


许钧翻译的《不能承受的生命之轻》，曾经引起“米兰 · 昆德拉热”。此图为该书的多个版本

**图书在版编目(CIP)数据**

批评与阐释：许钧翻译与研究评论集 / 许多主编.
—杭州：浙江大学出版社，2019.9
（中华翻译研究文库）
ISBN 978-7-308-19530-0

Ⅰ.①批… Ⅱ.①许… Ⅲ.①许钧—翻译—思想评论
—文集 Ⅳ.①H059-53

中国版本图书馆 CIP 数据核字(2019)第 195529 号

中華譯學館 真言題

**批评与阐释**
——许钧翻译与研究评论集
许 多 主编

**出 品 人** 鲁东明
**总 编 辑** 袁亚春
**丛书策划** 张 琛 包灵灵
**责任编辑** 董 唯
**责任校对** 陈逸行 程曼漫 杨利军
**封面设计** 程 晨
**出版发行** 浙江大学出版社
（杭州市天目山路148号 邮政编码310007）
（网址：http://www.zjupress.com）
**排 版** 浙江时代出版服务有限公司
**印 刷** 浙江印刷集团有限公司
**开 本** 710mm×1000mm 1/16
**印 张** 20.25
**字 数** 288 千
**版 印 次** 2019年9月第1版 2019年9月第1次印刷
**书 号** ISBN 978-7-308-19530-0
**定 价** 68.00元


浙江大学出版社市场运营中心联系方式 (0571)88925591；http://zjdxcbs.tmall.com